VICTOR MODESTE

LA VIE

ÉTUDE D'ÉCONOMIE POLITIQUE

— ⋙⋘ —

PARIS

GUILLAUMIN & Cᶦᵉ, Éditeurs

De la Collection des principaux Économistes, des Économistes et Publicistes
contemporains,
De la Bibliothèque des Sciences morales et politiques,
Du Dictionnaire de l'Économie politique,
Du Dictionnaire universel du Commerce et de la Navigation, etc.

14, rue Richelieu, 14

— 1883 —

LA VIE

AUTRES PUBLICATIONS DE M. VICTOR MODESTE

~~~~~~~~~

De la cherté des grains et des préjugés populaires qui déterminent des violences dans les temps de disette.
1 vol. gr. in-18, 3ᵐᵉ édition. Prix : 3 fr. 50.

Du paupérisme en France. (Couronné par l'Académie des Sciences morales et politiques).
1 vol. in-8º . Prix : 7 fr. 50.

Etudes sur la propriété intellectuelle. — En collaboration avec MM. Frédéric Passy et P. Paillottet. — Préface par M. Jules Simon.
1 vol. gr. in-18. Prix : 3 fr. 50.

Le billet des Banques d'émission et la fausse monnaie.
Brochure in-8º. Prix : 1 franc.

Résolutions nouvelles au souvenir de l'Invasion.
1 vol. gr. in-18. Prix : 3 francs.

———————

LIBRAIRIE GUILLAUMIN et Cⁱᵉ EDITEURS

14, RUE DE RICHELIEU, 14

PARIS

VICTOR MODESTE

LA VIE

ÉTUDE D'ÉCONOMIE POLITIQUE

PARIS

GUILLAUMIN & Cⁱᵉ, Éditeurs

De la Collection des principaux Économistes, des Économistes et Publicistes
contemporains,
De la Bibliothèque des Sciences morales et politiques,
Du Dictionnaire de l'Économie politique,
Du Dictionnaire universel du Commerce et de la Navigation, etc.

14, rue Richelieu, 14

— 1888 —

OBJET DE CE LIVRE

Chercher l'unité des choses sous la diversité des apparences, ramener tous les phénomènes à un phénomène élémentaire, toutes les lois à une loi, c'est l'éternelle aspiration de la pensée et le vœu suprême des sciences.

Certaines ont atteint le but, d'autres l'entrevoient.

On peut dire que l'astronomie mathématique a fait son œuvre du jour où elle a rendu raison de tous les mouvements cosmiques par le principe unique de la gravitation universelle.

La chimie aurait achevé la sienne si elle arrivait à démontrer que ses corps simples ne sont que des arrangements différents d'une même matière.

Le dessein de ce livre est d'accomplir un effort dans ce même sens pour la science dont il relève, à savoir l'Economie politique.

Son objet, en effet, est de faire la preuve, d'une part, que le fond de tous les faits économiques et pour ainsi parler leur substance nécessaire est LA VIE; non pas la vie en général mais expressément LA VIE HUMAINE et, d'autre part, que les conditions en apparence multiples qui les régissent se résolvent dans une seule loi analogue à ce qu'on appelle en mécanique le principe de la moindre action ou l'économie de la force, laquelle loi se formulerait ainsi pour la mécanique sociale : Produire la plus grande somme possible de VIE au prix de la moindre dépense possible de VIE.

Un pourra trouver haute l'ambition de ce livre.

Sur ces premiers mots, peut-être aussi se croira-t-on fondé à n'en attendre qu'une simple substitution de nomenclature, plutôt qu'une vue originale et nouvelle constituant un progrès effectif.

Ce que l'auteur peut répondre, c'est que cette idée de LA VIE portée dans le domaine de l'Economie politique date pour lui de bien des années ; qu'il l'a maintes fois éprouvée au contact des questions de ce domaine, souvent à de longs intervalles, et qu'à aucune de ces épreuves elle ne l'a trompé.

Au surplus, les faits, les problèmes vont comparaître. On reconnaîtra vite à quel point elle les éclaire, comment elle met aux mains de l'économiste une sorte de pierre de touche habile à signaler l'erreur et le défaut de droit, jusque parmi les solutions consacrées par l'opinion et l'usage, par la science économique et la loi.

Si ce n'était ici une œuvre de spéculation pure, sans un souci, sans même un regard pour les résultats pratiques des conclusions qu'elle formule, il serait permis d'ajouter qu'on ne lui reprochera pas longtemps son peu de nouveauté et de portée quand on aura vu se dérouler les conséquences et qu'on en aura mesuré l'étendue et la gravité.

PREMIÈRE PARTIE

NOTIONS GÉNÉRALES

LA VIE

LA VIE HUMAINE

LES DEUX MOUVEMENTS DE LA VIE.

I

COUP D'ŒIL SUR LE MONDE.

Avant d'aborder le terrain précis de cette étude, on propose de jeter un coup-d'œil sur le monde.

Qu'on ne croie pas que ce soit là un hors d'œuvre.

Mettre d'abord les faits et les êtres à leur place, elle-même à son rang, c'est le premier point de toute science. Rien qu'à ce compte combien de causes d'erreur disparaissent !

Après la place, le milieu. Point de science sans l'examen des milieux. La vie a son milieu.

Il est impossible aujourd'hui d'assigner, au sein des phénomènes cosmiques, les limites du milieu de la vie.

Le pressentiment de l'unité universelle des lois du monde fait aussi pressentir qu'il n'en est point, dans un ordre de faits, qui ne reçoive un certain jour de toutes les autres.

Enfin, à un point de vue plus circonscrit, disons qu'on recueillera de ce coup-d'œil un certain nombre de notions d'une application directe à l'Économie politique et à l'objet particulier de cette étude.

———

II

L'ESPACE.

Lorsque l'homme, non pas de tous les temps mais de nos jours, porte son regard sur le monde, la première préoccupation qui l'éveille et le trouble est pour les espaces qui l'entourent.

Etonnée sur le seuil de ces immensités, sa pensée hésite et s'avance d'abord comme pas à pas. Quoi ! après un espace un autre plus vaste ? après celui-là un autre plus vaste encore ? Impatiente, éperdue, aux prises avec une sorte de sentiment d'effroi, elle s'élance alors, se précipite. Puis, à un moment, c'est en elle comme un sursaut, un éblouissement avec un jaillissement d'étincelle. Et en effet, la lumière s'est faite. Elle a compris que, si loin qu'elle se jetât dans ces profondeurs, elle trouverait toujours à poursuivre ; que derrière elle, à ses côtés, devant elle, tout est sans fond, sans fin, sans bornes. Dans son muet langage, elle a trouvé le mot de Pascal : centre partout, circonférence nulle part.

L'espace est un infini.

Est-ce que cette idée passe notre portée ? L'admettre est d'usage. Rien ne semble moins vrai.

En sa présence, la conception est nette, la satisfaction de l'intelligence pleine et entière, l'adhésion absolue.

Elle se dit, et qu'y a-t-il jamais au-delà pour elle : cela est et cela doit être. Non seulement il en est ainsi, mais il est impossible qu'il n'en soit pas ainsi.

Ici, nous sentons cette idée naître au fond de notre

pensée et elle y demeure : toute vie est forcément dans l'espace, à un point particulier de l'espace.

III

LA MATIÈRE.

Ces espaces ne sont pas vides. Ces immensités ne sont pas des solitudes. La matière les remplit.

Tout à l'heure, nous disions : après un espace un autre espace. A présent, il faut dire : après un monde un autre monde, puis d'autres mondes encore.

Tout à l'heure, la pensée se jetait en avant dans les ténèbres et, au sentiment des profondeurs sans fin, elle s'arrêtait brusquement devant l'éclair où luit une seconde la notion rapide de l'infini. A présent, la route se jalonne et s'illumine. Comme des bornes milliaires à sa taille, astres et soleils l'éclairent et la divisent, échelonnant les stations, marquant les distances.

Masses énormes, distances immenses !

De nous rien qu'à notre satellite, distance qui dépasse de plus de vingt fois les plus grandes qu'on puisse avoir sur la terre. Devant nous, vers le soleil, trente-huit millions de lieues étendues dans l'abîme. Derrière nous, sans sortir de notre système solaire, masses colossales, espacées et, d'un bord à l'autre des orbites extrêmes, des milliards de lieues.

Cela n'est rien. Un univers avec son soleil central forme en quelque sorte pour le monde une simple unité tactique. De par la hiérarchie cosmique, le nôtre relève d'un autre soleil et notre soleil, avec ses astres dans le rang, va de lui-même se ranger dans son armée.

Où resplendit ce soleil plus fort? Vers une constellation où on le cherche encore, perdu qu'il est dans la foule d'autres astres sans nombre, à portée céleste d'un autre qui est son maître, lequel reconnaît un maître à son tour.

Cela n'est rien encore. La matière s'étend toujours. Les étoiles se révèlent comme autant de soleils dominateurs d'innombrables mondes. Pour ceux-ci, plus de calculs possibles. Les bases les plus vastes se réduisent à un point dans l'espace. Des lignes séparées par des centaines de millions de lieues se touchent, se confondent sous l'éloignement. D'autre part, pour exprimer les dimensions, les sciences humaines n'ont plus de mesures, les nombres plus de chiffres, les langues humaines plus de mots.

Sur la terre, le pauvre être humain compte par ses heures, par ses journées de marche, par les quelques lieues qu'il franchit dans sa journée au pas de son chameau ou de son cheval, ou encore, immense sujet d'orgueil ! par une fraction savante de la circonférence de sa minuscule planète.

Là, il faut autre chose. Et quoi donc? Entendons-le bien ! Le voici : La lumière parcourt à la seconde soixante-dix-huit mille lieues. Eh ! bien, pour pouvoir compter avec les chiffres et les mots des hommes, il faut prendre et l'on prend pour unité métrique une année de lumière, c'est-à-dire l'espace qu'à raison de soixante-dix-huit mille lieues par seconde, la lumière parcourt en une année.

Et il se révèle qu'eu égard à leur distance pour nous inouïe, la lumière d'un astre qui commence à

luire pourra ne nous parvenir que dans des années ;
que, par contre, la lumière en route d'un astre mort
ou qui meurt peut continuer à nous parvenir et à
nous luire des années après que la source est éteinte.

C'est à ces distances qu'apparaissent, sur des
étendues immenses, ces voies lactées qui raient l'espace de leurs blancheurs profondes, ces nébuleuses,
brouillards en effet de matière cosmique, les unes
sorte de frai d'astres prêts à naître, les autres qui,
sous le pouvoir des instruments astronomiques, se
résolvent en armées d'étoiles, véritables plages éta-
lées au bord d'une mer éthérée, où les grains de
sable sont des soleils.

En présence de ce spectacle, l'imagination se récrie
éblouie et lassée.

Grandeur, petitesse, dit-elle, sont des mots dénués
de sens. Rien n'est petit, rien n'est grand dans le
monde.

Rien n'est grand en soi : le grand s'efface devant
le colossal, le colossal devant l'immense. Rien n'est
grand même par comparaison : l'un, l'autre se confondent à un moment dans une autre étendue et, en
présence de l'incommensurable, s'en vont du même
pas subir l'égalité dans l'imperceptible.

Est-ce tout ? Non encore. Après nos sens agrandis
par les appareils de la science, après ces mensura-
tions de génie où il semble qu'à l'appel des hommes,
les astres eux-mêmes interviennent et se plient à
jouer un rôle saisissant de collaborateurs, la pensée
achève et prononce.

Oui ! redit-elle, après un monde un autre et, après
cet autre, d'autres mondes encore et toujours. Tout
cela aussi est visiblement sans bornes.

Sans bornes, la matière est en même temps conti-

nue, car si ses parcelles cessaient sur un point d'être
à portée, comment n'y aurait-il pas arrêt dans les
phénomènes cosmiques ?

Comme l'espace, elle aussi est infinie.

Qu'est-elle encore ? — Eternelle.

Eternelle ! est-ce que cette idée de l'éternité et de
l'éternité appliquée à la matière passe notre portée?
Non ! pas plus que celle que nous voyions tout à
l'heure.

En sa présence aussi comme en présence de l'infini
d'espace, la conception de la pensée est nette, sa satisfaction sans réserve, son adhésion entière.

Et en présence de son contraire? Essayez donc de
comprendre, de comprendre et de dire que de rien on
peut faire quelque chose ; qu'on peut faire que quelque chose qui est ne soit rien ! Non seulement l'intelligence ne comprend pas, mais la raison se révolte.

Pour elle, l'idée de la création n'est pas seulement
inintelligible, elle est anti-intellectuelle.

Pour reprendre nos paroles de tout à l'heure, elle
déclare qu'il en est ainsi et que non seulement il
en est ainsi, mais qu'il ne peut pas ne pas en être
ainsi.

Le monde peut dire et nous dit en effet à son tour :
« Je suis celui qui suis ».

Gardons ici dans notre souvenir ces idées simples :
rien n'est petit, rien n'est grand ; rien ne se crée,
rien ne se perd.

Nous disions : Toute vie est dans l'espace, à un
point précis de l'espace. Disons maintenant : Toute
vie doit tenir à une parcelle de matière; point de vie
qui ne tienne à une parcelle de matière.

IV

CONSTITUTION DE LA MATIÈRE.

Infinie, éternelle, la matière est-elle aussi partout semblable ?

L'analyse spectrale atteste que les éléments qui composent l'universalité des astres visibles sont ceux de notre habitat terrestre. La science certifie donc l'identité de la matière cosmique.

Mais sous cette similitude qui comprend des éléments multiples, la matière est-elle une ? — Peut-être.

La science ne répond pas encore. L'intelligence la devance et présume.

Quand on voit que l'infinie variété des corps se réduit, sous l'analyse, à un si petit nombre de corps simples ; que des substances non seulement dissemblables mais de propriétés contraires sont chimiquement les mêmes ; que le chimiste substitue, avec une absolue certitude, un élément à un autre, molécule pour molécule, dans des combinaisons dont il est maître, il paraît légitime d'induire : — que les substitutions supposent des ressemblances et partant correspondent à des identités partielles inconnues — que les dissimilitudes vaincues font douter de celles qui résistent — que la réduction à l'unité obtenue dans des circonstances invraisemblables ne permet de désespérer dans aucune — que cette réduction se présente bien à la pensée comme une route ouverte et un but — qu'enfin, l'arrêt de l'analyse ne conclut que contre l'analyse.

C'est dans ces termes que l'intelligence pressent

partout l'unité de la matière, en attendant que la science la constate. Ajoutons qu'elle se complaît à la pressentir, convaincue qu'au jour de la certitude, elle se trouverait en possession d'un des grands secrets du monde. Il est superflu de donner à penser les révolutions énormes qu'une pareille découverte déterminerait au sein des sociétés humaines.

Notons enfin que l'ensemble de la matière infinie se compose d'une infinité de particules d'une ténuité inouïe.

La matière est-elle donc divisible à l'infini ? Par la pensée, sans nul doute. En fait, non. La pensée elle-même prononce que pour que la matière soit, il faut qu'elle aboutisse à des éléments irréductibles et la science en fait expérimentalement la preuve.

Ce sont ces éléments extrêmes qui, en formant à l'infini des agrégats ou moléculaires ou plus étendus jusqu'à l'immense, constituent le spectacle infiniment varié des corps et des mondes.

Quelle qu'en soit la durée, incommensurable ou éphémère, tous ces agrégats sont destinés à changer, à se dissoudre, à finir. Avec eux, rien qui ne passe ; rien qui dure toujours.

C'est des seuls éléments irréductibles qu'il faut dire que rien ne se crée, rien ne se perd et que la matière est éternelle.

V

LA MATIÈRE ET LE MOUVEMENT.

A la prendre à un moment donné, infinie, disons-nous, est la variété des formes de la matière. De plus, cette variété change d'un moment à l'autre. La matière est dans un mouvement constant.

Les astres d'un même système cosmique ne sont pas seulement dans la dépendance d'un soleil central ; ils tournent entraînés autour de ce soleil avec des vitesses énormes, en même temps qu'ils se meuvent sur eux-mêmes.

Si les soleils relèvent d'autres soleils, ce n'est pas pour rester immobiles au poste que ceux-ci leur assignent dans la hiérarchie des mondes. Ils gravitent autour de ces astres supérieurs, commandés par d'autres à leur tour, tous emportant avec eux, comme un cortège, un, plusieurs, peut-être d'innombrables univers qui ne s'aperçoivent même pas de leur course parce qu'autour d'eux, aspect des cieux et rapports, entourage et ordre, compagnons de route et maître, rien n'a changé, et cela sans trève et sans fin, à travers les sphères de l'espace sans bornes.

En face de ces mouvements prodigieux par l'étendue et les vitesses, qui écrasent la pensée, autre monde du mouvement, longtemps inconnu, celui du mouvement infinitésimal et invisible.

La dernière parcelle de matière, le corps le plus homogène, le plus compact et en apparence le plus immobile est le théâtre de mouvements continuels. Sous nos yeux hors d'état de voir, les molécules qui le composent se déplacent incessamment. Elles aussi gravitent les unes par rapport aux autres. Comme le dit avec un incomparable éclat le mot persan : fendez un atome, vous y trouverez un soleil.

Ainsi dans la matière rien, absolument rien qui soit immobile. Elle est en mouvement toujours et tout entière. Nous pouvons dire que comme elle, avec elle, le mouvement est universel et qu'il est infini.

Qu'est-ce que le mouvement, et d'où vient-il ?

Pour l'expliquer, les sciences mathématiques font intervenir des forces réputées immatérielles.

Supposition illégitime, inutile et dangereuse ! Illégitime, parce qu'elle n'est qu'une hypothèse ; inutile, parce que le mouvement ne s'explique pas mieux avec elle qu'avec la matière seule ; périlleuse, parce qu'au lieu de lumière, elle ne jette dans le problème qu'un élément contradictoire, celui de forces immatérielles ayant prise sur des éléments matériels. En face de cette antinomie, la raison ne se borne plus à ne pas comprendre, elle nie.

Non ! ce qu'il faut dire, c'est que le mouvement n'est pas une chose, une entité, mais un simple phénomène ; qu'il n'y a pas, dans la réalité, des mouvements, mais uniquement des choses qui se meuvent. Le mouvement, c'est la matière en mouvement. Il lui appartient et elle le possède. Elle est en mouvement comme elle existe.

Notons que quand les sciences mathématiques parlent de l'inertie de la matière, elles n'entendent pas par là que la matière est en soi forcément immobile, mais qu'elle est incapable de se créer par elle-même un mouvement qu'elle n'a pas, comme d'en perdre par elle-même un qu'elle possède : condition naturelle, loi inévitable, universelle, remarquons-le bien, et dont notre intelligence proclame qu'elle ne peut connaître d'exception pour quoi que ce soit au monde.

Ainsi revient, à propos du mouvement, une notion déjà rencontrée, à savoir que l'idée de création est une idée que la raison repousse. Que nous dit-elle ici ? Qu'en fait de mouvement comme en fait de substance, on ne peut faire que rien soit quelque chose, et que quelque chose qui est ne soit rien; qu'ici encore, rien ne se crée, rien ne se perd; que la matière se meut; qu'elle se meut donc de toute éternité et pour l'éternité.

Pour reprendre la forme extrascientifique mais usuelle du langage, forme qu'il faut bien suivre parce qu'il faut bien être compris, le mouvement est parce qu'il est; il est donc sans commencement et sans fin. Infini comme la matière, comme elle, avec elle, il est éternel.

A cette nouvelle conclusion, est-ce que la raison adhère? Oui! encore une fois, elle adhère, et de la même adhésion absolue toujours. Ici encore, elle prononce qu'il en est ainsi, et que non seulement il en est ainsi, mais qu'il ne peut pas ne pas en être ainsi.

Sur ce nouveau point, quelques questions naissent et se posent.

La science a prouvé l'identité cosmique de la matière, en est-il de même pour le mouvement? Oui, on le sait, l'identité du mouvement cosmique, c'est la gravitation universelle.

Et sous nos yeux, à la portée de nos mains, l'infinie variété des mouvements qui forme le spectacle confus de notre monde — confus peut-être parce qu'il est proche — peut-elle se ramener à un élément unique? La science s'y achemine. Avec la chaleur on fait de la force; avec la force de la lumière, de l'électricité. Et alors, de même que nous pressentons que dans sa substance la matière est une, nous pressentons aussi qu'il existe un mouvement simple, unique, élémentaire, universel, lequel doit rendre raison de l'infinie variété des mouvements qui nous sont sensibles.

Ces mouvements, au point de vue de l'étendue et de la vitesse, sont-ils divisibles à l'infini? Par la pensée, oui sans doute, comme les éléments de la matière; en fait, non, pas plus que ceux-ci; car quelque réduits que soient l'étendue et la vitesse, encore faut-il qu'un mouvement occupe un moment ferme de la durée, une quantité ferme de l'espace. Donc, ainsi que la matière, les mouvements de la matière ont des éléments irréductibles.

Comme à propos des agrégats de la matière, ne faut-il pas dire, à propos des mouvements : rien n'est petit ; rien n'est grand, ni en soi ni par proportion? Oui, en effet, les mouvements les plus étendus, les vitesses les plus inouïes s'effacent en quelque sorte et s'anéantissent en présence d'étendues toujours plus prodigieuses et de vitesses plus inouïes encore.

Enfin, comme nous le disions des agrégats de la matière, il faut dire encore que malgré leur grandeur et leur énorme durée, ce n'est pas aux mouvements des mondes, tels que nos regards les embrassent, que l'éternité est promise. En tant que mouvements d'ensemble, en tant que résultantes d'agglomérations considérables d'énergies, ceux-là ont tous commencé ; tous doivent finir. Que la terre ne raccourcisse que d'une seconde en six mille ans sa course d'une année autour du soleil, du coup pourtant l'année terrestre est condamnée. Le soleil lui-même doit se ralentir, pâlir, s'arrêter, s'éteindre. Sous nos yeux, des étoiles finissent. Toujours prêts pour toutes les combinaisons, latents ou libres, en action ou en puissance, les éléments irréductibles du mouvement persistent. Ceux-là seuls sont éternels.

Encore un mot : Sous l'empire du mouvement, on

peut dire que toutes les combinaisons de la matière
sont réalisées à la fois dans l'infini de l'espace, à tout
moment de la durée, et successivement dans l'infini
de la durée sur chaque point de l'espace. Les parcelles de la matière ont donc leurs destinées. Dans
les infinis de l'espace et du temps, ces destinées sont
égales. Elles sont identiques.

· Nous disions que toute vie est forcément dans l'espace, à un point déterminé de l'espace; que toute vie
est attachée à une parcelle déterminée de matière, et
que point de vie qui ne tienne à une parcelle de
matière. A cette heure, une autre idée nous pénètre,
c'est que toute vie est mouvement', ensemble de
mouvements.

VI

LES LOIS DU MONDE.

La matière est, elle est de toute éternité. Elle possède par essence le mouvement, pour mieux dire,
elle est et elle est de toute éternité mobile. On pressent qu'une est sa substance. Par suite, on se trouve
amené forcément à conclure qu'un pareillement est
ce mouvement qui est elle-même. Mais apparences
de la substance et du mouvement qui est encore la
substance, idées que suscitent en nous l'une et l'autre,
se diversifient à l'infini.

Ces diversités apparentes, nous les appelons combinaisons pour celle-là, phénomènes pour celui-ci,
et nous concevons par la pensée, comme nous con-

statons en fait que combinaisons et phénomènes se produisent et reproduisent toujours les mêmes dans des circonstances identiques; que les circonstances variant, les diversités varient; que l'on peut, soit logiquement, soit effectivement, remonter ou redescendre des unes aux autres ; qu'en somme, l'enchaînement des phénomènes est fixe, inévitable, susceptible de prévision et de reproduction parce qu'il est inévitable.

En réalité et extérieurement, l'enchaînement fatal existe. Mais suivant nos impressions, lui aussi se diversifie. Un en fait et hors de nous, il devient multiple dans notre pensée, et alors, nous appelons lois des choses l'idée, les séries d'idées pour mieux dire qu'il laisse en nous de lui-même.

Les lois, a-t-on dit « sont les rapports nécessaires qui dérivent de la nature des choses ». Sous une forme d'appareil doctrinal, au fond le mot se ramène simplement à cet autre : cela est parce que cela est et ne peut être autrement qu'il n'est.

Il va de soi que vu l'infirmité de notre nature et l'étroite limitation de la connaissance humaine, la série de nos idées sur l'enchaînement des phénomènes, loin d'être adéquate aux phénomènes eux-mêmes, en est, à toutes les époques, une image infidèle. A tout moment, nos idées des choses vont d'un côté, entraînant du même pas nos actes, pendant que les choses poursuivent dans un autre sens, leur sens à elles, leur marche inéluctable qui ne connaît et n'a jamais connu ni influence ni exception, ni retard ni obstacle.

Cette divergence est ce qui constitue pour nous l'erreur. Elle est aussi, à tous leurs degrés, le dommage, la ruine. Quand nous disons que les choses

nous avertissent, c'est que nous en avons senti les
coups. Quand nous pensons qu'elles nous redressent,
c'est qu'elles nous brisent.

Nous-mêmes, à ce point de vue, que sommes-
nous? Des choses. Nous prenons place et rang au
milieu d'elles. L'organisme humain est une chose.
La vie est une chose. Partout, l'un et l'autre ont
leur enchaînement fatal de phénomènes, en même
temps qu'ils subissent celui du milieu et les deux
sont le même. Pour autrement dire, l'un et l'autre
ont aussi ce que nous appelons des « lois » au sein
et sous la puissance du monde qui a les siennes et
toutes sont les mêmes.

Ici encore, éclate l'inévitable impuissance de la
chétive créature humaine. A tout moment, ses idées
sur sa vie méconnaissent les lois de sa vie et alors,
non pour avertir, servir d'exemple, menacer, punir,
instruire, comme nous le dit une illusion vaine,
mais en suivant simplement sa loi parce que c'est la
loi, la vie, dans des organismes individuels, s'affaiblit, dévie, se fourvoie, se corrompt, s'éteint.

Enfin, composé d'organismes humains qui sont soumis à la loi, assujetti tout à la fois à l'influence du
milieu c'est-à-dire à la loi encore, comment le monde
social ne subirait-il pas, lui aussi, la loi de l'enchaînement des phénomènes? Pour lui comme pour tout le
reste, et pour mieux dire parce qu'il est une simple
partie dans le grand tout, les phénomènes se succèdent, s'engendrent et se neutralisent, se superposent ou s'anéantissent, comme des ondes qui se
suivent, s'écartent, se mêlent, se meuvent les unes
les autres, mais qui toutes relèvent d'un mouvement
initial.

Qu'on suive l'ordre du monde matériel, a-t-on

jamais vu qu'une action particulière ait, sur le point
le plus infime, interrompu d'un moment la marche
immuable de l'ensemble? Non ! Et la raison prononce que cela est impossible. Cela est impossible
parce qu'il faut bien dire que dans le tout infini, tout
phénomène en produit nécessairement un autre qui
ne peut être que celui-là, et ainsi de proche en
proche, de phénomène en phénomène, de toute éternité et pour l'éternité, et cela sous peine de répudier
l'axiome irrémissible « rien ne se crée, rien ne se
perd » ; sous peine d'admettre qu'il y a des parcelles
de matière qui peuvent se donner à elles-mêmes un
mouvement qu'elles n'ont pas ou perdre d'elles-mêmes
un mouvement qu'elles possèdent ; sous peine d'admettre enfin, car c'est absolument la même chose,
qu'il y a des effets qui n'ont point de cause ou que certains effets peuvent n'être point adéquats à leur cause.

N'est-il pas clair que jamais deux, trois corps
simples mis en présence dans des conditions identiques n'ont failli et ne pourront faillir à produire les
mêmes combinaisons chimiques? Tout de même,
qu'on suive l'ordre du monde social. Est-ce que sur
tous les points du globe et pour tous les peuples, on
ne voit pas se succéder les mêmes âges? Ne suit-on
pas des yeux, comme dans une sorte de généage-
nèse, depuis le premier jour jusqu'à nous, la descendance indéfinie des grands progrès ou des inventions
minimes, des outils ou des armes, des sciences, des
arts, des institutions? Est-ce qu'on ne les voit pas
sortir d'elles-mêmes du sol ou de la race, de la flore
ou de la faune ambiantes, de la latitude ou du climat, du milieu qui est le monde enfin?

Ici, dites-vous, ah ! vraiment, comme toute la
marche des choses a changé ! Mais non ! Voyez donc

comme le mouvement initial a frappé sous un autre angle ! Ici, remarquez-vous encore, une exception se signale. L'âge de la pierre taillée manque. Eh ! quoi ! c'est tout simplement qu'à cent lieues à la ronde, il n'y avait pas de silex et qu'il y avait tout autre chose que du silex.

Vous vous étonnez des disparates et des contraires : polygamie avouée et monogamie apparente, centralisation ou fédération, absolutisme ou régimes de liberté, communisme ou propriété individuelle, fanatisme ou indifférence. Cherchez ! Où qu'elle soit, l'explication est tout aussi péremptoire et tout aussi simple. — Partout, c'est la raison de la présence ou de l'absence du silex.

Et, au surplus, quels que soient les préjugés et les vœux, les infatuations et les orgueils, est-ce que parce que nous sommes au sein du monde social, de tous les principes de tout à l'heure il en est un qui cède ? Est-ce qu'ici plus qu'ailleurs la raison humaine abdique ? Parce que nous sommes au sein du monde social, est-ce qu'il va falloir tenir pour caduc et hors de mise l'axiome que « rien ne se crée ; rien ne se perd ? » Est-ce qu'il pourra se trouver des forces qui se donnent par elles-mêmes une action qu'elles n'ont pas ou perdent d'elles-mêmes une action qu'elles possèdent ? Est-ce qu'on rencontrera des phénomènes qui ne sortent pas de phénomènes antérieurs ou ne laissent pas trace d'eux-mêmes dans d'autres phénomènes ? Y aura-t-il donc des événements sans origine et sans suite, des institutions sans racines ou sans fruits, des révolutions sans mobiles, des mobiles sans griefs, des griefs sans souffrances, des souffrances sans faits matériels venus eux-mêmes indéfiniment, de contrecoup en contrecoup, d'autres faits ou visibles ou perdus dans la nuit des âges mais qui ont pris naissance et se résolvent, en dernière analyse, dans l'action des forces et des lois du monde?

Est-ce qu'enfin, ici plus qu'ailleurs, il peut y avoir des effets qui n'aient point de cause ou des effets qui par leur sens, leurs caractères, leurs conséquences à leur tour, désavouent leurs causes, ne soient pas adéquats à leurs causes?

Non! Loi universelle et éternelle de l'ensemble infini du monde, l'enchaînement absolu des phénomènes est aussi celle de l'organisme humain. Il est aussi celle des sociétés des hommes.

Les lois universelles du monde sont en même temps les nôtres. Elles nous comprennent. Elles nous régissent parce qu'elles nous comprennent.

Et, en effet, ne sommes-nous pas lui et en lui? « *In eo vivimus, movemur et sumus* ».

VII

LE MONDE MORAL.

La matière existe à l'infini, avec ses multiples propriétés. Elle se meut. Sous l'empire éternel de ses lois, elle réalise, nous le disions, l'infinie variété de formes qu'offre le spectacle du monde.

Quel est le spectateur? — C'est nous.

Nous ne savons rien du monde que par les impressions et les idées qu'il nous donne et, pour mieux dire encore, nous ne connaissons que nos impressions et nos idées. — Le spectateur, c'est nous; mais le prisonnier de Platon, qui n'aperçoit que les ombres flottantes des choses projetées devant lui sur la paroi de sa caverne, est notre véritable image ; non pas même, car nous n'avons pas sous les yeux les ombres exactes du monde.

Or, le témoignage de nos impressions et de nos idées ne constitue visiblement qu'un intermédiaire impuissant, infidèle. De celles-ci à celui-là comment conclure ? Ici plus que jamais, faut-il dire : « *Traduttore : Traditore* ».

Pour ne prendre que des exemples extrêmement simples, au-dessous, au-dessus d'un chiffre de vibrations, nous n'entendons plus. Le phénomène se produit. Il nous échappe. — Au-delà de certains rayons, nous ne voyons plus. D'autres rayons existent car les corps inorganiques et les plantes les sentent et les attestent.

Là même où nos sens témoignent, rien de certain ! Nous parlons de sons et de lumière à propos d'objets qui certainement produiraient des impressions tout autres sur des êtres autrement organisés ; à propos d'objets qui peuvent n'être en soi ni lumineux ni sonores.

La matière a pour se mouvoir des conditions nécessaires, inhérentes à elle-même. Nous croyons formuler ses « lois ». Nous ne faisons qu'œuvre intime de statistique.

Il y a plus, les idées de nos créations purement imaginaires, qui ne correspondent en aucune façon à un objet réel, ressemblent à s'y méprendre à nos idées des choses réelles. Nous avons la notion, l'idée de mouvement. A son propos que de théories et de calculs ! Or, nous l'avons vu, le mouvement n'est pas. Il n'y a que des choses mues.

Des mouvements successifs, inégaux, nous donnent l'idée du temps et nous en suggèrent aussi les moyens de mesure. Cette idée prend place au registre de notre intelligence. Elle y devient un élément catégorique. Or, le temps n'est pas et il n'y a, dans la réalité, que des choses qui se meuvent de mouvements inégaux et successifs. Le poète dit : « Il coule et nous passons ». La science nous exécute d'un mot plus net et plus bref : Nous passons.

Mais il faut aller plus loin encore. C'est que toutes ces impressions, ces idées, loin d'être communes à toute l'espèce humaine, sont absolument personnelles. Il n'y a certainement pas deux hommes qui perçoivent identiquement les mêmes objets, et pour lesquels les phénomènes les plus simples, ceux par exemple de sonorité, de couleur, de lumière, à plus forte raison les autres, correspondent à des impressions et à des idées identiques. C'est partout le mot du Fantasio du poète quand, écœuré de se voir toujours le même, il souhaite d'être un moment « le monsieur qui passe ». « Tout ce que les hommes se disent entre eux se ressemble, ajoute-t-il en sa plainte humoristique, mais, dans l'intérieur de ces machines isolées, quels replis ! quels compartiments secrets ! C'est tout un monde que chacun porte en lui, un monde ignoré qui naît et qui meurt en silence. Quelles solitudes que tous ces corps humains ! »

Il a raison. Au milieu de ces ténèbres, de ces diversités, de ces trahisons, de ces impuissances, comment présumer, comment dire quel est au vrai le monde réel ?

Les choses nous impressionnent. Nous les croyons en quelque sorte sur parole. Sous ce jour, dans le

monde idél, nos semblables sont aussi des choses.
Nous les regardons agir, peiner, se réjouir, s'agiter,
se leurrer, souffrir. Nous les écoutons parler dans ce
commun langage qui est une moyenne de langage.
Les sentiments, les connaissances s'échangent, s'additionnent, se complètent, progressent ; et c'est ainsi
par ce procédé et point d'autre, sur ce fonds et point
d'autre, que naissent et grandissent les sciences et les
religions, la philosophie et l'histoire et la philosophie
de l'histoire, la politique et l'art, les institutions sociales, ajoutons, et en certains temps, pour mieux
dire, dans tous les temps, ce qu'on appelle les questions sociales.

Or, qu'y a-t-il au milieu de tout cela? Des faits de
pensée, des idées, rien que des idées.

Des idées, c'est donc tout le monde moral, tout ce
que nous appelons le monde moral.

Mais des idées font-elles en effet un monde? Non !
si ce n'est au figuré et par métaphore, car les idées
ne sont point des choses. Elles n'ont point d'existence formelle et concrète. Comme un geste ou un
tour de roue, comme la chaleur, comme l'électricité,
la lumière, elles ne sont que des mouvements des
choses réelles, que des phénomènes se passant dans
les choses qui, seules, ont une existence réelle. Nous
disions tout à l'heure qu'il n'y a pas « des mouvements » mais seulement « des choses qui se meuvent ». De même ici, il n'y a pas des pensées, des
idées, il n'y a que des organismes qui pensent.

Dans la réalité donc, il n'y a pas de monde
moral.

Pour qu'il y eût un monde moral que faudrait-il?
Une condition indispensable, à savoir que les phénomènes de pensée eussent pour auteurs et pour théâtre

des sujets particuliers, indépendants et hors du monde réel de la matière.

En est-il ainsi? On l'a dit et cru longtemps par naïf orgueil, par le charitable désir de raffermir et consoler les hommes à l'aide de l'espérance. L'humanité est désormais sur d'autres voies où l'on cesse d'y croire, où l'on va même cesser bientôt de le dire. Nous voyons la philosophie ésotérique admettre, en attendant qu'elle l'enseigne, que ce qui est aujourd'hui chaleur ou force ou lumière peut demain devenir pensée ; que la substance du monde réel qui produit ces phénomènes, sans la moindre ressemblance, de la chaleur et de l'électricité, de la lumière et de la force, peut aussi bien produire cet autre phénomène de la pensée qui ne leur ressemble ni moins ni davantage. La pensée peut être un des mouvements de la matière.

Autre point : La matière éternelle est le théâtre, le foyer de la pensée. La pensée se retrouve-t-elle ailleurs qu'à la surface de notre globe? Etrangère au domaine de la science, la question n'a rien qui étonne. Quand particulièrement on songe à la parité cosmique de la matière, pourquoi plus que la chaleur ou la lumière un autre phénomène de son mouvement serait-il le privilège de l'un de ses plus humbles agrégats?

Mais, fixée à la matière éternelle et infinie, la pensée est-elle avec elle partout et toujours?

En puissance, il le faut bien. Autrement comment pourrait-elle se produire? « Rien ne se crée. Rien ne se perd ». Dans ces termes, elle ne peut pas ne pas appartenir partout aux éléments irréductibles de la matière. En fait, non! Pourquoi? Parceque comme la chaleur, la force, l'électricité, la lumière, elle a besoin pour paraître, de rencontrer les conditions qui la réalisent ; parce que les diverses formes du mouvement matériel se transformant l'une dans l'autre, il en faut bien conclure qu'elles ne sont pas parallèles et simultanées mais intermittentes et successives.

Autre question encore : L'un des résultats les plus saisissants de la pensée est, à coup sûr, la constitution dans les êtres d'un sens intime, d'une conscience, d'une personnalité ; tout au moins, pour chacun d'eux, de la ferme croyance à sa propre personnalité.

Or, si des agrégats infimes d'éléments matériels, comme nous-mêmes et comme tous les êtres autour de nous, sont en possession de cette faculté qui nous émerveille, le grand tout qui en est l'ensemble garde-t-il le même attribut ? A-t-il le sens intime de l'infini de son existence et des phénomènes qui s'y accomplissent ? Possède-t-il enfin la personnalité infinie ?

Sur ce point, si encore une fois la science se détourne et se tait, rien dans la raison n'interdit de le croire. Il y a plus, loin de le récuser, il serait plus vrai de dire qu'elle nous y incline. Et en effet, dit-elle, comment l'apport des parties ne se retrouverait-il pas à l'ensemble ? Eternel et infini, immuable dans son infini et son éternité, le monde apparaît volontiers comme la personnalité absolue.

Mais alors, comment dans le grand tout, comment dans la personnalité infinie qui est tout, pourrait-il exister des personnalités réelles, formellement distinctes, résistantes, impénétrables, en possession de la perpétuité, autorisées à ne pas se laisser confondre ? Là est le grand mystère. Disons mieux, là est le seul vrai mystère du monde, et celui hélas ! tout à la fois qui prend le pas dans les préoccupations humaines, puisqu'il n'est rien moins que le problème de la continuité de notre existence.

Eh! quoi, nos sciences déjà si incroyablement perfectionnées, qui nous arment d'une si admirable puissance pour tous les soins secondaires et l'on oserait dire pour les futilités de la vie, nous délaissent-elles donc quand, au nom de notre souci, nous leur parlons du plus pressant des problèmes?

Ressemblons-nous donc avec elles à ces voyants des vieux âges, toujours prêts et pénétrants pour les intérêts qui leur étaient étrangers, et qui, lorsqu'il s'agissait d'eux-mêmes, destitués de leur don céleste, redevenaient aveugles et impuissants?

Quoi! la raison n'a-t-elle donc pas de secours?

Eh! bien, non! Partout ailleurs résignée, non sans peine mais sans désespoir, à ignorer le comment et le pourquoi des choses, elle adhère, nous l'avons vu, et adhère satisfaite à des conclusions où, à défaut de la complète lumière, elle trouve l'absolu repos. Ici, elle ne s'arrête que dans la négation et l'inquiétude.

Non! nous dit-elle, en dernière analyse, le monde seul est immuable et éternel.

Visiblement éphémères sont les minces agrégats matériels qui composent les êtres! Simple phénomène de pensée, éphémère comme eux, finissant avec eux, que la conscience, que le sentiment intime, que la ferme croyance des êtres!

Qu'est-ce donc que leur personnalité? Une résultante : illusion, foi décevante, pure apparence, ombre vaine.

VIII

LE MONDE MORAL (suite)

Des pages qui viennent de passer sous nos yeux, nombre de notions encore sont à recueillir.

La première c'est qu'il faut absolument repousser loin de nous et du monde toute idée de finalité.

Quelle est en face de nous, extérieurement à nous la réalité du monde? Nous l'avons dit : des faits qui, sortant les uns des autres, se succèdent sans fin dans un enchaînement fatal.

Mais, cette réalité, disons-nous, est pour nous un spectacle. Or, ce spectacle laisse une image, et cette image tombe dans l'intelligence humaine. Qu'est-ce à dire? Que la réalité objective et formelle, en prenant place en nous, s'y transforme, devient la réalité pensée et qu'elle est forcément pensée suivant les conditions, la nature, les formes d'évolution, les catégories logiques de la pensée humaine.

Qu'arrive-t-il alors? Que suivant ces formes, nous voyons des causes et des effets alors qu'il n'existe qu'une trame de phénomènes ; que nous leur supposons un esprit de direction soit intime, soit extérieur; que nous croyons les voir s'acheminant vers un but, alors que l'impulsion n'est qu'en arrière. Logiciens, nous prêtons aux faits ce qui n'est que l'un de nos procédés intellectuels et nous voyons des origines et des conséquences là où il n'existe en fait qu'un même phénomène qui de toute éternité se déroule pour toute l'éternité. N'a-t-on pas dit, et le mot est célèbre, que « toute la suite des hommes doit être considérée comme un même homme qui subsiste tou-

jours » (1)? Eh ! bien, on peut dire aussi que la suite
infinie des phénomènes du monde, c'est, de toute
éternité et pour toute l'éternité, le même phénomène
qui dure toujours.

Illusion donc que tout cela ; fausse vue qui tient à
notre infirmité ; erreur grosse d'erreurs, comme le
sont toutes les erreurs ! Sachons nous en préserver
ou nous y soustraire. Voyons juste !

A ceux qui l'interrogent, le monde répond : Je
suis celui qui suis. De même, il faut nous dire que
parties du monde, langage ou figures visibles du
monde, les faits à leur tour sont parce qu'ils sont, et
qu'ils sont tels parce qu'ils ne peuvent être autrement qu'ils ne sont. « Sint ut sunt. Sunt ut sunt. »

Cessons d'habiller la réalité à la mode de notre
esprit ! Dans les phénomènes quels qu'ils soient du
monde, ce que nous prenons pour leur finalité n'en
est que la nécessité.

Ce dont il importe plus encore de nous garder, c'est
de prêter aux phénomènes et aux choses du monde
une finalité humaine ; erreur plus ridicule parce qu'elle
est intéressée, vaniteuse et puérile ; erreur plus grave parce qu'au lieu de se tenir dans le vague inoffen-
sif d'une pure doctrine philosophique, elle prend
forcément pied dans le domaine de la pratique, pour
y porter les plus lourds dommages.

Oui ! pendant bien longtemps, on a cru et fait croire
parmi les hommes que le monde se préoccupait d'eux,
bien plus qu'il était fait pour eux. On l'a cru et fait
croire, on sait par quels mobiles. Il n'est plus permis,
en présence des données actuelles des sciences, de
s'attarder dans ces superstitions d'un autre âge.

(1) Pascal, pensées.

Non ! éternelles, immuables, marchant d'un pas impossible à dévier, à presser, à ralentir, à rompre, les forces du monde sont immuablement indifférentes. On a dit que « la nature », oublieuse des individus, ne se préoccupe que des espèces. Il y a mieux à dire encore, c'est que si elle dédaigne les individus, elle ne se soucie pas plus des espèces. Eh ! que lui importe que l'une ou l'autre périclite ou s'accroisse, triomphe ou disparaisse ; qu'à des milliers d'animaux de grande race succèdent les invisibles qui viennent par nuées puiser leur vie dans la mort de ces autres ? La somme de vie, dit-elle, est-elle restée la même sur le globe ? Oui ? Tout est bien, ma balance est faite.

Ainsi de nous ; ainsi pour la chétive famille des hommes.

Encore aujourd'hui, nous prêtons aux forces du monde une idée de secours ou de ruine, d'assistance ou de destruction. Nous appelons les unes bonnes, bénissables, utiles, secourables ; les autres mauvaises et maudites, comme si le feu qui brûle la récolte ou la grange n'était pas le même que celui qui nous réchauffe, bien qu'alors nous l'appelions incendie ; comme si le fleuve qui, rompant un jour ses digues, détruit dans une inondation vingt villages, n'était pas le même qui fournit la force gratuite de vingt usines, éléments de prospérité pour toute une contrée ; comme si, parce qu'on l'appelle brise ou tempête, ce n'était plus le même vent qui pousse le vaisseau, l'aide, le soutient, l'emporte vers le port ou le jette à la côte où il se brise et tombe aux abîmes ; comme si l'électricité qui tue un jour d'orage n'était pas la même force qui, serviteur obéissant, porte d'un bout à l'autre du pays nos dépêches.

Non ! ce qui est vrai, c'est que depuis l'action ger-
minative jusqu'au cyclone, jusqu'aux courants pour
nous immenses des mers ou de l'atmosphère, depuis
l'attraction moléculaire jusqu'aux brisements de l'é-
corce solide de la planète, il n'est pas une force qui
ne suive sa marche fatale, contrainte comme irrésistible, irresponsable comme inconsciente, obéissant à
l'impulsion ou cherchant sa pente, sans un regard
autour d'elle.

Ce qui est vrai, c'est que dans le monde rien ne se
soucie de rien.

Ce qui est vrai et visible enfin, pour ce qui est de
nous-mêmes, c'est que sur cette scène dont le tableau
nous paraît grandiose et l'est en effet pour des êtres
de notre taille, nous pesons bien peu ; c'est que dans
le monde rien ne s'inquiète de nous, rien ne pense
à nous, rien n'est fait pour nous. Il n'y a point, dans
le monde, de finalité humaine.

Mais ce dont il faut nous préserver par dessus tout,
parce que cette erreur est la plus dommageable, la
plus fréquemment dommageable et celle-même dont
il est le plus difficile de s'affranchir, c'est de prendre
des idées pour des choses, de purs phénomènes pour
des substances, de simples opérations de notre organisme cérébral pour des entités réelles.

Il n'y a qu'un moment, ne disions-nous pas que le
mouvement n'est point et que, néanmoins, même
dans un écrit scientifique, il fallait bien en admettre
le terme et l'idée, sous peine de rendre la langue
inintelligible ? — Ce n'était là qu'un premier exemple.

Certes, nous sommes loin aujourd'hui des querelles scolastiques du vieux temps ; mais quoi ! à défaut des querelles, l'objet nous demeure et il semble
même, en vérité, que nous subissons d'autres ata-

vismes qui nous rejettent bien autrement loin en arrière.

Pour nous, illusion singulière ! encore aujourd'hui, dans les choses du monde, « tout prend un corps, une âme, un esprit, un visage. » Le poète éloquent s'est singulièrement mépris quand il nous demandait, un jour, si nous regrettions « le temps où le ciel, sur la terre, marchait et respirait dans un peuple de dieux. » Mais, non ! Ce temps nous y sommes ; et, par malheur, le regret qu'il peut nous inspirer ne saurait être celui de l'avoir dépassé mais d'y être encore, d'autant qu'en nous y attardant nous l'avons aggravé par nos maladresses et notre imprudence.

Ah ! chez les Grecs, nos prédécesseurs sinon nos maîtres, ces méprises de l'esprit étaient de mise et venaient à leur âge. Féerie d'un peuple enfant, elles avaient l'excuse et le charme de l'enfance. Cantonnées d'ailleurs dans les parties sacrifiées de la pensée : l'art, la poésie, la foi naïve, rarement terribles, quelquefois sérieuses et profondes, plus souvent encore riantes, moqueuses, piquantes, spirituelles, inoffensives enfin, pour les yeux et l'esprit elles se bornaient à faire du monde un monde enchanté.

Mais nous, nous peuple vieux, positif, quelle différence !

En place de ce paganisme aimable, le nôtre est sot et dépaysé, lourd, hors de propos et morose. Jeté dans ce domaine froid et soucieux de nos disputes et de nos études, de nos âpres luttes d'intérêts et de nos élucubrations arides encore quand elles ne sont pas vaines, il jure avec notre philosophie, nos sciences précises, avec nos secs problèmes arithmétiques de doit et avoir. Il n'y est qu'erreur et danger.

Quelles sont aujourd'hui nos divinités, créations de

notre imagination dévoyée? On les connaît et nous les reverrons tour à tour et de plus près tout à l'heure. Elles ne s'appellent rien moins que la Valeur, la Fortune, la Foi Publique, la Liberté et le Droit, une Liberté particulière ou un Droit, l'Intérêt, le Crédit, le Capital.

« La Foi Publique » nous l'élevons à la hauteur d'une force élémentaire. On l'invoque. On la soumet au joug. On l'utilise.

« La Valeur » nous la traitons comme une réalité objective de notre Olympe Social. En son nom, combien le Delphes Economiste n'a-t-il pas rendu d'oracles !

Le « Capital », le « Crédit », nous les dotons d'une véritable existence et, illusion étrange ! cette existence nous apparaît tout armée de pouvoirs indépendants, d'activité formellement productive, de capacités en quelque sorte personnelles de travail.

Encore une fois, n'imaginons donc point : voyons juste !

Voulez-vous aller plus loin, sortir des erreurs de détail pour toucher à des erreurs plus étendues, sinon plus graves? A un point de vue plus général, qu'est-ce que l'idée de « l'utile »? Le fondement de toute l'Économie politique et de nos sociétés laborieuses elles-mêmes. Soit! il faut pourtant nous rendre compte que l'idée de « l'utile » ne répond à rien d'objectif ; qu'elle ne repose que sur un rapport avec nous ; relève uniquement de l'organisation des hommes ; que le monde non seulement ne s'en soucie point, mais l'ignore.

Voulons-nous aller plus loin, plus loin encore ? L'idée de justice, n'est-il pas vrai, s'impose à nous d'une façon souveraine. « Le juste » est une absolue

nécessité sociale. Sans lui, point de moralité, point de
société possible. Eh ! bien, tout indispensable, toute
péremptoire et impérieuse qu'elle soit pour les
hommes et pour les sociétés d'entre les hommes, il
faut pourtant reconnaître que l'idée du « juste » n'est
qu'une catégorie de la pensée humaine.

Du « juste », extérieurement à nous, rien dans le
monde ! Il est étranger à la marche du monde. Le
monde ne lui doit rien ; ne fait rien pour lui — il ne
le connaît pas.

Encore une fois donc, gardons-nous comme de
l'abîme de confondre nos idées avec des entités, des
mécanismes de choses avec des choses !

Gardons-nous, comme de l'abîme, de prendre pour
un monde réel ce que nous appelons « le monde
moral » !

———

IX

LA VIE.

Le moment est venu de nous fixer tout à fait sur la
terre, notre chétive demeure, grain de sable infime,
absolument perdu dans l'espace et qu'un être extérieur, même prévenu de son existence, pourrait
chercher des siècles dans notre système solaire sans
la trouver jamais.

Nous allons aborder plus expressément notre domaine et les intérêts qui s'y agitent. Au retour des
espaces infinis, les yeux et la pensée encore remplis
du spectacle des corps célestes et de leurs dimensions
colossales, de leurs distances énormes, de leurs

vitesses immenses, avouons-nous — ce sera sagesse et justice — que nous en rapportons tout au moins un résultat utile de premier ordre! C'est qu'en présence de ces intérêts, il nous serait désormais impossible de nous sentir accablés de leur importance.

Quand ainsi de près on examine ce monde terrestre, pour la science comme pour le commun des hommes, deux grandes divisions s'y prononcent : d'une part la matière inorganique ; de l'autre, les corps organisés.

Inorganique ! est-ce que cela veut dire que dans cette grande division du monde matériel, il n'y a point d'ordre ; que tout se passe au hasard, s'assemble à l'aventure ?

Loin delà, d'un bout du monde à l'autre, à tous les moments comme sous toutes les latitudes, des « lois », absolument immuables, y régissent des combinaisons déterminées, toujours les mêmes et qu'expriment des formules toutes mathématiques. On sait comment, dans quelles proportions, dans quels nombres sans manquer d'un atome, leurs éléments divers s'associent. Bien qu'à jamais dérobés à nos regards, on sait comment ils forment, hors de notre portée, des sortes d'édifices réguliers dont on peut retracer la figure et, dans ces édifices, la science s'ingénie à remplacer certains de ces invisibles matériaux par d'autres, poids pour poids, taille pour taille, comme dans les colonnes d'un temple, on remplacerait, assise par assise et tronçon pour tronçon, le granit par le marbre ou le marbre par le bronze ou le porphyre.

Sous des formes perceptibles, les corps inorganiques cristallisent, c'est-à-dire que leurs éléments se rangent d'eux-mêmes et toujours suivant des

figures régulières, variant d'un corps à l'autre, invariables pour chacun et sous l'empire de ces lois, on
les voit réparer, d'eux-mêmes et sur les mêmes plans,
leurs angles brisés par un hasard.

Dans tout ce monde des corps inorganiques, règne
et règne seule la puissance des affinités moléculaires
qui suffit à tout expliquer comme à tout produire ;
puissance que les phénomènes accusent comme in-
comparablement supérieure à celle-même qui fait
graviter les astres. Partout, l'infiniment petit l'emporte. Le monde est en effet une démocratie.

Pour fixer notre souvenir par un premier exemple
sur un fait dont nous trouverons l'analogue dans le
domaine de la vie, celui de la supperaddition locale
de plusieurs ordres de phénomènes et de pouvoirs,
notons que cette puissance des affinités moléculaires
ne fait pas obstacle à l'exercice de la pesanteur. Il
semble qu'elle s'y surajoute. Il n'est pas un atome de
la planète qui, tout en se conformant à la première
dans toutes ses combinaisons chimiques, n'obéisse à
la seconde en gravitant expressément, pour sa part,
autour de l'astre central.

En regard de cette classe des corps inorganiques,
est celle des corps organisés ; le monde de LA VIE.

Qu'est-ce que LA VIE ?

Est-ce une substance, une entité, un principe particulier immatériel ou matériel ?

Immatériel ! nous avons reconnu non pas seulement l'inanité mais le caractère antinomique de cette
hypothèse.

Matériel ! Mais à quoi bon cette superfétation d'un
principe matériel particulier, à côté de l'élément
général de la matière ?

Nous nous trouvens forcément ramenés à une conception plus simple, à savoir que de même que la matière produit, dans des conditions déterminées, les phénomènes spéciaux que nous appelons lumière, mouvement, électricité, chaleur, de même elle produit, également dans des conditions déterminées, celui que nous appelons la vie.

Ah ! il est vrai que la vie est nôtre, et il semble aux suggestions de notre risible vanité que, pour nous, c'est déchoir que de la rapprocher des phénomènes empruntés à la matière inorganique. Mais encore une fois où donc prendre un signe de préséance, un motif là de supériorité, ici d'infériorité, quand tout ce que nous voyons devant nous est non moins, non plus, mais à titre égal, *sui generis*, et prestigieux et inexplicable? Non, supposer ici un principe particulier dans un cas, alors qu'on a cessé d'en admettre dans les autres, ne serait pas seulement un acte de condescendance injustifiée, mais à nouveau une aventure contradictoire.

Alors, de même que nous disions tout à l'heure que le mouvement n'est pas ; qu'il n'y a que des choses qui se meuvent ; de même il faut dire à présent qu'il n'y a pas une chose qui s'appelle le principe organisateur, une chose qui s'appelle LA VIE. Il faut dire qu'en conséquence, comme pour le mouvement, quand dans tout ce qui va suivre nous parlerons de LA VIE, ce sera uniquement par figure et pour nous conformer à la langue usuelle qui s'impose ; mais qu'en réalité, il n'y a que des corps organisés ou qui s'organisent, des êtres qui vivent, qui sont doués de vie.

Et d'où vient LA VIE ?

Il faut bien admettre qu'à une époque inconnue et, selon toute vraisemblance, pour nous immensément lointaine, dans des conditions réalisées alors sur notre globe et dont nous n'avons pas l'idée, la vie y est pour la première fois apparue parce que ces conditions étaient celles mêmes qui lui permettent et l'obligent de paraître. Aujourd'hui et dès le lendemain de cette époque, elle ne semble plus s'y être produite que par le développement, dans un milieu approprié, de germes ou de parcelles détachées d'êtres déjà vivants, sous des formes très diverses mais qui, au fond, reviennent toujours au phénomène de la scissiparité.

La vie est-elle universelle? En puissance, oui sans doute; en fait, non; ainsi que nous l'avons dit pour la chaleur, l'électricité, la lumière et par les mêmes raisons.

Est-elle en fait ailleurs que sur la terre? Rien n'oblige à le nier. Tout permet de le croire. Seulement, la pensée nous présente en même temps comme indéfinies les combinaisons possibles de la vie. Le monde, nous l'avons vu, ne nous étant connu que par les impressions qu'il nous laisse de lui-même, elle comprend que des êtres organisés pour des impressions différentes peuvent l'apercevoir sous un tout autre jour, ne prêter, ou si l'on veut ne connaître à la matière aucun des attributs que pour nous elle possède, et lui en trouver de tout autres, que nous ne connaissons pas et ne connaîtrons jamais.

Ce qui est avéré, c'est que sur notre globe la vie est partout semblable à elle-même. Les rouages en mouvement diffèrent, ils se simplifient ou se compliquent, se multiplient, s'agencent de mille façons, se dédoublent, se superposent. Le moteur ne change pas. Le fond s'accuse ou se déguise, mais d'un bout à l'autre, se retrouvent les phénomènes qui, pour elle, établissent l'identité de nature.

Or, si partout la substance nous échappe, si nous
ne savons rien des choses que les conditions qui les
déterminent et les traits qui les caractérisent, quels
sont pour nous les conditions et les traits caractéris-
tiques de la vie ?

Ces traits sont nombreux et divers. Quelques-uns
seulement sont — nous le verrons — afférents à cette
étude.

Pendant que dans les corps inorganiques, les formes
ou apparentes ou inapparentes sont toujours rigoureusement identiques, la variété est la loi des corps
organisés. Le cristal d'un corps est semblable à un
autre cristal du même corps ; il n'y a pas deux feuilles
d'arbre pareilles, pas deux animaux qui présentent
le même système vasculaire.

Seuls, les êtres organisés naissent, grandissent,
connaissent les maladies et la mort. Seuls, pour se
maintenir et grandir, ils s'assimilent et se désassi-
milent, d'une façon constante, les matériaux empruntés à leur milieu. Seuls, ils produisent des êtres
semblables à eux-mêmes.

Leur mouvement propre est dominé par la gravitation, mais il domine celui des affinités moléculaires.

Suspendues pendant la vie, à la mort ces affinités
reprennent sous leur empire le corps que la vie abandonne.

En somme, à propos de la vie, on a souvent employé le mot de tourbillon vital. Ce n'est là qu'une
image, mais nulle image ne rend mieux l'idée que
fait naître en nous le spectacle des phénomènes qui
la constituent.

Partant d'un point matériel où il semble que gisent,
non-seulement latentes et en puissance, mais comme
repliées et serrées sur elles-mêmes ainsi que des

ressorts, les accumulations de force d'un état antérieur, sorte d'abrégé, de microcosme d'un être, de
raccourci de vie ; mis en liberté par les conditions
du milieu ; armé, au début, d'une force initiale considérable qui s'accroît un temps par l'accroissement
de la masse, ce mouvement, ce « tourbillon » de la
vie saisit les parcelles de matière à sa portée , les
enlève, les emporte, en noyant leurs mouvements
particuliers sous une force plus puissante, suivant
une direction commune résultant de l'état antérieur,
puis il s'épuise, retombe après sa course comme
écrasé sous le poids des obstacles extérieurs, laissant
alors, sur la place où il vient de disparaître, les parcelles qu'il avait momentanément domptées, libres de
se séparer en reprenant, comme devant, les conditions
de l'état inorganique.

Sous l'empire de cette conception des phénomènes
vitaux, plusieurs points, les uns afférents, les autres
étrangers à la vie, peuvent ici frapper notre pensée.

La tourmaline brisée donne deux tourmalines,
chacune en possession de ses deux pôles et de toutes
les propriétés physiques de la tourmaline originelle.
Une minime parcelle de matière forme la « terrella »
de nos pères.

La branche ne fait qu'un avec l'arbuste. Elle en
est un membre, un organe, elle est lui. Séparée et
devenue bouture, dans un milieu favorable, elle contracte une existence particulière. En elle, c'est sans
doute le premier arbuste qui vit toujours, et cependant
elle est bien désormais un arbuste distinct, ayant sa
nutrition, sa fécondation, sa parturition, sa vie enfin
complète et individuelle, susceptible de se transmettre et de se dédoubler à son tour.

Comme des arbustes, certains animaux peuvent

être sectionnés sans périr. La vie persiste et se réorganise dans chaque section, sans doute autour d'un nouvel élément central. Chacun des deux tronçons devient un être complet, pourvu comme le premier d'organes, d'instincts, de volonté, du pouvoir de grandir, agir, se reproduire; et, sans le comprendre, nous voyons ainsi s'accomplir en fait sous nos yeux, au plein soleil, le grand, le profond, l'attristant mystère : l'individualisation de la vie.

Ce n'est pas tout et ce même phénomène se présente aussi pour la pensée sous un autre jour. Ces êtres vivants ne sont pas simples. Dans toutes leurs parties, la vie se localise. Les globules du sang ont leur vie. La science nous démontre que les organes ne meurent pas tous simultanément et d'un coup mais successivement, se survivant l'un à l'autre et marquant ainsi leur existence parallèle, leur indépendance au point de vue de la vie. L'être vivant n'est pas, quant à la vie même, une entité une et indivisible, non! c'est une république de milliers d'êtres.

Et cependant, cet être qui n'est pas une chose, mais une somme, un total, se sent une vie nettement particulière, une personnalité une et précise qu'il ne peut pas ne pas croire réelle, et qu'il veut croire immortelle.

Ainsi, ce que nous disions tout à l'heure à propos de la pensée, il faut le redire ici mais avec bien autrement d'assurance, non plus à titre de conjecture, mais à titre de certitude, non plus comme résultat d'un raisonnement, mais comme fait d'expérience : l'existence de l'être vivant est un consensus d'êtres multiples et, dans l'observation des phénomènes de la vie, nous assistons à l'éclosion de cette résultante même dont nous avons parlé qui constitue l'unité de sensations, de désirs, de pensée, de conscience : l'individualité vitale.

X

LA VIE

VÉGÉTATIVE OU ORGANIQUE — ANIMALE OU DE RELATION.

En parcourant les phénomènes généraux de la vie, nous avons constaté l'unité de la vie sur le globe. Et en effet, d'un bout à l'autre de l'échelle des êtres, on la suit, on la retrouve au fond toujours la même. Sur l'indice de quelque trait essentiel, on signale sa présence, on la nomme, comme il suffit d'un mot entendu dans les ténèbres pour reconnaître à la voix la personne invisible qui a parlé.

Depuis longtemps, les vieilles divisions absolues du règne végétal et du règne animal se sont scientifiquement effacées devant des informations plus étendues et plus précises qui ne permettaient d'établir nulle part une ligne de démarcation défendable. Toutefois, il faut constater en même temps que la vie, dans ses organismes, va par transitions insensibles du simple au composé ; que dans les êtres qu'elle anime, sans rien abandonner des premiers organes, elle procède par des superadditions successives d'appareils échelonnés, correspondant à de nouvelles séries de facultés et de pouvoirs, de telle sorte qu'il y a, en réalité, plusieurs aspects ou pour mieux parler plusieurs états, on serait même tenté de dire : plusieurs étages de la vie.

Parmi ces états, il en est deux qui sont fondamentaux : — l'un est la vie organique ; l'autre la vie de relation, — auxquelles on donne aussi deux autres noms : vie animale pour celle-ci, en ce que les animaux seuls la possèdent en même temps que la première ; vie végétative pour celle-là, non que les végétaux seuls la possèdent, mais parce qu'elle est la seule, qu'ils possèdent et qu'ainsi leur immense famille la présente à l'observateur dans ses phénomènes les plus élémentaires, nette, distincte, « isolée. »

Nombreux sont les caractères tant de la vie organique que de la vie animale et ils accusent respectivement, de l'une à l'autre, des différences et souvent des oppositions profondes.

Ainsi, pour nous borner aux traits qui se rapportent à notre sujet, la vie organique est armée de deux grands pouvoirs : assimilation ; fécondation. — Elle assure par l'un, pour un temps, la conservation et le développement de l'individu; par l'autre, la perpétuité de l'espèce. — Elle exerce ce dernier pouvoir par un procédé au fond, nous l'avons vu déjà, toujours le même, mais qui semble se jouer à revêtir les formes les plus diverses; le premier, par des appareils également très variés, correspondant à des phénomènes multiples, ceux de circulation, respiration, nutrition.

Absolument dépourvu d'appareils de locomotion, l'être doué de la seule vie végétative, fixé sur un point du sol, est à la merci du milieu. En reçoit-il, non pas seulement à portée mais en contact de ses organes, les matériaux dont il a besoin, il vit. A défaut, ne pouvant que s'offrir à leur venue, presque incapable d'aller à leur rencontre, il languit, reste stérile, s'affaisse, meurt.

Mais, dans ses formes les plus élémentaires, la vie végétative accuse un privilège exclusif important. Seule, elle s'assimile directement la matière inorganique et, en se l'appropriant, en forme des corps organisés, les seuls aussi que l'être vivant, de constitution plus avancée et partant plus exigeante, peut s'assimiler à son tour. Par suite de ce pouvoir exceptionnel, la vie végétative se trouve en possession d'un autre privilège. Complète en soi, une fois qu'elle est placée sur le milieu que lui fournit le monde inorganique, elle est en état de se suffire, et, en effet, aux origines de la vie sur le globe et longtemps, à coup sûr, depuis que la vie végétative a pu être, elle a été seule ; elle pourrait l'être toujours.

Au contraire de la vie végétative, la vie animale ne se trouve pas, ne se conçoit pas isolée. Elle ne peut se produire et se maintenir qu'à l'appui d'une vie organique. Elle s'y trouve jointe et toutes deux coexistent chez tous les êtres qui la possèdent. Autre divergences : — Les organes de la vie organique sont simples et presque sans exception dissymétriques. Ceux de la vie animale sont compliqués, doubles en général et symétriques. Les premiers n'ont besoin pour fonctionner ni d'éducation, ni de développement, ni d'expérience. L'enfant offre des phénomènes de nutrition, de respiration, de circulation du sang, aussi parfaits que ceux de l'adulte, et cela dès sa naissance. Les organes de la vie animale, au contraire, ébauchés d'abord, gauches, impuissants, offrent des périodes très caractérisées d'accroissement et de perfectionnement, puis de défaillance et de déclin. Il y a plus, la vie animale va sans cesse, ajoutant à son organisme, et par l'organisme se créant des pouvoirs nouveaux.

Le fonctionnement des organes de la vie animale est intermittent, sous peine d'épuisement de la force et de la vie. Celui des appareils de la vie, au contraire, est continu : un temps d'arrêt détermine la mort.

La vie animale est toujours inquiète, agitée et troublée. En regard, la vie végétative impressionne par la continuité de sa paix profonde.

Les phénomènes de sensibilité dans la vie organique, s'il en existe, sont localisés. La vie animale les centralise dans un organe spécial qui est le cerveau. Peut-être est-il plus vrai de dire qu'elle les y fait naître. Seule, la vie animale apporte dans les êtres l'intelligence, la conscience, la volonté. Enfin, quand vient la mort, elle frappe d'abord et d'un coup la vie animale, qui jamais ne survit à la vie végétative. Dans les organes de celle-ci, la vie persiste, se réfugiant en quelque sorte en arrière, de proche en proche, sensible encore un temps après que la première a disparu.

Somme toute, cette superaddition de la vie animale à un organisme de vie végétative attache comme un spectacle, intéresse comme une curiosité, retient la pensée comme une énigme.

Le spectacle on le voit, on y assiste. Manifestement, la vie animale vient se superposer et en quelque sorte se greffer sur la vie organique. On suit ceux des organes de celle-ci qu'elle laisse libres. Ainsi, la volonté n'a nulle prise sur la nutrition; les battements du cœur lui échappent. On marque tout aussi nettement la place où elle pose les points d'attache : volontaire et involontaire à la fois, le phénomène de la respiration est sous une domination commune. On ne relève pas avec moins de sûreté les troubles constants, parfois extrêmes, que la vie de relation jette dans la vie organique par ses excès : violences et exigences, ambition ou chagrins. Le spectacle reste impénétrable, l'énigme garde son secret.

Que si l'on voulait s'en tirer par une image, ressource fréquente pour l'humaine misère, peut-être pourrait-on recourir à celle d'une simple machine inventée par l'imagination des hommes, la machine à vapeur, par exemple.

Pourvue de ses appareils élémentaires à produire la vapeur, à la condenser, à la recueillir, la machine à vapeur est complète en soi. A la condition qu'on l'alimente, elle subsiste. Dans son réduit solitaire, elle est prête à fournir aveuglément et sans choix une source indéfinie de mouvement. C'est beaucoup, c'est tout pourtant.

Mais, sur ce mécanisme rudimentaire, adaptez un autre mécanisme précis, réglé pour un but déterminé, la machine devient intelligente. Il semble qu'avec elle, le mouvement prenne une volonté, accomplisse une tâche. Au lieu de se borner à être, elle est une chose agissante et utile pour une fonction, pour mille fonctions qui peuvent se diversifier à l'infini : elle est une locomotive, une machine à tisser, à forger, un marteau, un laminoir, l'une quelconque des machines industrielles qui servent les hommes.

Tels sont, vus sous le voile, les ressorts de la vie.

Agissant à la surface de la planète, entre l'atmosphère avec ses météores puissants, souvent grandioses, et le labeur incessant mais invisible du monde inorganique, ils prennent mille vêtements, se recouvrent de mille formes. Ils sont partout. Ils font tout

mouvoir. Par l'exercice continu de leur pouvoir, ils
sont, à leur tour, les auteurs inépuisables du spectacle immense et immensément varié que le monde
terrestre de la vie déploie sous nos yeux.

D'un côté, le vaste domaine de la plante. Là, tout
est silencieux, comme endormi, immobile. Et toutefois
tout agit. L'herbe pousse. L'arbuste grandit. La forêt
s'élève, solidifiant dans ses troncs noueux les rayons
du soleil qu'elle est prête à rendre. Là, on grandit
inconsciemment, grain de sable à grain de sable.
On meurt fibre à fibre, sans une plainte. On féconde
comme on exhale, on est fécondé comme on respire.
Mais, depuis le sapin colossal de la montagne jusqu'au
dernier brin de mousse perdu dans le fond de la val-
lée, pas un être, au milieu de tous ces êtres, qui ne
s'évertue pour se former, se nourrir, durer, retenir
la vie, transmettre sa vie.

En regard, formes différentes : Les mille races des
animaux peuplant l'air, la terre, les cours d'eau, les
mers jusqu'aux profondeurs insondables. Là, le bruit,
le mouvement, l'agitation incessante, universelle.
Comme parmi les premiers êtres, on quête l'aliment
du jour, on se pourvoit, on s'écrase. On crée ses
continuateurs de vie, toujours au tumulte des batailles. Avec une vie plus élevée, plus intense, les
instincts remplacent un afflux de sève; les passions,
un mouvement d'expansion sous un rayon de soleil ;
l'intelligence, la mémoire, la volonté, la prévoyance,
l'accomplissement muet des phénomènes insensibles.

Et, dans chaque ordre, d'une espèce à l'autre, des
degrés s'échelonnent. Des animaux d'ordre inférieur
aux animaux d'ordre supérieur, se marquent des différences sans fin de pouvoirs inattendus, de facultés
toujours nouvelles.

Enfin, pour clore sur le globe la série actuelle des êtres, l'homme paraît.

Au nom de son orgueil, au nom aussi de ce qu'il prétend son droit, il réclame pour lui une place à part, à côté des précédentes manifestations de la vie.

« J'apporte en moi, dit-il, non plus une forme différente de la vie, mais une autre sorte de vie. — Voici la vie humaine ! »

XI

LA VIE HUMAINE.

Est-il en effet légitime, dans une étude d'Economie politique sur LA VIE, de faire ainsi une classe à part de la vie humaine, et existe-t-il bien, scientifiquement distincte, une VIE HUMAINE.

Il est certain, tout d'abord, que ce n'est pas sur la différence des éléments constitutifs de l'être vivant que cette distinction pourrait être fondée. A l'analyse, le corps des animaux se résout, sans une exception, dans les corps simples de la matière inorganique. Le corps humain est absolument dans les mêmes conditions. La chaleur, l'électricité qu'on trouve dans les animaux et dans l'homme sont respectivement les mêmes et elles sont identiquement semblables à la chaleur, à l'électricité constatées dans les corps inorganiques.

Chez l'homme et dans les animaux d'ordre supérieur, la vie organique ne présente pas de différences. Les organes sont les mêmes ainsi que leurs fonctions :

nutrition, respiration, circulation y sont des phénomènes génériques qui s'opèrent sur des lois et par
des procédés identiques. De même nature est également la vie de relation. Le mouvement est pour tous
un caractère commun, la série des mouvements une
série d'analogies qui témoigne de l'unité de la cause.
Les sens sont les mêmes. Partout, la maladie et la
mort.

La vie humaine relèverait-elle d'un principe particulier et supérieur? Nous avons déjà rencontré cette
hypothèse inutile, qui complique au lieu d'éclaircir,
embarrasse au lieu de résoudre. On a prétendu cent
fois que tout l'excuse, il est plus vrai de dire que rien ne
l'appelle ni ne la justifie, en présence de phénomènes
d'une identité telle qu'on la repousserait pour ne pas
être obligé de l'étendre à tous les êtres, si l'on ne te-
nait d'abord pour impossible de la donner à un seul
par privilège.

Non! à coup sûr, ce n'est pas de ce côté qu'il faut,
s'il existe, chercher le fondement scientifique d'un
classement spécial de la vie humaine.

Mais, n'est-il pas d'autres raisons multiples, scien·
tifiquement décisives? Chez l'homme, dira-t-on, les
facultés sont tout autres. Mémoire, raisonnement,
imagination, sensibilité, affections de toute espèce;
intelligence, pouvoir de prévoir, d'induire, de connaître, combien tout diffère! Oui! cela est vrai autant
que le cèdre diffère de l'hysope, autant que le lion de
l'Atlas diffère de l'éphémère des bords de l'Hypanis.
Mais quoi! pourtant, le lion et l'éphémère d'un côté,
l'hysope et le cèdre de l'autre ne sont-ils pas de même
race, ou, si l'on veut, de même règne? Non! faut-il
dire encore, si marquées, si notables qu'elles soient,
ce ne sont là que des différences de degré et des dif-

férences de degré ne sont pas des différences de nature.

Il est, viendra-t-on répondre, des facultés, des
pouvoirs qui ne sont pas seulement différents mais
qui sont d'autres facultés et d'autres pouvoirs. Ainsi,
seul entre tous les êtres, l'homme a la connaissance
et la prévision de la mort, le privilège de l'appeler à
son gré, à son heure, le sentiment de son lien avec le
grand tout du monde, l'idée de l'infini. Seul, il est
préoccupé du souci de ces grands mystères. Seul, il
sait user du langage, avec toutes les conséquences du
langage. Seul, il est en possession de ce pouvoir que
Franklin notait avec profondeur et finesse : le pouvoir de faire des outils. Seul enfin, grâce à ces attributs, il est en état de vivre en société et d'assurer à
sa race, en place de l'immobilisme éternel des autres,
l'accumulation du savoir, un progrès croissant, étendu sinon indéfini.

Bien que plusieurs de ces dons ne soient pas pour
l'homme une possession aussi exclusive qu'il est habituel de le prétendre dans cette cause, il n'est pas
douteux qu'ils prennent en lui des caractères qui les
y mettent hors de pair. D'autres lui sont absolument
particuliers. Parmi ceux-ci, le moins digne de remarque,
notamment dans une étude d'Economie politique, n'est
pas celui que signalait spirituellement Franklin puisqu'on ne lui doit pas moins que la formation de la main
humaine — l'être vivant, nous le savons, crée ses organes — pas moins que l'enfantement du progrès, des
miracles, des bienfaits du monde industriel. Tous
sont grands et, dans leur ensemble, ils constituent
certainement un régime de pouvoirs sans rival, sans
comparaison possible.

Et cependant, on constate parmi les animaux

mêmes, sous des rapports analogues, des dissem-
blances si profondes, des distances si considérables
— aussi considérables il faut le dire '— sans qu'on
soit amené à en induire une différence de nature, que
celles-ci ne réussissent pas à forcer la conviction et
qu'en leur présence comme devant, la raison scientifique en arrive à conclure : non ! c'est ici encore simplement la vie, la même vie ; la vie partout et toujours la même.

Mais, en même temps, une réflexion naît, saisit la
pensée, s'impose, c'est que les sciences naturelles ne
sont pas les seules sciences, toute la science ; que le
point de vue physiologique n'est pas le seul point de
vue, mais que pour les mêmes faits, chaque science,
au contraire, a le sien ; que l'Économie politique est
une science aussi, une science égale et qu'en conséquence, elle possède, à ce titre, le droit de peser elle
aussi à sa balance, de rapporter à ses principes, de
juger d'après ses principes.

Or, c'est à ce compte et sous ce jour que les considérations deviennent aussitôt décisives, la conviction
formelle.

Qu'on supprime donc par la pensée la race humaine
de la surface du globe et qu'on se représente ce que
serait le monde de la vie !

Libres de toute direction commune, les végétaux,
vite ramenés sans exception à leurs conditions origi-
nelles, envahissent la terre sans autre choix que leur
vigueur respective et la faveur ou la résistance du
milieu. Dans leurs rangs, au-dessous d'eux, partout,
les légions formidables des infiniment petits se développent sans autre limite que leurs rencontres inconnues, leurs hostilités invisibles. Animaux de tous
ordres, individus et espèces, luttent, prévalent, dis-

paraissent suivant le seul coefficient de leur force, de leur faiblesse, de leurs ruses, de leurs qualités ou de leur insuffisance prolifiques pour réparer les ruines. Mais destruction n'est point autorité. Aucun animal n'a d'autorité sur un autre. Aucun animal n'a le sens du droit de propriété. Plus de gouvernements. Plus de sociétés. L'abeille monarchique, la fourmi républicaine n'offrent que des ébauches qui peuvent être curieuses, mais qui restent sans rayonnement, sans puissance, sans valeur. Tout est séparé, disséminé. Rien n'est relié. Il y n'a plus de classe dirigeante dans le monde de la vie.

Au contraire, avec l'homme et sous sa main, règne une idée maîtresse. Il est le centre, le but et la loi. La loi est simple et une : il sert ce qui lui sert ; détruit ce qui lui nuit ou tend à le détruire. L'œuvre est grande. Elle a grandi. Déjà notablement avancée, elle avance tous les jours. Seul entre tous, il veut et il sait ce qu'il veut, conduit, domine, commande, domestique, maîtrise, possède. Et alors, se prononcent entre lui et ce qu'il se subordonne non plus seulement des différences de degré, mais de véritables différences de nature, marquées, profondes, absolues, celles précisément qu'exigeaient la raison et la science.

Et en effet, notons-le bien, il est maître et le reste obéit. Qu'est-ce à dire ? Que pour lui, devant lui, les êtres vivants sans exception, comme les corps inorganiques, sont des choses ; qu'à ses côtés, autour de lui, tout est chose ; que lui seul est une personne ; que tout est possédé ; que seul il est le propriétaire.

Or, au point de vue du droit, au point de vue de l'Economie politique, n'est-il pas vrai que ce sont là des caractères qui ne sont pas seulement différents mais qui sont autres, et non pas seulement autres mais absolument contraires?

Ainsi l'Economie politique qui est une science, une science égale à toute autre en autorité comme en droit, par l'originalité de son objet comme par celle de ses principes, nous fournit aussi net, aussi décisif que le peuvent souhaiter la raison et les exigences générales des sciences, ce que nous refusaient toutes les autres, à savoir : le criterium, la caractéristique de notre vie.

Au nom de l'Economie politique, il est absolument légitime et il est par suite scientifiquement nécessaire de distinguer une vie humaine, de donner ici un nom, un rang, une place à la VIE HUMAINE.

XII

LA VIE HUMAINE

INDIVIDUELLE — SOCIALE.

Ainsi, la vie humaine est bien scientifiquement distincte.

Tout n'est pas dit pourtant et il nous faut pénétrer plus avant.

Cette vie humaine, en effet, a deux aspects, deux modes, et aussi deux sortes d'exigences et d'orienta-tions. Comment? Suivant que l'on considère l'être humain comme individu ou comme membre d'une société, isolément ou au sein du milieu que lui con-stitue l'ensemble mouvant des relations sociales.

Isolément ! Est-ce bien là une question qui appartienne à la réalité des choses? Quelles qu'aient été les conditions inconnues dans lesquelles l'être destiné à porter le nom d'homme a, pour la première fois, paru sur le sol de la planète, il est clair que ces conditions ont dû s'appliquer forcément à de certaines étendues. Dès lors, la thèse de l'homme isolé n'est-elle pas historiquement sans valeur? N'est-elle pas une pure hypothèse, une imagination de satirique ou de philosophe, un procédé démonstratif d'économiste destiné à faire toucher aisément du doigt les illusions d'optique qui résultent des complications de la vie commune, ou bien encore un simple roman d'aventures ouvrant aux inspirations des moralistes quelques pages de prédication éloquente à l'adresse de leurs semblables?

Laissons tout cela, car ce n'est en rien de tout cela qu'il s'agit. Nous ne sommes ici en aucune façon en présence de quelque obscur débat d'histoire et en quelque sorte de paléontologie humaine, mais d'une question nette et tangible d'organisme humain projetant forcément, de toutes parts, ses conséquences dans l'ordre social. L'homme est tel. Comment pourrait-il sentir autrement qu'il n'est, penser autrement qu'il ne sent, vouloir autrement qu'il ne pense, agir, choisir, fonder, remplacer, détruire autrement qu'il n'est entraîné à vouloir?

Or, qu'avons-nous vu? Qu'au point de vue physiologique, dans son unité l'être humain comprend deux organismes, unis mais distincts et séparables : organisme végétatif, pouvant subsister seul et se suffire, puis organisme de relations enté sur le premier.

Eh ! bien, si, au point de vue physiologique, il est aisé de suivre la division des fonctions correspondant à la distinction des appareils, au point de vue de l'Economie politique il ne l'est pas moins de constater le reflet constant et l'influence de cette duplicité de l'organisme : il apparaît que là aussi, le fonctionnement de l'être humain est visiblement double à un certain degré ; qu'il vit comme individu et qu'il vit comme être de relation, comme être social, portant d'une et d'autre part des aptitudes différentes, prenant à propos des mêmes faits extérieurs, des appréciations et des partis respectivement dissemblables.

Complétement isolé, l'être humain serait à coup sûr plus simple. En puissance, il posséderait les mêmes énergies et il le faut bien puisque plus tard, sous l'influence du milieu social, elles doivent se produire. Mais enfin, dans son isolement, elles ne sont pas nées.

Aurait-il la faculté de langage ? Comment et à quoi bon ? non ! sans nul doute. L'idée de sa personne ? A peine, car elle ne peut se préciser, à ce qu'il semble, qu'au contact d'autres personnes. De la propriété ? Pas davantage. Pour que l'idée de propriété se dégage, ne faut-il pas que la propriété soit contestée, revendiquée, maintenue, défendue ? Est-ce que le mien existe en dehors du tien qui le limite et le révèle ? Le tien et le mien sont deux idées corrélatives et qui ne naissent que l'une de l'autre.

Par contre, il concevrait très bien l'idée de l'utilité, de son utilité personnelle et elle l'éclairerait d'une lumière d'autant plus vive qu'elle serait seule, sans rivale, sans trouble. Il est clair qu'il ignorerait à tout jamais l'idée de valeur, qui ne peut naître que dans l'échange des choses. Par là même, il échapperait aux méprises nombreuses et infiniment dommageables dont cette idée est la source ou la cause. Limites plus étroites mais affranchissement des erreurs, des quiproquos, des confusions de l'état social, tel serait son lot. N'est-il pas vrai qu'il a bien du prix et qu'il en vaut la peine de le recueillir ?

Le rôle de l'homme dans la société est autrement compliqué. Là les vues simples et souvent droites de l'être isolé risquent de s'obscurcir. Comme ces instincts parfois plus sûrs que l'intelligence même et que l'intelligence remplace ou prépare sans les valoir, leurs inspirations se faussent ou même se perdent au milieu de rouages dont le sens se dérobe. L'intérêt vrai ne se laisse plus aisément connaître. L'homme est à tout moment la dupe, souvent la proie des illusions et partant des déceptions de l'état social.

En revanche, que de forces nouvelles il y puise ! Comme l'état de société qu'il crée, parce que finalement il est le sien, le dote et pour le doter réagit sur celui qui le forme ! Comme ce pouvoir des sociétés est immense !

Nous voyons des animaux perdre certains de leurs organes parce que le milieu ne leur en fournit pas ou ne leur en fournit plus l'excitant normal, et il en faut bien à bon droit conclure que c'est cet excitant qui, par l'exercice, en assure le maintien. Des organes même naissent sous l'influence d'un milieu propice. D'autres animaux vivent en société. Qu'arrive-t-il pour ceux d'entre eux qu'un accident en sépare ? On voit bientôt s'évanouir une partie de leurs instincts, de ce qu'il faut bien appeler leurs facultés intellectuelles, puisque c'est ainsi que nous nommons les nôtres. Comment n'en pas conclure encore que c'était l'excitant du milieu social qui les avait suscitées, qui en assurait le fonctionnement et par le fonctionnement la durée ?

4

Ainsi en va-t-il absolument pour l'homme.

Isolé, oui ! à coup sûr, dès le début, il est intelligent, prévoyant, actif, doué de raisonnement, de mémoire. Mais la société stimule, aiguillonne, perfectionne, fortifie son activité, aiguise sa prévoyance, meuble son souvenir, étend son intelligence.

Du premier jour, il possède et chaque individu possède à des degrés divers toutes les facultés de sa race, mais chacun n'a qu'un caractère : le sien. En les offrant tous à la fois pour en composer un ensemble où ne manque plus aucune pièce de la mécanique humaine, une société assez nombreuse place l'individu à son vrai rang, le met aux prises avec toutes les difficultés, toutes les résistances, tous les débats qui fortifient, à côté de tous les secours et de tous les conseils, en face et à portée de tous les actes utiles et par là elle le complète.

En puissance, intelligence et organe, il était prêt pour le don du langage. En fait, il ne le possédait point. Le langage paraît et alors quelles ressources fournies par le travail commun d'une société ! Que d'esprit, d'ingéniosité ! Quels trésors entassés ; que d'accumulations d'âge en âge !

Il avait le privilège du progrès personnel. Oui ! mais quand une société s'évertue tout entière, se partage les tâches, tient registre de tous les progrès accomplis jour à jour et de siècle à siècle, qu'elle en ouvre à tous les archives, en répand sur tous la connaissance et le ferment, quel développement pour chacun et, pour chacun, quelle certitude de s'élever à toute sa hauteur possible ! Quelle mine profonde et féconde pour des progrès nouveaux !

Isolé, il était, on l'a dit, né propriétaire. Soit ! mais il l'était sans le savoir, en pratiquait les droits avant de les connaître. Il n'avait pas, même confuse, la notion de propriété. L'état social la fait naître par ses luttes encore plus que par ses jouissances. Puis, dans quelle énorme mesure cette notion du droit de propriété s'y développe ! Que de garanties et de barrières ; de limites et d'extensions continuelles ; que de textes de lois et d'applications ; d'opinions et d'institutions, pour en assurer de mieux en mieux l'assiette ou la défense ! A ce compte, n'est-il pas bien manifeste que la notion du droit de propriété se précise à tout moment, s'éclaire, grandit, se perfectionne, grâce à l'état social ?

Enfin, au sein du monde, l'homme, avons-nous dit, est un maître. Il est une personne en regard des choses et, en regard des choses, il a la conception de la personne. Mais, dans le mécanisme des sociétés, comme cette notion confuse change de caractère et de portée ! Comme elle s'y transfigure, comme la personnalité de l'homme s'y entoure de cent droits qui la protègent ou la prolongent ! Comme, de plus en plus, elle est reconnue, respectée, tenue pour consacrée et sacrée ! Et, si dans quelque société, par la coupable complicité d'aveuglements volontaires, la personnalité humaine est un moment méconnue, outragée ; s'il arrive que par l'odieuse institution de l'esclavage, par exemple, on la réduise au rang et à la condition d'une chose, comme, dans les sociétés indemnes, l'idée nette, le sentiment vrai se révoltent contre la méprise intéressée, contre l'attentat abominable ! Comme partout les esprits d'élite, les grands cœurs, les intelligences prévoyantes se font aussitôt les prédicateurs du droit, ses champions, ses vengeurs ! Et qui les a faits tels, qui les a portés dans son sein, armés, inspirés? Qui? n'est-ce pas les sociétés mêmes qui les écoutent et qu'ils entraînent?

Tels sont en effet et dans tous ordres de faits, les facultés, les pouvoirs de l'homme au sein des sociétés; telle l'influence des sociétés sur leurs membres; mais telles sont aussi — et après nous être bornés à les indiquer ici d'un mot sommaire, nous aurons à les parcourir ultérieurement en détail — telles sont aussi les sources d'erreurs, d'illusions, de méprises qu'à son dam, parfois pour sa ruine, l'homme rencontre au sein de l'état social.

Telles, en regard, les faiblesses, les étroitesses, les dénuements, les ignorances de l'homme considéré comme être isolé. Mais telles sont aussi les ressources, la droiture, la sûreté de ses décisions, quand il s'agit pour lui de juger et de ses besoins et des vrais moyens d'y pourvoir.

Au résumé, que résulte-t-il de tout ceci? Que la vie de l'homme est réellement double : individuelle et sociale ;

Qu'il importe de leur donner place à toutes deux, toutes deux de les reconnaître ;

Que, si l'on a pu dire avec vérité que l'état naturel de l'homme est l'état de société et que la vie humaine est la vie sociale, il est vrai aussi que dans la société même, l'homme existe à la fois comme individu et comme membre de la société qu'il habite ; qu'en conséquence, il doit être étudié et consulté au premier titre autant qu'au second. Nous pouvons ajouter qu'il ne l'est jamais sans fruit sous cet autre point de vue plus élémentaire, pour la solution exacte, clairvoyante, parfois nouvelle des graves problèmes de l'Économie politique.

XIII

LES DEUX MOUVEMENTS DE LA VIE.

On ne saurait trop le redire : la constitution de
l'être, cause ou théâtre des phénomènes qu'une
science étudie, est et demeure pour elle le point capital de l'étude.

Il est assurément utile d'examiner la trame de
l'étoffe : connaître le mécanisme du métier à tisser
importe encore davantage. Il faut sans doute constater au loin les effets du projectile de guerre : mais
quel bien autre intérêt que de savoir le détail de
construction de l'arme, du canon ou de l'obusier !

Dans les sciences sociales, c'est à l'organisation
physiologique de l'homme, au mécanisme de la vie
qu'il faut toujours revenir. Là, avec ce que Montesquieu appelait la nature et le principe des choses, se
trouvent l'explication qui éclaire les résultats con-
statés, la loi qui permet de prévoir et de prédire les
résultats à venir : en tout, le dernier mot.

Il n'y a qu'un moment, un premier coup-d'œil sur
cette organisation de l'être humain nous y a fait reconnaître deux sortes d'appareils reliés, mêlés, dé-
pendants mais distincts et d'influence distincte ; et la
division de la vie organique et de la vie de relation
nous a livré cette donnée que, dans la société même,
l'homme a deux existences : la vie individuelle avec
des notions limitées mais toujours droites et saines
sur les faits d'Economie politique qui le concernent ;
la vie sociale où, avec une extension considérable
d'horizon et de puissance, il rencontre, pour y butter

et faillir, des erreurs souvent grossières, toujours coûteuses.

Gardons ici, en premier lieu, le souvenir de ces divisions de la vie humaine, pour lui demander de nous servir encore.

En second lieu, nous avons vu que l'être humain n'est pas un en soi; qu'il se compose de milliards de parcelles, agglomérées mais différentes, confondues mais au fond individuelles, toutes vivantes et mouvantes et formant, par l'agrégat incessamment changeant de leurs vies, la résultante continue de sa vie.

Dans notre pensée, rapprochons ce souvenir du premier. Ensemble et consultés dans un autre sens, ils vont nous apporter quelques nouvelles clartés.

Ce qui frappe tout d'abord dans le spectacle de la vie, c'est qu'elle est une force qui s'épuise à toute heure. L'image vraie, vive, poignante qu'elle offre à l'esprit est, ainsi que l'avait dépeinte le grand et émouvant génie de Lucrèce, celle d'un flambeau qui se consume et consume tout ce qui l'alimente. A ce titre, elle ressemble aussi à « ces astres sans nom » d'un autre poète « que leur propre lumière dévore incessamment ». « Vivre, écrivais-je un jour, qu'est-ce autre chose que perdre la vie à pleines veines? Chaque instant qui passe accumule à nos pieds une part de nous-mêmes, et le moins que nous coûte une heure d'existence est l'abandon à tout jamais de la force qu'il nous faudrait pour la vivre encore. A ce mal, apporté en naissant, point de remède : la vie est une maladie mortelle ».

Pour elle et dans son sein, pas une minute qui ne fasse œuvre de destruction et ne laisse sa ruine.

Le corps de l'être vivant est en proie à un travail continu qui le désagrège, le ronge, l'égrène grain à grain, atome par atome et en emporte silencieusement, impitoyablement la poussière inerte. L'air respiré perd l'oxygène et l'électricité qui le rendaient propre à la vie : C'est à l'état de poison que le poumon l'expire. Un vaste système tubulaire, véritable fleuve où le sang court, se précipite, porte partout une chaleur qui se dissipe au profit de ses rives, elles-mêmes bientôt refroidies au contact du milieu du monde. Point de molécule qui serve deux fois à la vie. Point de molécule qui reste longtemps dans le cycle de la vie. Le tourbillon vital les entraine mais il les broie. Il les anime mais les use et les rejette. Dans son sein, elles paraissent un moment et disparaissent. A ce compte, si elle n'était secourue, la vie ne durerait pas un jour, pas une heure.

Puisqu'elle dure, d'où vient donc le secours ?

De la vie elle-même; d'un premier mouvement de la vie.

Et, en effet, la vie s'épuise mais elle se renouvelle. Elle se détruit mais elle se recompose. L'air respiré se corrompt. Elle l'expulse; aussitôt elle le remplace. Elle puise dans l'atmosphère et elle garde des flots nouveaux d'oxygène. Les globules du sang se fatiguent et se refroidissent mais, comme des ouvriers qui se rendent, tour à tour et par bandes, prendre le repas du jour et du soir, ils viennent incessamment reprendre dans le poumon réparateur de nouvelles forces. Tout le corps : viscères et os, muscles et tissus, organes des sens, cerveau et membres, tout se démantèle. Mais la vie attire sans cesse à elle d'autres molécules. Elle les puise dans son milieu, les ravit, les absorbe, les trie et les place, les transforme et les utilise pour durer, pour en vivre, sauf à les rejeter à leur tour, pour recommencer encore. Combien de corps successifs use ainsi, dans sa courte durée, une vie humaine !

Et quels sont ces matériaux de vie qu'elle emprunte ainsi au monde extérieur? Sans doute les éléments innombrables des corps inorganiques, puis, en plus grand nombre encore, des parcelles devenues inertes du monde organisé des êtres. Et, toutefois, un des plus grands esprits de l'époque, génie prudent, point hasardeux, mais apte comme tout génie aux vues lointaines, conjecturait, il n'y a pas bien longtemps, que si l'on tuait à l'avance les germes répandus dans les substances alimentaires de l'être vivant, on arrêterait vraisemblablement bientôt la vie.

Ainsi, c'est bien la vie même qui entretient la vie.

Ainsi s'explique que tout vive dans le corps de l'être vivant ; qu'un groupe d'organes sains et vivaces soutienne et sauve un organe malade. Ainsi se vérifie, une fois de plus, le grand mot de Bichat auquel il faut souvent revenir et qui nous représentait la vie comme « l'ensemble des forces qui résistent à la mort ». Nous disions tout à l'heure que pour la vie il n'y a pas une minute qui ne fasse œuvre de destruction et ne laisse sa ruine. Eh ! bien, ce qu'il faut aussi dire, c'est qu'il n'y a pas non plus pour elle et dans son sein une minute qui ne fasse œuvre de réparation et n'élève un nouvel édifice de vie.

Tel est le premier mouvement de la vie, mouvement qui va du dehors au dedans ; saisit dans le milieu ambiant, au profit de l'être, attire à soi, prend pour soi ; mouvement constant, sans relâche, d'attraction, d'assimilation, d'intussusception.

Or, de ce premier mouvement, quand tout est

achevé, quand le résultat s'est produit, que reste-
t-il? Au dedans, il a réparé, maintenu tout l'appareil de la vie : vie organique, vie de relation. De ce
mouvement, il reste au dedans l'entretien de la vie et
de toute la vie. — Et au dehors? — Au dehors, les
matériaux de vie que contenait le milieu et qu'il of-
frait à toute existence ont disparu. Le monde extérieur s'est diminué d'une somme d'éléments de vie
qu'il détenait en puissance, celle qui est passée dans
l'être vivant. Au dehors, il n'y a plus rien de cette
vie.

Maintenant, en regard de ce premier mouvement,
la vie en a un autre ; elle en présente aussitôt un
autre.

Les éléments de la vie se recueillent, disons-nous,
dans le milieu ambiant, mais quoi ! il ne suffit pas
d'y présenter dans sa puissance immobile l'appareil à
puiser la vie. Il faut que l'être vivant, doué de locomotion et de force, se porte au devant des choses qui
lui sont nécessaires. Il faut, comme le dit la langue
populaire, si souvent expressive et profonde, qu'il
« cherche sa vie ». Comment? Par un second mouvement de la vie, tout différent du premier, tout
contraire au premier, et ayant pourtant avec celui-
ci ce trait commun d'émaner d'elle, d'être toujours la
vie.

Tout à l'heure, la vie puisait dans le milieu, atti-
rait de lui à elle les éléments destinés à l'entretenir,
prononçant un mouvement d'intussusception. A présent, par un second mouvement, la vie se projette du
dedans au dehors pour aller au devant des éléments
de la vie. Rien que pour approcher des lèvres le fruit
sauvage, tout mûri par le soleil, n'est-il pas besoin
tout au moins d'un acte de préhension? Combien d'au-

tres! Il faut pour l'homme aller jusqu'au fleuve quand
il a soif, chasser, dépecer, cuire le gibier quand il a
faim. Puis, quand d'autres et plus grands progrès
arrivent, labourer, semer, récolter, façonner les mé-
taux, dompter les animaux et les amener à servir ;
puis, réaliser tour à tour toutes les merveilles industrielles qu'une civilisation avancée réclame et enfante. Tout cela, c'est la force humaine qui l'accomplit en s'exerçant sur les choses du milieu qui l'entoure, guidée par l'intelligence, commandée par la
volonté : en somme, la vie, toujours la vie.

Ainsi, en regard du mouvement d'intussusception,
se place un mouvement de projection de la vie sur
les choses.

Or, nous nous demandions, à propos du premier
mouvement de la vie, qu'en reste-t-il ? et nous répon-
dions : il en reste, pour résultat final, dans l'être vivant la vie maintenue, renouvelée, fortifiée, assurée
d'une nouvelle force et d'une nouvelle durée. Au dehors, de la portion de vie puisée au sein du milieu
plus rien ; plus rien de la vie.

Ici maintenant, nous demandons-nous encore que
reste-t-il du second mouvement de la vie, alors que
sous la conduite de l'intelligence, au commandement
de la volonté, la vie s'est projetée sur les choses?

Au dedans de l'être vivant, ce qui s'est accompli
est une œuvre de destruction de la vie, œuvre qui
pour être intermittente n'en est que plus dramatique
peut-être. L'effort s'est fait, mais à quel prix! La
substance du muscle qui l'a produit se brûle. Les
molécules qui la formaient disparaissent sans retour.
Lancées en avant, fermes, résolues, résolument sacrifiées, elles ressemblent à des soldats envoyés à
l'assaut, mis hors de combat — le combat de la vie !

— et qu'on emporte hors du champ de bataille après la lutte, victoire ou défaite.

Or, tout cela est perdu, tout cela est perte sèche pour la vie intérieure, diminuée de toute la vie dépensée dans l'effort, obligée de prendre sur ses réserves pour réparer ses ruines.

Voilà pour le dedans ; au dehors quelle différence !

Au dehors, des aliments ont été préparés, des produits de mille sortes fabriqués, des terres mises en état de culture, des greniers remplis, des usines, des maisons, des manufactures élevées de toutes parts. Le matériel immense qui assure le bien-être, la prospérité, la sécurité, la grandeur d'un peuple moderne, sous notre main, sous nos yeux, tout est là.

Or, tout cela c'est l'œuvre, le prix, l'équivalent de l'effort. C'est la représentation de la vie.

Ainsi, la vie s'est projetée sur les choses : elle y est. Elle s'est dépensée jour à jour, heure à heure, siècle à siècle, peine après peine. Incarnée dans les choses, la voilà !

Comme les rayons du soleil qui, solidifiés dans les fibres de l'arbre, sont prêts à reparaître sous leur même forme de chaleur et de lumière, la vie est prête à se rendre. Sous forme d'objets divers pouvant servir à leur tour à sustenter, à fortifier, à prolonger, à restituer la vie, on l'y retrouvera tout entière.

Ainsi le cycle de la vie est un va et vient perpétuel. Assimilation et dépense, intussusception et expansion, afflux et reflux, vie puisée dans les choses, vie projetée sur les choses et incarnée dans les choses, sont les deux sens dans lesquels elle opère.

La vie a deux mouvements et, vus d'ensemble, d'un seul coup d'œil, en attendant que nous les repre-

nions à part l'un et l'autre, tels sont les deux mouvements de la vie.

XIV

L'ÉCHANGE DE LA VIE.

Pour marquer le caractère absolument particulier
de la vie humaine et son droit à une place à part,
nous avons énuméré, pour la plupart, les dons qui
forment le lot privilégié de notre espèce.

Il en est un encore dont le moment est venu de signaler l'existence et l'importance : c'est la faculté d'é-
changer.

Beaucoup d'animaux se disputent leur proie et la
défendent quand ils l'ont conquise. Quelques-uns
produisent en commun, épargnent en commun, se
nourrissent même en commun sur l'épargne commune. On n'en a jamais vu un seul qui ait songé à
troquer ce qu'il détenait contre ce que détenait un
autre. Le pouvoir d'échanger n'appartient qu'à la
famille humaine.

Il serait superflu de signaler combien ce privilège
est considérable. Dans nos sociétés, il est certainement la source principale du bien-être, de la puissance, de tous les progrès. L'échange est la base
même et le motif, le lien et le ressort de la vie
sociale.

Bientôt, nous aurons à étudier et à décrire le mécanisme de l'échange. Pour le moment, et d'un mot,
bornons-nous à en signaler la matière, l'objet.

Quel est l'objet de l'échange ? — L'objet de l'échange ! Au premier coup d'œil on est comme ébloui de la multiplicité, de la diversité des transactions et l'on est tenté de se borner à dire que cet objet c'est tout au monde; oui, tout : meubles et immeubles, fruits et récoltes, maisons et terres, usines et marchandises de mille sortes ; passé, présent, avenir ; produits et services.

Mais, en vérité, dire tout au monde c'est ne rien spécifier, c'est ne rien dire ; qui pis est, c'est ne rien faire. C'est tout simplement déserter le devoir philosophique et scientifique pour s'en tenir au coup d'œil commode et banal du premier venu. C'est substituer à l'examen qui approfondit la toile qui se déroule et qu'on suit distraitement des yeux à mesure, à l'analyse qui pénètre et réduit l'énumération qui compte, à la recherche de l'unité cachée le simple tableau de la diversité partout et pour tous visible et tangible. C'est présenter tout uniment, en place d'un vrai travail de pensée, un état de statisticien, un volume de cadastre, un bilan social, un prospectus de marchand, un catalogue de commissaire-priseur.

En reportant notre regard à deux pas en arrière, nous sentons que déjà nous sommes plus avancés sous ce rapport et que nous pouvons mieux répondre. Nous savons que la vie humaine s'incarne dans les choses pour les saisir, les mouvoir, les transporter, les façonner de mille manières à notre usage; que, par elles-mêmes, les choses ne sont rien et que c'est la vie, la vie seule qui les fait ce que pour nous elles doivent être. Nous voyons, d'une vue déjà sûre, qu'elles ne constituent que des enveloppes inertes, des véhicules indifférents, des convoyeurs insoucieux qui ne sont en rien dans le secret de ce qu'ils em-

5

portent ou apportent, et ne comptent point dans le prix du convoi et des choses convoyées. Nous savons, enfin, que cette vie humaine qui est passée en elles, on l'y retrouve pour la reprendre au besoin et en ressaisir si l'on veut, le service utile, service latent mais toujours en puissance, somnolent mais toujours prêt pour le réveil.

Et alors, sous le spectacle changeant des choses, l'unité perce, apparaît, s'élève. Meubles et immeubles, fruits et récoltes, maisons et terres, usines et marchandises de mille sortes, passé, présent, avenir, produits et services, qu'est-ce donc? De la vie humaine incarnée dans les choses : LA VIE. Puis, nous concluons avec assurance : l'homme ne possède en somme que sa vie, ne dispose que de sa vie : à coup sûr, il ne peut échanger que ce qu'il possède et dont il dispose ; il ne peut échanger que sa vie.

Mais quoi ! L'échange dans son infinie diversité d'apparences n'était pas seulement confus, en quelque sorte inextricable, inintelligible, il est en outre en butte à mille reproches. D'un bout à l'autre de la société, ne crie-t-on pas contre lui à l'inexactitude, à l'injustice, à la spoliation? Or, est-ce vrai? A-t-on, en effet, sujet de se plaindre?

Ah! sans aucun doute, il peut y avoir, oui, sans aucun doute il existe, dans l'échange, des erreurs, des fraudes, des supercheries, des méprises, des mensonges, des escroqueries, des délits, des crimes même. A tout moment et de toutes parts, sur le marché social, on demande et l'on offre, on reçoit et on livre ce qui est de bon aloi contre ce qui ne l'est point, le chimérique contre le réel, le décevant contre le sérieux et le profitable, ce qui est un véritable objet d'échange contre ce qui n'est point ou n'est que pour la moitié, pour un quart, parfois pour une part infime, un véritable objet d'échange.

Or, où est le juge du litige? Où est la clef? Où sont le criterium du problème, les poids et la balance, l'instrument d'épreuve? Qui permet ici de se reconnaître? Qui? C'est précisément l'idée de la vie; c'est encore l'idée de la vie.

Elle a débrouillé pour nous le chaos de l'ensemble en le ramenant à un phénomène unique, à une sorte de corps simple de la transaction sociale, à présent, mise successivement aux prises avec les multiples parties de l'ensemble, depuis l'importante jusqu'à la moindre, c'est elle qui, jamais lasse, impuissante ou récusable, toujours infaillible, dévoile ou atteste, accueille ou repousse, innocente ou incrimine et convainc.

La vie offerte à l'échange est-elle pour le tout franche, droite, pure? Elle s'approche, vérifie, marque de son contrôle. Elle le dit et le proclame.

La vie paraît-elle à l'échange sous l'une de ces enveloppes de choses où elle s'est incarnée, qui la conservent mais la couvrent, la recueillent mais la déguisent, la transportent mais se transportent avec elle, et, sous son manteau, veulent se faire passer pour elle? L'idée de la vie accourt à l'analyse, elle sépare à son creuset la force utile de la substance inerte, l'enveloppe du contenu, le diamant de la gangue, ce qui est de la vie de ce qui n'est pas de la vie.

Pour prendre le mot des transactions mêmes de l'échange, elle fait la tare; d'un côté admet et autorise, de l'autre *in parte quâ* rebute et rejette et réduit, en dernière analyse, l'échange à son objet légitime.

Enfin — et, par malheur, les cas ne sont point rares dans nos sociétés modernes où la fraude est si puissante, — ce qu'on apporte à l'échange, est-ce un objet tout mensonger, qui ne contient pas trace de vie, n'est en rien de la vie et essaie nonobstant de se troquer contre de la vie? Elle l'arrête, elle le dénonce. Sûre, clairvoyante, implacable, elle le frappe de son arrêt d'interdit et le chasse du marché de l'échange.

Au résumé, l'objet et l'objet unique de l'échange est la vie humaine.

Et ceci dit, se formule une règle simple, grande et, nous le verrons, singulièrement féconde : est légitime objet d'échange tout ce qui est de la vie et pour autant qu'il est de la vie.

Rien n'est et ne saurait être objet d'échange qui n'est point de la vie.

———

XV

L'ÉCHANGE DE LA VIE (suite).

Tous les ordres de faits susceptibles de devenir objet de science — et, si les sciences étaient plus avancées, il faudrait dire sans exception tous les faits — doivent être envisagés par elles sous deux aspects, étudiés sous deux rapports.

Il faut, en premier lieu, leur demander ce qu'ils sont, quand on les tient au repos, sous l'œil de l'observateur, leur substance s'il est possible, à défaut, leurs caractères.

Mais, ce repos n'est pas leur état vrai et le destin des faits n'est pas d'aller se ranger à l'herbier comme des plantes mortes. Tout est mouvement dans ce monde. Delà qu'après avoir cherché ce qui les compose, il faut voir comment ils se comportent. C'est ainsi que, pour la matière, des sciences différentes se sont partagé ces deux domaines, la chimie étudiant la composition des corps, la mécanique les lois de leur mouvement.

A cet égard, dans le domaine politique, Montesquieu — le mot est dans tout souvenir — a fourni la leçon et l'exemple. Presque au même moment où il donnait à son traité de génie son titre « de l'esprit des lois », il distinguait dans les gouvernements leur nature et leur principe ; « leur nature, disait-il, qui les fait être tels » qu'ils sont, « leur principe qui les fait agir » comme ils agissent.

Or, il n'en va pas autrement dans le domaine de l'Economie politique.

Il n'y a qu'un moment, en parlant de l'échange, nous nous sommes demandé quel en était l'objet général et cet objet, au fond de tous ses déguisements, nous l'avons été toucher du doigt dans « sa nature » essentielle, dans sa substance élémentaire. Il nous reste à présent une seconde tâche à accomplir. A son heure, à son rang, dans l'ordre du présent travail, nous aurons à rechercher comment « agit » l'échange, quel en est dans sa marche le mécanisme.

Nous n'oublierons pas que la même division s'applique, la même double étude s'adresse et doit s'adresser à tous les faits de l'Economie politique.

A mesure donc que tous — et il le faut pour cette étude — vont défiler sous nos yeux dans les pages-

qui suivent, c'est sous ce double jour que nous les interrogerons tour à tour.

A l'exemple de la chimie, nous les soumettrons à l'analyse.

En même temps, fidèles à la « nature des choses » qui ne sépare pas la substance de son mouvement, à mesure et pour chacun d'eux nous en marquerons la place et l'action, le rôle et la loi dans l'ensemble de la mécanique sociale.

XVI

LA VIE ET SON BUT.

Ainsi la vie s'épuise à durer et elle s'épuise encore à se défendre ou à se refaire. Immobile, elle se consume ; active, elle se dévore et dévore autour d'elle comme une flamme que le vent agite. Chacun de ses efforts la diminue, la ruine, couvre de ses débris l'étroit espace où elle va s'éteindre, et elle court d'épreuve en épreuve. En soi, elle est mortelle, l'homme le sait, le sent, et il n'est guère d'heure où il ne peine et ne se travaille en précipitant l'œuvre fatale.

Pourquoi ? Dans quel but ? Quel est donc le sens de tout cela ? Les principes, disons-nous, sont ce qui fait « agir » ? Quel principe est donc celui de la vie humaine ?

C'est une entreprise tentée bien des fois que cette recherche du but de la vie. Chaque science morale, toutes les doctrines morales, pour mieux dire, ont été sommées tour à tour d'apporter une explication qui paraissait en effet de leur domaine. Parmi toutes celles qu'on imagine, il n'en est guère auxquelles elles n'aient eu recours.

Ce but, on l'a placé d'abord hors de ce monde et c'est au-delà de la terre qu'a été cherchée l'explication de la vie terrestre. Un mot seulement à cet égard : il est clair que c'est là une donnée purement mystique et qui ne relève d'aucune science, particulièrement de la science économique.

D'autre part, on a préconisé le principe de la dignité de l'être. Bien étranger, à coup sûr, ou bien insensible aux fiers partis de la pensée, qui ne saurait reconnaître que celui-ci est singulièrement élevé et à l'usage des meilleures et des plus grandes âmes. Mais, comment ne pas voir aussi qu'il est obscur, partant fragile, variable et dépendant de l'appréciation personnelle, partant le contraire précisément d'un principe ? Qu'est-ce que la dignité et à quelles conditions la vie est-elle digne ? N'est-il pas vrai que le principe aurait besoin d'être expliqué par d'autres principes ?

Il en est de même du fameux *convenienter naturæ*.

Oh ! d'abord, il faut absolument écarter, à son propos, la paradoxale imagination des philosophes du xviiie siècle, leur thèse bruyante et justement discréditée du retour à l'état de nature. Tombée sous les coups tout à la fois de l'histoire, de la raison et du ridicule, celle de toutes les sciences qu'elle trouve la plus hostile peut-être est précisément l'Économie politique, dont il n'est pas, en quelque sorte, de conseil, de prédication, de solution, de progrès, d'espérance, qui n'en soit le contrepied.

En place de cette bizarrerie, entend-on formuler un criterium philosophique ? Mais qu'est-ce que la nature ? Où a-t-elle parlé ? Sur quel Sinaï a-t-elle remis

ses tables de la loi ? Où se montre-t-elle ? La nature,
est-ce l'ensemble des lois du monde ? Oh ! alors, il ne
s'agit de rien moins ici que d'un appel à la grande, à
l'éternelle inconnue : la connaissance universelle,
pour l'appui d'un axiome élémentaire.

De même en est-il encore de l'idée de l'utilité générale, présentée comme une règle des sociétés et de
chacun de leurs membres. Bien qu'enfantée par un
homme de génie, bien que soutenue depuis et de nos
jours par nombre d'esprit distingués, elle ne semble
pas pourtant d'une solidité suffisante. S'agit-il, en
effet, de l'utilité de la simple majorité ? C'est un expédient, par conséquent encore le contraire d'un principe. Est-ce de l'utilité réellement générale ou mieux
universelle, car, en ce cas, c'est ainsi qu'il faut dire,
qui la connaît, qui l'établit, la prouve ? A qui s'est-
elle révélée ? Où est-elle ? Proclamer l'utilité générale pour loi suprême, n'est-ce donc pas chercher un
principe dans le controversable et l'éternellement
contesté ?

Enfin, il s'est trouvé une théorie plus inattendue
peut-être.

Dans l'antiquité comme de nos jours, on a plus
d'une fois préconisé, comme le but de la vie, la
recherche du bien-être, du plaisir, du bonheur, élevée
à la hauteur d'une doctrine philosophique. N'est-ce
pas là, disait-on, l'instinct génial, l'aspiration profonde, la pente irrésistible ? Et, en vérité, quel emploi mieux indiqué, plus naturel, plus légitime de
cette courte existence, que d'y recueillir ardemment
les quelques innocents plaisirs qu'elle comporte et
qui, malgré tous les soins possibles, seront toujours
assez mêlés de peines ?

Il est très vrai qu'une satisfaction, qui prend cent

formes diverses suivant les circonstances, s'attache pour les hommes à l'accomplissement de toute tâche droite. Mais, comme on sent que, pour l'état social, le mobile est insuffisant, dangereux, corrupteur même! A l'adopter pour règle, quelle absolution, quelle exaltation de l'égoïsme! Quel abandon final de toute idée de devoir! Comme à sa suite, l'homme s'ingénie vite à séparer la récompense de l'acte qui la mérite, la tâche du plaisir! Comme on arrive à récuser l'une en gardant l'autre! Aussi la conscience humaine a-t-elle le sentiment que cette opinion l'abaisse. Aussi, malgré l'attrait, les séductions, les facilités, les excuses, n'a-t-elle eu pour elle, jusque dans les temps où l'on y cédait dans la conduite, que froideur, défiance et blâme. Malheur, en effet, aux peuples qui l'écoutent! Plusieurs en sont morts. Sous la contagion de ses influences et de ses exemples, on en voit d'autres qui, justement, s'affaiblissent, penchent vers la ruine et, qui sait? en mourront aussi peut-être.

On devine que ce que nous apportons ici est une autre doctrine. Dans tout ce qui précède, on a dû l'entrevoir. Il suffit donc de la formuler en peu de mots.

La vie s'épuise, avons-nous dit, mais elle se répare. Elle se projette sur les choses et s'y dépense, mais pour s'y retrouver et s'y recouvrer plus tard. Elle y passe, elle y demeure, mais c'est pour les saisir et les faire servir au renouvellement de sa force, renouvellement qui lui permet de recommencer une période d'action nouvelle.

Qu'est-ce donc ainsi que l'action de la vie? un va et vient constant, et qu'est-ce que ce va et vient de la vie? C'est, en fait — et là est la définition suprême — c'est la vie s'employant pour soi.

Dès lors, son principe, sa loi, son but sont visibles.

Son but, c'est précisément de s'employer ainsi pour soi d'une façon utile. C'est de s'entretenir, de se maintenir, de durer. C'est plus, car elle peut et elle fait davantage : c'est aussi de s'accroître.

Comment se maintient-elle ? Nous l'avons dit, en se repuisant au sein du monde.

Comment s'accroît-elle ? Oh ! de plusieurs sources et de plusieurs manières qui veulent qu'on s'y arrête.

En premier lieu, la vie humaine peut s'accroître par le simple procédé de l'augmentation même de sa durée. Comment ? En s'abritant mieux, au moyen du monde, contre les forces du monde qui, à tout instant, l'attaquent, la minent et la détruisent presque toujours avant le temps. Par les appuis, les secours qu'elle se cherche et conquiert, elle se protège, se défend et la longévité augmente. On sait que si le terme extrême de la vie humaine n'a pas reculé jusqu'ici, la moyenne de la vie s'est notablement accrue. La vie a gagné.

Elle s'accroît, en outre, on peut le dire, non plus absolument mais d'une manière indirecte, non moins effective, par l'économie qu'elle fait sur elle-même. Quand par exemple, à l'aide d'outils et de machines, de moyens de locomotion infiniment plus rapides, on accomplit en moitié moins de temps une besogne industrielle, un voyage, n'est-ce pas l'équivalent exact d'une augmentation de l'existence humaine ? Rien n'est petit, rien n'est grand, avons-nous dit. Le temps n'est point, avons-nous dit encore ; il n'y a que des choses et des phénomènes. Or, à ce compte, si l'éphémère qui, dans l'espace d'une journée, naît, grandit, aime et meurt, après avoir trouvé, dans ses sensations d'une rapidité inouïe, des infinis d'ennui, d'attente, d'amour, de regrets, d'impatiences, a autant vécu en réalité que le centenaire d'une autre race, comment accumuler dans le même espace d'une vie humaine le double, le triple, le décuple de phénomènes ne serait-il pas un accroissement formel de la vie ?

D'une manière directe, la vie peut également s'accroître et s'accroît en intensité. Comment cela ? Encore une fois et d'abord en abritant mieux le chiffre d'intensité qu'à un moment donné elle possède contre les atteintes qui la diminuent. Puis, ce qu'elle peut faire dans des conditions déterminées et pour un temps, en prenant au monde extérieur, inorganique et organique, plus d'éléments qu'elle ne lui en restitue, en gardant de lui plus de force qu'elle ne lui en abandonne. On sait, par exemple, ce qu'a valu cent fois en supplément de force utile la livraison d'une alimentation plus abondante à des groupes d'ouvriers.

Mais, cet accroissement de force physique de la vie est loin d'être le seul. L'homme ne vit pas seulement de pain. Il vit aussi d'une vie supérieure, de la vie intelligente. Or, n'est-il pas manifeste que de ce côté encore, on peut même dire de ce côté surtout, il lui appartient d'agrandir et d'agrandir considérablement sa vie ? Ne faut-il pas reconnaître un intervalle immense, est-il même sous ce rapport une comparaison possible entre la vie de l'homme des premiers âges et celle de l'homme de nos jours, entre les siècles où dominaient l'habitude odieuse de l'esclavage, la violence, la rapine, l'oppression générale, le mépris de la vie des humbles, et ceux que rachètent au moins en partie la tolérance, la liberté, l'égalité, la doùceur des mœurs ? Et comment ne pas admettre une distance encore appréciable entre la vie endormie, restreinte, dénuée toujours des populations des campagnes et la vie des grandes villes exubérante peut être, mais pleine, vive, ardente, charmée, embellie, rehaussée par le mouvement exceptionnel des idées, par la réunion des hommes les plus distingués dans tous les ordres de connaissances, par la communication aisée du savoir, par le sentiment et les jouissances des arts ?

Enfin, il est encore un autre mode d'accroissement de la vie humaine sur le globe, mode d'accroissement qui nous paraîtrait un miracle si nous ne l'avions pas sous les yeux tous les jours.

L'homme n'a pas seulement le privilège d'étendre son existence individuelle, il a le pouvoir plus grand, plus saisissant, et, si l'on y réfléchit, bien plus extraordinaire, de la transmettre à d'autres. Pour mieux dire, il a le pouvoir, tout en gardant la sienne, d'évoquer d'autres êtres à la vie. Les germes de vie n'existaient qu'en puissance. Ils étaient comme s'ils n'étaient pas. Il les appelle ; il les désemprisonne. La vie était latente. Par un acte de sa propre puissance, il la force à paraître, la dégage, la tire de son mystère ou de son sommeil. Il la répand, la multiplie. Il est sur le globe le dispensateur de la vie de sa race, de la vie humaine. Il est le ministre de la vie.

Et ici, notons cette autre dispensation de la vie : sous son action inconsciente, à son insu, se produit un phénomène de progrès qui émerveille.

La science entrevoit que chez les races supérieures, l'être parcourt en quelques mois, pendant la gestation, les phases diverses que l'espèce a mis des siècles et des milliers d'années peut-être à parcourir, d'être en être et de génération en génération, au grand jour. Eh! bien, il semble aussi que chaque homme qui donne la vie à un autre être la lui donne avec l'infinitésimal progrès qu'il a lui-même accompli de la naissance à l'état adulte.

Ainsi, par un mouvement imperceptible, pour lequel comme pour tant d'autres la durée ne compte point, la vie se pousse en avant de génération humaine en génération humaine. La mort se justifie. Le progrès indéfini s'assure et se réalise.

L'homme n'accroît pas seulement la vie en la transmettant à un plus grand nombre d'êtres. Il l'accroît en outre, de plus en plus, dans chacun, en la lui transmettant de plus en plus avancée et plus parfaite.

Nous cherchions le principe : le voilà ! Assurer la durée de la vie ; accroître ainsi la vie dans tous ces sens et par tous ces modes, voilà, pour l'homme, le but de la vie.

Or, ce principe, à ce qu'il semble, on ne lui reprochera pas qu'il est vague, obscur, indécis, controversable. Rien ici qui ne relève de l'expérience, ne s'appuie au besoin sur des chiffres de statistique. Dépense ou économie de force, longévité, natalité, santé, instruction, tout est objet de science. Tout se mesure, se constate avec une rigueur mathématique. Ce principe, enfin, il est un, général et simple, caractères sans lesquels une idée n'est point un principe.

On ne lui reprochera pas non plus, sans doute, d'aller chercher ses points d'appui dans les régions basses de la nature humaine et de lui offrir pour idée maîtresse l'antipode d'un idéal. Oh ! non ; on l'a vu, à côté de la vie physique il fait sa part à la vie intel-

ligente. Caractère et savoir, élévation et douceur de
mœurs, tolérance et vertu, amour de la liberté, juste
passion de l'égalité, amour et respect du droit, probité, esprit de sympathie ou de justice sont aussi pour
lui, et au même titre que les autres, des accroisse-
ments normaux de la vie. Ouvert aux misères de la
vie, il en accueille les grandeurs.

En résumé, le principe qui nous apparaît ici comme
le but de la vie est l'accroissement de la vie et scientifiquement il se formulera ainsi :

Le but de la vie humaine est le maintien et l'accroissement de la vie par l'emploi de la vie.

XVII

LA VIE HUMAINE ET L'ÉCONOMIE POLITIQUE.

On a souvent nié, comme on sait, que l'Economie
politique soit une science. On le nie encore tous les
jours.

Vous vous intitulez, lui dit-on, la science de la
production, de la circulation et de la consommation
des richesses? Mais quoi ! la production est l'affaire
de l'industrie, uniquement de l'industrie, du travail
dans ses mille branches et sous toutes ses formes. —
La circulation ! elle ne relève que des besoins et des
caprices individuels, en même temps que des circonstances, c'est-à-dire du caprice des choses. — La consommation ! mais comme matière de science, elle
n'est plus à prendre. Elle appartient à la morale d'une
part, à l'hygiène de l'autre, qui la revendiquent à bon
droit et qu'elle reconnaît pour souveraines sans con-

teste. — Or, on n'est pas une science sans un objet.
Où est votre objet ? Vous n'avez pas d'objet !

A coup sûr, c'est aisément que se défend l'Economie politique.

A certains de ceux qui l'incriminent, elle fait remarquer que des intérêts commerciaux ne sont pas
proprement des raisons ; que la haine, fût-elle âpre,
contre un obstacle à des spoliations habituelles ne
constitue pas peut être un pouvoir juridique suffisant
de récusation ; qu'en somme, la contestation perd
singulièrement de sa valeur quand on la voit prendre
naissance sur des points fort éclairés, fort positifs, où
la dispute spéculative d'un caractère scientifique
n'est pas le premier des soucis.

Les autres, elle les avertit qu'on risque de ce côté
de se trouver absolument sans excuse, quand on n'a
pas la haute et pratique excuse de la poursuite du
mauvais gain ; que partout, des faits de même ordre
appellent et forment nécessairement la spécialité
d'une science et qu'à moins d'avoir pour en douter
des motifs d'une nature bien particulière, il est difficile de ne pas reconnaître pour tels des phénomènes
aussi visiblement congénères que le travail et le salaire, la personnalité et la propriété, l'épargne et le
capital, l'échange et la valeur, les produits et les
services et tant d'autres ; que la raison nous oblige
absolument à croire que tous les phénomènes ont
forcément des lois, tous les phénomènes du même
ordre forcément les mêmes lois et qu'en conséquence,
faits de même ordre, lois de même ordre, rien ne
manque à l'Economie politique comme domaine,
objet de recherche ou procédé d'étude. Elle a ce
qu'ont les autres sciences et, pour être, nulle autre
science n'a rien de plus qu'elle,

L'Economie politique échappe donc aux critiques et repose au-dessus d'elles.

Et, toutefois, est-ce que cette idée de la vie ne lui apporte pas encore un concours considérable? Est-ce qu'elle ne frappe pas pour sa cause le coup décisif?

Si c'est un résultat important que de marquer avec clarté, entre les faits, les rapports, les ressemblances, n'est-ce pas mettre à l'œuvre la dernière main que, sous la multiplicité des apparences, des notions courantes, des appellations admises par l'usage, l'opinion des hommes et la science elle-même, d'aller saisir et apporter au jour, par delà les phénomènes, le même phénomène?

Si c'est faire beaucoup dans ce débat que d'accabler le doute, l'étourderie, l'inimitié, l'attaque intéressée, sous le ridicule de cette supposition qu'il y aurait des ordres entiers de faits qui ne seraient pas soumis à des lois, ce qui revient à dire apparemment des séries entières d'effets qui n'auraient point de causes, au point de vue de la science, n'est-ce pas le clore de façon irrémissible que de dégager scientifiquement une loi unique?

Et comment n'aurait-on pas consacré la loi en faisant apparaître aux yeux de tous, amis et adversaires, que dans tous les faits, pour atteindre le but, le but précis, souverain, toujours le même, l'homme n'a qu'une règle à consulter et à suivre et que partout son action est précisément fructueuse comme licite ou insuffisante et reprochable, ou encore pernicieuse comme sans droit, selon que dans ses partis, il a suivi ou faussé la loi et dans la proportion même où il a suivi ou faussé la loi?

Comment munir ainsi la science, ne serait-il pas l'armer d'une arme nouvelle et de valeur?

Comment faire ressortir pour elle, avec cette rigueur, des traits d'une individualité si profonde ne serait-il pas établir, sur un pied encore autrement solide, ses titres, élever au-dessus de tout contredit son droit, et on dirait volontiers sa personnalité même?

Comment faire suivre ainsi du doigt, d'un bout à l'autre, la continuité de son enceinte ne serait-il pas mieux sauvegarder ses limites et abriter sa demeure?

Comment, enfin, ne serait-ce pas mieux défendre les objets qui lui appartiennent que de les montrer partout revêtus des signes connus, invariables de son empreinte et marqués en quelque sorte, comme on disait jadis, du sceau de ses armes?

En réalité, de degré en degré, sous le jour de toutes les vérités que nous avons recueillies au cours de la route, c'est vers elle, c'est vers l'Economie politique que nous avons constamment monté et c'est elle qui nous donne d'elle-même, à l'heure présente, une définition nouvelle.

La vie humaine, disions-nous, est le fond unique, le seul élément légitime, la substance même des faits économiques.

La vie a deux mouvements. Elle est un va et vient perpétuel ; et qu'est-ce que ce double mouvement de la vie? C'est en fait la vie s'employant pour soi.

Enfin, quel est le principe, le but de la vie? L'accroissement de la vie par l'emploi de la vie.

Eh bien, tout ceci admis et acquis, qu'est-ce donc que l'Economie politique?

L'Economie politique est la science des lois sociales suivant lesquelles l'homme accroît le mieux sa vie par l'emploi de sa vie.

A ce compte, il est bien permis de dire qu'elle n'a

pas à se plaindre de la valeur de son lot et de son rôle.

On raconte qu'interrogé un jour par Georges III, James Watt lui répondait avec un singulier mélange d'esprit et de fierté : « Vous me demandez ce que je fais, disait-il ; je fais ce qui plaît par dessus tout aux rois : de la puissance. »

A son tour interrogera-t-on près de nous l'Économie politique ? Vous me demandez ce que je fais, répondra-t-elle aux sociétés et aux hommes ? J'enseigne à faire, avec le plus de succès et au prix des moindres sacrifices, le bien suprême des sociétés humaines, ce que les hommes prisent par dessus tout au monde : DE LA VIE.

———————

DEUXIÈME PARTIE

LE PREMIER MOUVEMENT DE LA VIE

LA VIE PUISÉE DANS LES CHOSES.

I

LE PREMIER MOUVEMENT DE LA VIE.

LA VIE PUISÉE DANS LES CHOSES.

Dans la première partie de cette étude, sorte d'introduction nécessaire consacrée aux généralités préliminaires du sujet, nous avons décrit, par quelques traits et d'une façon rapide, ce que nous avons appelé les deux mouvements de la vie.

Rouages correspondants d'un même mécanisme, déploiement alternatif d'une même force, partie et contre-partie d'une même action, il fallait d'abord les montrer dans leur solidarité, en regard l'un de l'autre, pour mieux dire fonctionnant ensemble et se complétant l'un par l'autre, pour, d'une part, les rendre pleinement intelligibles, pour, d'autre part, reproduire exactement le tableau vrai de la réalité et en donner une juste idée.

Mais, ce n'était là qu'une esquisse qui ne peut suffire. Les deux mouvements de la vie sont, dans le présent ouvrage, deux points tout à fait capitaux, destinés, pensons-nous, à jeter un jour notable sur nombre de questions de l'Economie politique. Il importe donc, à présent, de les reprendre séparément et de demander avec détail à chacun d'eux sa nature et son origine, son mode d'exercice et, dans son sens propre, ses résultats.

Flux et reflux des mêmes ondes, il faut les suivre

dans ce cours incessant qui connaît à toute heure la
fatigue, mais qui la connaît sans le repos. Recette et
dépense du même trésor, il faut en noter les vicissi-
tudes où tout se mêle : économie et prodigalité, emploi sage et imprudence, mais où tout se mêle sans
arrêt malgré la volonté, sans trêve, sans fin.

On se rappelle en quels vers émouvants et grandioses, émouvants parcequ'ils sont pleins de tristesse, la poésie de nos jours a chanté cet aspect de la
vie :

> Le livre de la vie est le livre suprême
> Qu'on ne peut ni fermer ni rouvrir à son choix...

Eh ! bien, l'Economie politique, elle aussi, a son
livre de la vie, attachant comme celui des poètes,
comme lui, autant que lui semé d'efforts, de difficultés, de peines, d'incertitudes et d'inquiétudes, comme
lui redoutable et véritablement suprême.

Tout homme en société, toute société parmi les
hommes a le sien, constamment ouvert à portée de
sa main, sous ses yeux distraits ou attentifs. Celui-là
non plus, « on ne peut ni le fermer ni le rouvrir à
son choix ». Le fermer? Non ! Chaque page apporte
son jour, avec son jour un parti à prendre, une tâche
à faire, et il faut, il faut inscrire, inscrire le parti
droit ou fautif, la tâche accomplie ou manquée par
maladresse ou récusée par insouciance ou défaillance.
Point d'acte individuel ou social qui n'aille, à mesure
et de son chef, tenir au courant le livre de vie, se
placer de lui-même au doit ou à l'avoir, en caractères
qu'on pourra oublier ou retenir, braver ou craindre,
mais qui resteront ineffaçables. Le rouvrir? Hélas !
non, pas davantage. Là encore comme pour le poète,
« le feuillet fatal se tourne de lui-même ». D'autres
et avec eux de nouvelles tâches arrivent, comptent,

s'accumulent, se précipitent. « On voudrait revenir, »
pour l'effacer, à la page où la faute est commise, en-
registrée, accusée, patente. Point ! La page où il en
faut payer le prix « est déjà sous nos doigts ». Malheur, en matière sociale, malheur à qui se trompe !
Les erreurs coûtent toujours cher. Elles sont quelquefois terribles.

Est-ce du côté des opérations mêmes qu'est la faute ?
A-t-on fait œuvre d'injustice, négligé, omis, faibli ou
seulement mal vu ? A-t-on méconnu, violé, dédaigné
ou simplement ignoré les données, les conseils de la
science maîtresse ? A-t-on pris un mouvement de la
vie pour l'autre mouvement de la vie ? La balance est
rompue, impossible à rétablir. Pour les hommes, pour
les sociétés, on va voir s'accuser la diminution du
bien-être malgré le travail, l'affaiblissement malgré
la volonté et l'espérance, le défaut de prospérité malgré la persévérance et le savoir. C'est la faillite sociale, souvent, après la faillite sociale, la faillite vitale, l'extension du domaine de la mort, la réduction
du domaine de la vie.

S'agit-il uniquement d'une inscription mal faite à
ce registre impérieux de la vie, d'une transposition
étourdie, de ce qu'on pourrait appeler une simple erreur de comptable ? A-t-on, dans un résultat social
— et nous en relèverons plus d'un exemple — a-t-on
inscrit au compte d'un mouvement de la vie ce qui
appartenait au compte inverse, ou au compte de l'un
ou de l'autre ce qui ne relevait ni de l'un ni de l'autre et n'était à aucun titre mouvement de la vie ? A-
t-on porté, enfin, au débit ce qui revenait au crédit
ou commis l'erreur contraire ? Quel châtiment encore !
Quelles pertes toujours ! Souvent quels désastres !

Spectacles singuliers que ces erreurs et ces redres-

semonts, ces mécomptes et ces peines! Enseigne-
gnements d'un intérêt puissant que ces développe-
ments et ces conséquences des deux mouvements de
la vie ! A les entrevoir, comme on sent bien qu'il importe de les approfondir !

Tout d'abord, nous allons étudier celui que nous
avons nommé le premier mouvement de la vie : —
la vie puisée dans les choses — A plusieurs égards,
nous le verrons, il a droit à cette primauté.

II

L'ÊTRE ET LA DEMANDE DE LA VIE.

Dans ce premier mouvement de la vie — vie puisée au sein des choses — trois points naturellement
confondus dans la réalité où tout se mêle, mais scientifiquement distincts, sont à envisager tour à tour :
— ce que l'être demande pour l'entretien de sa vie —
ce que, pour cet objet, le milieu lui donne — enfin,
par quelle opération précise, et, puisque tout est mouvement, par quel mouvement particulier la vie passe-
t-elle du monde extérieur où elle se puise dans l'organisme qui l'appelle et la reçoit.

Prenons d'abord le premier point.

La constitution de l'être, avons-nous dit, est partout et toujours l'élément principal et primordial
d'une étude qui le concerne. C'est en elle qu'il faut
chercher la clef de tout problème. L'être est partout
« *Principium et fons* ». D'autre part, le sujet doit
passer avant l'objet

Or, le plus simple aspect du monde n'apprend-il pas que la constitution des êtres est extrêmement diverse? Que s'ensuit-il? Que très divers pareillement est ce qu'ils demandent au monde extérieur, ce qu'ils ont besoin d'emprunter au milieu pour la réparation de leur vie.

Pour prendre des exemples tout terre à terre, le bœuf mourra de faim près de l'amas de venaison, le lion près de la meule de fourrages. La plupart des êtres qui vivent sur la planète périssent s'ils sont privés d'air. Découverte assez récente de la science, il en est que l'air tue.

Sans sortir de la vie humaine, il est aisé d'y concevoir des différences considérables.

Admettons que l'oreille, que les yeux, que la taille des hommes eussent été autres, n'est-il pas vrai que peinture, architecture, sculpture, perspective, tout changeait; que tout serait bouleversé dans le domaine des arts? Supposons que cette simple et grossière chose : la capacité de l'estomac humain, reçut une modification soudaine, n'est-il pas vrai que travail, gain, richesse, propriété, profits, épargne, salaires, tout dans l'état social subirait une révolution qui pourrait égaler les plus grandes de l'histoire?

Mais à quoi bon recourir à des suppositions quand la réalité parle? Est-ce qu'il n'y a pas eu entre les hommes des divers siècles des différences marquées, énormes? Est-ce qu'entre les hommes du même temps, entre le même homme à divers âges — nous aurons tout à l'heure à y revenir — il n'en est pas encore de très profondes?

Or, on comprend à merveille qu'à ces variétés d'état correspondent des diversités analogues dans les exigences de l'être, dans la demande de la vie.

Ainsi, voilà un premier pas. La demande de la vie
n'est pas chose fixe, uniforme et une en soi. Elle se
diversifie à l'infini, change de direction, d'objet,
allant jusque du contraire au contraire. Et, sur quelle
base, par quels motifs? Suivant la nature même, les
diversités de nature et les changements de nature de
l'être, maitre et possesseur de la vie, qui demande
au milieu l'entretien de la vie.

Comment se produit cette demande de la vie? Par
ce que les hommes ont appelé la série des besoins de
la nature humaine.'

Qu'est-ce que le besoin? Une sorte de vide en avant,
ressenti dans un être, vide accompagné de souffrance.

Comment agit-il? Comme un manomètre et un
appel, en même temps comme un mobile, une vive
incitation à le servir.

Dans quel sens? Du dehors au plus intime de
l'être. La demande de la vie, c'est la saisine, l'ame-
née, l'absorption de tout ce que le besoin désigne et
appelle, avec la force d'aspiration de tous les vides.
Analogue à la puissance des affinités moléculaires
dans le monde inorganique, c'est ici l'attraction des
éléments de la vie sur les éléments de la vie.

A ce point, un ressouvenir est nécessaire. On se
rappelle comment nous avons reconnu que l'être
vivant, tout en formant une individualité une et
consciente, est pourtant un agrégat de milliards
d'êtres doués de vie; comment des ensembles d'organes, comment chaque organe particulier dans les
ensembles d'organes ont leurs fonctions et leurs travaux, leurs fatigues et leurs forces réparatrices respectives, leurs ruines, leur vie, leur mort particulières.

Or, qu'en faut-il conclure? Il en faut conclure, ce

qui est en effet, que chacun de ces organes, que chacun do ces êtres moléculaires, doué de vie, aspire à
entretenir, à réparer particulièrement sa vie ; qu'ainsi
la demande de la vie, demande incessante, intense,
indéfectible, n'est pas une action une, commune,
unique, indivisible. Non ! elle éclate dans l'être de
toutes parts, et séparément de tous les points de la
vie, des globules du sang comme des molécules des
nerfs, des viscères comme des muscles, du cerveau
comme des artères et des veines.

Tout énergie dans ses éléments invisibles, elle se
redouble en se ramassant dans des centres, ici véritables sociétés d'atomes, là sortes de syndicats d'appareils reliés, ramifiés, échelonnés dans l'ombre, de
degré en degré et de proche eu proche. Elle se multiplie par le contact, s'élève par l'union à de nouveaux coefficients de puissance. Puis, sous l'empire
de l'enchaînement fatal des phénomènes et de ses lois
inconnues, suivant que certains éléments ou d'autres prédominent ou se subordonnent, s'accentuent
ou s'effacent, s'excluent ou se contrebalancent, elle
réalise ces combinaisons infinies où nous voyons les
traits particuliers du caractère des peuples ou des siècles, les états de civilisation ou les tempéraments individuels, et qui se traduisent particulièrement par la
forme des souhaits des hommes, de leurs exigences,
de leurs aspirations, de leurs espérances à propos de
la vie.

Dans son organisme d'ensemble, l'homme est doué
ô j force. Il veut agir, agit, s'épuise dans l'action.
Rien que vivre au repos est un labeur qui le mine
et abat sa vie. A toute heure, il sent la nécessité de
se refaire. D'autre part, il a des sens. Il faut que
ces sens soient satisfaits par les excitants qui les

exercent et, en assurant leur fonctionnement, les
font vivre. Ses yeux ont besoin de s'emplir de rayons
lumineux, son oreille de boire des ondes sonores.
Ainsi de tous ses organes. Et ce sont ces phénomènes
de la matière qui les empêchent de s'atrophier, de
s'éteindre, qui leur fournissent heure à heure la vie.

Dans un autre ordre de faits encore, il est un être
sociable : il lui faut la présence, la vue de ses semblables, leur assistance, leur langage, leur commerce.
Il est un être sympathique, intelligent, pensant : il a
besoin de connaître et de sentir, d'être ému et d'ap-
prendre, d'agir du cerveau comme des muscles et des
membres, de se laisser charmer par les rêves d'un
poète ou d'un enthousiaste comme de respirer au
grand air ou de se réchauffer aux rayons bienfaisants
du soleil.

Tout cela, c'est la série des besoins de l'être humain. Tout cela, c'est ce que la nature humaine, ce
que l'homme demande au monde. C'est, en deux
mots, la demande de la vie. On voit si elle compte
par la variété et par l'étendue.

Est-ce à dire que ces besoins, tous les hommes les
partagent toujours et tous à la fois, pour leur rendre
plus de justice ne faudrait-il pas dire : les possèdent ?

Oh ! non, assurément, et nous l'avons indiqué, les
hommes présentent sous ce rapport des différences
profondes. Pour les besoins, pour les goûts, pour la
demande enfin de la vie, quelle distance entre
l'homme des vieux âges et l'homme de nos jours,
entre l'habitant de la steppe et celui de la ville in-
dustrieuse, au sein de la ville même, entre l'illettré
et l'homme cultivé, instruit, ami et ami heureux de
l'être des sciences, des lettres et des arts, entre le

travailleur manuel isolé, absorbé, épuisé par le labeur du jour, par le souci des premières nécessités de l'existence, et l'écrivain, le savant, le politique en possession du talent, de la célébrité, du précieux et grand pouvoir de contribuer à la force, à la gloire, à la prospérité, à l'influence de leur pays !

Est-ce donc que la puissance de chaque homme pour la demande de la vie soit fixe, limitée ; qu'en conséquence, il lui faille choisir entre les besoins des divers ordres, en délaisser certains pour en retenir d'autres, hors d'état qu'il serait de les embrasser tous? Pas davantage.

Non! Ce qui est vrai, c'est que chez tous les hommes, à mesure que la civilisation grandit, que leur état individuel progresse, les besoins s'étendent, se multiplient ; c'est que « tout besoin satisfait ne compte plus » et ouvre une place nouvelle pour des besoins nouveaux, toujours prêts à se produire. C'est que non seulement les besoins se multiplient dans l'être humain, mais que chacun d'eux peut en même temps grandir à coté des autres et avec les autres, et que c'est là, précisément, un des moyens par lesquels se réalise et se manifeste le phénomène plus grand dont nous avons parlé, en le reconnaissant comme la règle et le but de la vie, à savoir l'accroissement de la vie.

A ce propos, une remarque est à recueillir : c'est qu'il n'y a pas seulement pour l'homme une série de besoins ; il est un ordre des besoins, ordre suivant l'échelonnement de leur apparition, ordre suivant leur degré d'importance et de valeur.

Et, en effet, les besoins de l'être humain ne se bornent pas à multiplier et à grandir, non ! à mesure qu'ils naissent, les nouveaux venus accusent, suivant

l'appréciation commune des hommes, une nature toujours supérieure. Après la faim, la soif, l'abri insuffisant des forêts et des cavernes, après les rencontres
brutales des sexes, apparaissent — bien à la longue,
est-il besoin de le dire — les facilités relatives puis
l'aisance réelle de l'existence matérielle, les liens durables et les affections de la famille ; après la passion
des luttes sanglantes, le respect de la vie et l'amour
de la paix, après le goût des jouissances grossières,
le culte des arts, des lettres, des sciences qui enri-
chissent, embellissent et ennoblissent l'existence sociale ; après les fables religieuses et leurs superstitions puériles, après les dominations, les hontes et
l'hébétude, les crimes abominables, les persécutions
qu'elles enfantent, l'attachement réfléchi mais intraitable au libre examen, l'affranchissement de la
pensée.

A ce compte, on le voit, à côté de la multiplication
des besoins, nous avons bien devant nous le progrès
des besoins, qui incessamment se superposent, de
telle sorte que la vie ne réussit pas seulement à s'é-
tendre, mais qu'en réalité elle s'élève et que le pauvre
être humain, tout débile, tout perdu qu'il est au sein
du monde, se place pourtant de plus en plus haut sur
l'échelle des êtres.

Mais quoi ! a-t-on dit parfois, est-il bon, après
tout, que les besoins augmentent ainsi, se multiplient,
grandissent ? Est-ce un résultat dont il soit permis de
s'applaudir que cet accroissement sans mesure des
exigences de la vie ?

Oh ! sans nul doute, tout se paie en ce monde. Le
fabuliste a raison dans sa remarque mélancolique et
profonde ; « La Fortune vend ce qu'on croit qu'elle

donne ». Si la médaille ici est brillante, il faut reconnaître que le revers coûte souvent cher.

Oui ! tout besoin est une servitude ; tout besoin
nouveau un nouvel anneau de la chaîne qui nous
attache au monde. Oui ! suivant la parole d'un homme
de génie, toute affection placée au sein du monde est
un otage donné au sort. Oui ! plus est grande la demande de vie, plus il faut d'effort, de fatigue, de
peine, pour y satisfaire ; plus aussi la recherche comporte de soucis, de dangers, d'erreurs et rencontre
devant elle de chances d'insuccès. L'orme et le chêne
dépérissent faute d'aliments sur un sol où prospèrent
aisément l'herbe, la bruyère et la mousse.

Eh ! bien oui ! tout cela est vrai et, cependant, cette
extension continue des besoins est enviable et elle
est bonne. Si ce mouvement ne se prononçait pas de
la demande impatiente et ardente de la vie, il est clair
que rien ne se ferait au sein des sociétés humaines.
Ce serait, à bref délai, l'arrêt jusque du bien-être
élémentaire. Les preuves abondent nettes, significatives. Est-ce que, par exemple, le salaire des femmes
n'est pas inférieur et souvent considérablement inférieur à celui des hommes, à travail égal ? Pourquoi ? Oui, sans doute parce qu'elles savent moins le
défendre ; mais n'est-ce pas aussi parce qu'elles ont
moins de besoins ? Et les salaires, dans leur généralité même, n'est-ce donc pas précisément sur les besoins des travailleurs qu'ils se proportionnent et, à
grandir le besoin, ne leur donne-t-on pas, au grand
profit du loisir utile, de l'instruction, du bien-être des
populations ouvrières, la meilleure chance de grandir ?

Au surplus, le débat n'est pas là, ou du moins n'est
pas là tout entier ; et la question de l'existence hu-

maine est bien plus une question de plus-être qu'une
question de bien-être. On se plaint des tourments
d'une nature supérieure, on envie la paix endormie
des humbles, des ignorants, des dénués, des indifférents, des endurcis, des désenchantés, des insensibles ; mais parmi ceux-là mêmes qui envient ou s'ir-
ritent, combien consentiraient à redescendre? Non,
non ! l'orgueil proteste. Ce qui vaut mieux encore, le
sentiment vrai résiste. En matière de besoins comme
en tout le reste, le principe et le but, c'est bien l'extension de la vie.

Mais, pourtant, entre tous ces besoins tard venus,
si longtemps inconnus, n'en est-il pas beaucoup d'artificiels, de faux, de ruineux même peut-être?

Sans aucun doute, l'homme est faillible ici comme
ailleurs, comme toujours. Sans aucun doute, il peut —
et il l'a fait souvent — prendre un mal pour un bien,
un bien pour un mal, un dommage pour un gain, un
gain pour un dommage. A lui de se prémunir, sous
peine de payer ses fautes. A l'Economie politique
aussi, à l'Economie politique surtout de l'éclairer sur
la portée de ses actes, avant par la saine lumière des
principes, après par la révélation des conséquences
encourues. Il n'en reste pas moins qu'on peut considérer comme indéfectible la demande de la vie ; que
l'insatiable renaissance des besoins forme le ressort
de toute énergie, le mobile de tout effort, la source
de tous les progrès parmi les hommes.

Ce laborieux édifice des besoins échelonnés trou-
vera-t-il un jour son terme et son faîte?

Cela est vraisemblable. Tout en ce monde est fait
pour s'épuiser. Tout est destiné à finir. Mais, à coup
sûr, ce temps n'est pas près de nous et ce ne sont pas
nos yeux ni ceux de nos fils qui verront la dernière

assise. Le ciel comptera encore bien des fois l'aurore avant qu'un dernier matin, l'âme humaine s'éveille épuisée de désirs.

Longtemps encore, en avant des biens acquis, des jouissances obtenues et tout aussitôt oubliées, dédaignées, indifférentes, le besoin continuera d'ouvrir à l'activité des hommes, au progrès des choses, l'attraction irrésistible de son vide éternel. Longtemps encore, quel que soit l'apport du monde à la vie, du fond du cœur des hommes, plus loin et plus loin encore, s'élancera la demande de la vie.

III

LE MONDE ET SON APPORT A LA VIE.

Après le sujet, l'objet. Après la personne, les choses. Après l'être, maitre et possesseur de la vie, le milieu indépendant ou soumis et fournissant ou pouvant fournir l'entretien de la vie.

Qu'est-ce donc que cette vie puisée dans les choses? Comment donc la livrent-elles à l'être qui la réclame? Il a des besoins multiples et extrêmement divers ; comment ces choses y répondent-elles ?

Comment? Remarquons qu'il y a là tout d'abord une question qui n'est point du domaine de la science. Nous l'avons dit, le dernier comment, le dernier pourquoi des phénomènes nous échappe et nous échappe à tout jamais.

Comment le pain et la viande apaisent-ils la faim ? Pourquoi l'eau, le vin apaisent-ils la soif? Comment, pourquoi, dans les cellules du poumon, l'oxygène de l'air répare-t-il les globules du sang épuisés dans les veines ? Pourquoi la lumière d'une belle journée, « la douce lumière du jour », comme disait l'heureuse et aimable population de l'ancienne Grèce, nous, apporte-t-elle un charme extrême ? Comment, pourquoi un gai vaudeville, un drame de théâtre satisfont-ils notre besoin de nous attendrir ou de rire ?

Rien absolument à dire à cet égard, sinon que la satisfaction est un rapport. Le rapport nécessaire existe entre l'être et l'objet. C'est tout. Pour la science expliquer dans ce cas n'est qu'aboutir à un défaut d'explication. Pour parler plus juste, lui demander d'intervenir n'est rien moins que la jeter sur la voie bouffonne où l'on a rencontré plus d'une fois l'analogue de l'opium et de son sommeil, avec l'amusante et topique raison de Molière.

Notons que ce n'est là, en aucune façon, une situation exceptionnelle et particulière aux phénomènes de la vie, mais qu'au contraire il en est de même, absolument de même pour l'un quelconque des phénomènes du monde, et par exemple de ceux des combinaisons chimiques. Comment, pourquoi l'eau est-elle invariablement la combinaison de deux volumes d'hydrogène et d'un volume d'oxygène ? Comme déjà, comme toujours, il faut tout simplement redire : Cela est parce que cela est.

Quant au fait même — et pour l'Économie politique c'est ce qui importe — rien de plus constant. En fait, à la demande de la vie, les choses répondent en apportant de toutes parts et en réalisant au sein de l'être l'entretien de la vie.

Et quelles sont les choses en état de contribuer ainsi à l'entretien de la vie des hommes ?

Lesquelles? mais on ne sait; toutes peut-être. Quand on voit combien sont restées inutiles, pendant des siècles, dont l'homme a finalement tiré les meilleurs services, on se demande pourquoi il n'en serait pas de même de cent autres, de toutes les autres. Comprend-on bien d'ailleurs une parcelle de matière ne pouvant servir absolument à rien? Prenez le roc le plus nu, le carré de sable le plus aride, eh! quoi, toute vie, avons-nous dit, doit occuper un point dans l'espace; nulle vie, avons nous dit, qui ne soit attachée à une parcelle de matière; et ne faut-il pas ajouter que le contact de la planète est indispensable à l'existence des êtres et qu'ils vivent tous de sa vie comme l'enfant de la vie de sa mère? Eh bien alors, ce roc nu, ces soixante centimètres de sable stérile n'eussent-ils fourni à un être humain que la place pour poser ses deux pieds une heure, ils auront en cela servi sa vie.

Somme toute, il est plausible que tout peut servir à la vie.

Le monde extérieur peut tout entier servir! Faut-il conclure qu'il peut aussi tout donner?

Tout donner! ah! ceci est tout autre. Souhait heureux! Résultat superbe! Mais, pour y suffire, la tâche du monde serait immense; ses réceptacles de vie devraient être inépuisables.

Hélas! combien d'hommes, nos semblables, manquent encore de pain, d'abri, de feu, de vêtements! Pour combien l'insuffisance de l'entretien de la vie ne détruit-t-elle pas prématurément la vie! Pour combien de petits enfants ne la voit-on pas s'éteindre, après avoir non pas lui mais vacillé, pendant quelques mois ou quelques jours, au bord de la lampe! Oh! oui, pour tous, on veut la fin des privations! Pour tous

il nous faut l'aisance! l'aisance? Non! non! allons
bien plus loin, et pourquoi pas, il faut la richesse!
Le temps nous presse; les lenteurs de nos systèmes de
locomotion perfectionnée nous rongent. Triomphons
de la pesanteur, de l'espace, du temps! Que le bien-
être universel adoucisse les mœurs et relie les peuples sur les vieux théâtres oubliés et rachetés des
guerres! Que la sottise s'efface sous des flots d'instruction! Que les maladies disparaissent! La science
est grande : allons au-delà, au-delà encore! A quoi
bon la mort?

Certes, le rêve est d'une incomparable envolée et
nous avions raison de dire, à ce qu'il semble, que le
besoin ne cesserait pas d'ouvrir, au-devant des
choses et de leur apport à la vie, l'attraction de son
vide immense. Mais il est clair que le monde ne contient pas les moyens d'y répondre. Dans l'octroi de
ses biens, il sera forcément limité par ses lois, qui
comprennent les nôtres, et qui limitées elles-mêmes
sont dans tous les cas absolument inflexibles. Au
premier rang des exceptions, ne faut-il pas placer
cette éternelle et folle aspiration des hommes à la
prolongation indéfinie de la vie, qui s'est traduite sous
tant de formes touchantes ou risibles, intéressées ou
généreuses, mais décevantes toujours? Non! le minuscule cyclone qui constitue la vie d'un être est forcément éphémère autant que débile. La mort — elle
nous l'a dit déjà — n'est pas seulement un phénomène
normal et inévitable; elle est une nécessité.

Mais, en même temps, il est clair aussi que la mine
est profonde; que la puissance des choses est
grande. Quand on pense que la chimie n'a que cent
ans à peine, malgré les innombrables services que,
sous sa main, le monde inorganique nous a rendus et

nous rend tous les jours ; que l'éthérisation a éteint
la douleur ; que la vapeur a doté les races humaines
de transports rapides ; qu'elle a mis au bout des bras
des hommes des forces énormes ; que, sous ce rapport, sa présence dans certains pays n'équivaut pas
à moins qu'au doublement de la population tout entière ; que le télégraphe, la photographie, le téléphone ont fait sortir de la matière de vrais miracles,
des œuvres d'enchanteurs et de fées ; que l'électricité, comme force et force inconnue, frappe d'autorité
à la porte et que cela date d'hier, comment ne
serait-il pas permis, plausible, prescrit même d'au-
gurer que, grâce à ces accumulations à venir d'années et de siècles qui coûtent si peu au temps, qui
pèsent si peu dans l'histoire, le monde extérieur
livrera, du fond de ses entrailles, des ressources
nouvelles, des moyens d'alimentation, d'abri, de protection, d'action, de savoir, de jouissances incompa-
rablement plus étendus que les nôtres, au grand
profit du bien-être, de la paix entre les hommes, de
leur contentement intérieur, de l'accroissement enfin
et de l'ennoblissement de leur vie ?

Pourquoi donc, si le monde les recèle, ces pouvoirs,
ces moyens manquent-ils? Pourquoi ne les possédons
nous pas déjà? Pourquoi ces atermoiements, ces
refus douloureux, mortels, des siècles avares, du
monde sans pitié ?

Pourquoi? ah! c'est que ces ressources et ces
forces sont-là, mais qu'il faut savoir où elles gisent
dans leurs ténèbres ; que le monde surabonde et peut
donner beaucoup, mais qu'il faut le violenter pour
qu'il donne ; que ce qui doit entretenir la vie est en
effet partout dans les choses, mais qu'il faut l'en
faire sortir et le mettre à la portée de l'être qui en

réclame l'entretien, la protection de sa vie. Nous
l'avons dit, la moindre jouissance exige un effort, un
acte humain et, si proche que soit la coupe, encore
faut-il la porter aux lèvres.

Ainsi en est-il, ainsi en a-t-il été et en sera-t-il toujours. Utilité cachée est comme non avenue. Tout peut
servir peut-être mais ne sert que ce qui est connu,
dégagé, dompté, saisi.

Faut-il donc alors faire une place à la vieille distinction d'école? Les choses qui servent à la vie se
rangent-elles, comme on le dit, en deux classes :
d'une part, œuvres humaines ; d'autre part, œuvres
de la nature ; et, pour prendre le langage un peu bar-
bare admis par l'Economie politique, est-il enfin des
« utilités produites » et des « utilités naturelles » ?

Non ! cette distinction n'a rien de scientifique ; disons mieux, elle est antiscientifique.

Elle est antiscientifique, car s'il faut une série
d'actes humains pour obtenir de la carrière la pierre
qui, taillée, montée, posée sera maison ; de la mine puis
du haut fourneau, le fer dégagé du minerai, solide,
dense, fusible, malléable, il en faut pareillement pour
puiser l'eau qui désaltère. Que l'acte soit simple ou
sérié, ce n'est pas une différence spécifique et la
condition essentielle est commune. Quant à la propriété que possède la chose, l'homme ne la produit
pas plus dans l'un que dans l'autre cas. Nous ne
faisons pas plus les propriétés du moellon ou du fer
que celles de l'eau. « Rien ne se crée ». Nous ne
créons pas plus les mouvements, les propriétés des
choses que nous n'en créons la substance.

Notons bien — et c'est ici une remarque capitale à
ce point précis de notre étude — que ce qui fait que
les choses servent à la vie, que l'homme peut y

puiser pour les besoins de sa vie, ce n'est pas l'acte
qui les approche, les dégage, les prépare. Non! il est
clair que tous les actes humains possibles ne donneraient jamais à la pierre, au moellon, au fer des
propriétés qui ne sont pas dans leur nature et ce
n'est assurément pas le transport de l'eau qui fait
que l'eau désaltère. Ce sont donc bien les choses
mêmes qui réparent et fortifient la vie. C'est bien en
elles que l'homme puise l'entretien de sa vie.

Pour répondre à la question de tout à l'heure en
même langage, toutes les « utilités » sont « naturelles ».

Deux mots encore sur ce sujet : Nous avons constaté que la vie, sous des formes diverses, est au fond
partout une et la même dans les êtres. Disons maintenant que l'apport de la vie par le monde est au fond,
sous des formes diverses, partout un et le même
dans les choses.

A propos de la vie dans les êtres, nous disions :
« point de vie qui ne soit à un point de l'espace. »
« Nulle vie sans un agrégat de matière. »

« La matière n'est pas seulement comme substance.
Sa substance prend des formes extrêmement diverses
mais qui sont absolument de même ordre. Elle est
en mouvement et ses mouvements sont multiples :
action, puissance, locomotion, électricité, chaleur,
lumière.

« Elle possède tout cela dans les êtres.

« Pareillement, disions-nous encore, les êtres humains sont des êtres pensants. Or, quand on y réfléchit, on reconnaît que les sensations, les sentiments,
la pensée dans l'être sont des phénomènes ni plus
ni moins merveilleux, ni plus ni moins explicables
que ceux de chaleur, mouvement, force ou lumière.

« Nous ne jugeons des uns et des autres que par nos impressions. Notre propre pensée est non pas seulement notre seul moyen mais notre seul objet de connaissance.

« Et alors, disions-nous enfin, défions-nous de ce que nous appelons le monde moral qui n'est rien, puisqu'il n'est que celui de nos pensées ; gardons-nous — méprise étrange mais commune — de voir une entité dans une idée, un corps dans un reflet, une réalité dans une image ! »

Eh ! bien, tout cela est à redire, tout cela est juste et vrai, conforme à la réalité, tout cela s'applique, guide, éclaire, au même degré, à propos de l'apport de la vie par les choses.

Point d'apport des satisfactions aux besoins de la vie sans un agrégat de matière !

Oh ! à cet égard, va-t-on dire, pour certains phénomènes, point, à coup sûr, d'obscurité. Tout est net et visible. Quand l'air pénètre dans le poumon et y laisse son oxygène ; quand les aliments, en se rendant en quelque sorte chacun à son poste, substance par substance, reconstituent ici les nerfs, là les muscles, plus loin les os, on en suit la route, la marche, l'arrivée et, pour ainsi parler, la résidence.

Mais quand il s'agit d'objets tout autres : de la leçon du savant, du conseil du moraliste, de l'audition de Phèdre ou du Cid, de la musique de l'Armide ou de l'Orphée, des sentiments, des pensées que font naître en nous la contemplation d'une Vierge de Raphaël, du Jugement dernier ou du Moïse de Michel Ange, où est la similitude ? Où est la matière, et les traités techniques de l'Économie politique n'ont-ils pas raison de parler « d'utilités immatérielles » ?

Choses immatérielles ! Nous avons déjà rencontré,

à plus d'une de ces pages, cette hypothèse, et nous l'avons reconnue pour inutile et nuisible. Encore une fois, outre que nous n'avons pas l'intelligence d'un objet immatériel et partant ne se trouvant à aucun point de l'espace, l'action d'un objet immatériel sur des substances matérielles nous apparaît comme d'un autre domaine encore, celui de l'impossible. Or, si l'ignorance du comment des choses est amère, n'est-ce pas empirer à plaisir sa détresse que de substituer sans excuse, à l'inévitable résignation de ne point savoir, une imagination dont la raison se révolte?

On demande où est ici la matière? Pour la trouver, il ne faut que réfléchir.

La matière, c'est d'abord, pour le tableau, la couleur et la toile étendues sous les yeux, les sons pour l'œuvre musicale, le marbre pour la statue; pour les ouvrages dramatiques, la leçon, le conseil, c'est le langage, le langage prenant la forme de figures ou de sons suivant que, pour pénétrer dans l'organisme, il s'adresse aux yeux ou à l'oreille.

Remarquons-le et insistons bien sur ce point, pas de communication — et la condition est absolue, inexceptionnelle — pas de communication des choses à l'homme ou d'homme à homme sans intervention de la matière. A défaut d'elle, qu'est-ce donc que serait l'être humain? Ce qu'en disait le poète : « Un muet dans une prison. »

Oui ! Mais fait-on observer et avec justesse: ce dont vous nous parlez là, c'est de résonnances pures, d'un morceau de marbre taillé, d'une toile tendue et bigarrée de bleu, de blanc ou de rouge. Est-ce que le marbre, les couleurs passent dans l'organisme comme y passaient visiblement, tout à l'heure, l'oxygène, les phosphates ou l'azote? Non, n'est-il pas vrai, c'est bien par delà, c'est bien autre chose qu'il faut chercher et ce qu'il faut chercher, ce sont les sensations, les sentiments, les pensées qui viennent éveiller et satisfaire les besoins élevés de la nature humaine.

Et alors la question se renouvelle : Est-ce là de la matière? Où donc est la matière?

La matière? Si la question se renouvelle, à la réponse aussi de se reproduire.

La matière, avons-nous dit, n'est pas seulement substance tangible, elle est en éternel mouvement ou, si l'on veut, pour reprendre les termes en usage : avec la sub..'ance, il y a le mouvement.

Or, quand les actions magnétiques servent à la vie; quand l'électricité, la chaleur agissent sur nous; quand la lumière frappe nos yeux, une substance tangible passe-t-elle et demeure-t-elle dans l'être vivant? Non ! Mais des mouvements vraiment matériels se communiquent. Ce qui a pénétré dans l'être ce sont, par exemple, des ondes lumineuses ou sonores qui, de la façon la plus réelle, s'y prolongent et s'y propagent. Des mouvements extérieurs déterminent des mouvements internes dans l'organisme de l'être. Les choses ont agi à leur manière sur cet organisme et elles y produisent précisément les phénomènes qui, d'après leur nature et la sienne, sont consécutifs à cette action.

Or, parmi les phénomènes de l'être, se trouvent ceux auxquels nous avons donné les noms de sensation, sensibilité, pensée. L'homme est un être sensible et pensant, comme il est un être qui se nourrit, se meut, agit, respire. Les choses déterminent dans l'être humain, comme tous autres, le mouvement particulier qui constitue la sensation, le sentiment,

la pensée. Qu'est-ce que l'éloquence? Est-ce donc
autre chose que le don de provoquer dans son propre
appareil cérébral de violents courants de sentiments
et de pensées et, par les phénomènes matériels du
langage, véritables ondes rayonnantes et mouvantes,
de déterminer au loin des courants concordants, acceptés et tenus bientôt pour libres et personnels, dans
tous les appareils cérébraux à portée?

Quand Michel Ange, Gluck, Raphaël, Racine, le
grand Corneille ont vécu, ils ont senti et pensé.
Mais l'homme est en possession de la faculté du langage, c'est-à-dire tout à la fois qu'il parle et qu'il est
compris, c'est-à-dire encore qu'il traduit au dehors
ses impressions intérieures par des phénomènes sensibles de toutes sortes, aptes à éveiller, dans l'organisme de ses pareils, des impressions semblables.
Eh bien, ceux-ci ont parlé. Ils ont fait passer leurs
émotions du moment, leurs passions d'un jour dans
les formes diverses, plus ou moins fugitives ou
durables, de l'expression humaine : des mots, des
sons, des figures, le marbre ou la toile ; et ces
formes de l'expression — toujours objets matériels
parce qu'il n'est pas d'autre langage — nous parlent
encore aujourd'hui, se font comprendre, provoquent
en nous les joies, les tendresses, les générosités,
les tristesses, les regrets, les enthousiasmes de ces
organismes depuis si longtemps disparus, de ces
cœurs depuis si longtemps refroidis et tombés en
poussière.

Il y a eu, d'une part, expansion, incarnation de la
pensée, mouvement direct en avant, du dedans au
dehors ; d'autre part, action en retour, mouvement
réflexe, absorption du dehors au dedans ; somme
toute, de la part des choses et au profit de l'être, sur

le flot des phénomènes matériels, apport réel des mouvements et des forces nécessaires à certaines parties de l'organisme humain, apport réel des fortifiants, des reconstituants, des excitants de la vie.

Notons que ces mouvements afférents aux êtres doués de vie ressemblent à tous les autres mouvements du monde, se comportent comme tous les autres mouvements du monde. Un son qui passe au milieu d'objets de la matière inorganique fait vibrer tous les corps ambiants qui sont à son unisson. Il laisse en repos tous ceux qui ne sont point à sa résonnance. Ainsi de l'être vivant qui écoute ou regarde, qui tantôt est atteint, tantôt omis par la vibration, en soi pourtant toujours la même, et il n'est pas jusqu'à cette dernière circonstance de l'insensibilité près de laquelle le phénomène passe sans l'émouvoir qui ne soit une similitude étrange et nouvelle.

Qui de nous, en effet, oserait se flatter de recevoir des œuvres de Raphaël, de Racine, de Gluck, de Michel Ange ou de Corneille, tout ce qu'y ont mis leurs grandes âmes? On peut jurer qu'au même moment, dans le même théâtre, il n'y a pas deux spectateurs qui entendent le même *Cid*, la même *Phèdre* ou la même *Armide*. Ici encore, ici comme toujours, nous ne savons rien des choses que les impressions qu'elles nous donnent. Ce qu'elles nous font sentir, ce sont les mouvements de notre propre organisme et, sous les résonnances infinies du monde, en somme, nous n'entendons que nous-mêmes.

Laissons donc en repos les suppositions extra-scientifiques, les hypothèses antiscientifiques : « les utilités immatérielles ». Les admettre, leur donner place et créance — il ne sert de rien d'équivoquer —

n'est pas autre chose que faire du « monde moral »
un monde réel, pas autre chose que prendre des
mouvements extérieurs ou cérébraux pour des êtres,
des idées pour des entités, des images, des sentiments, des souvenirs pour des substances. Or, répétons-le toujours, il n'y a point « des mouvements, »
il n'y a que des choses mues ; il n'y a point « des pensées, des sentiments, des actes, » mais seulement
des êtres pensants, actifs, sensibles. Et, en même
temps, point d'êtres sans matière ! « Point de vie qui
ne soit à un point de l'espace » « attachée à une parcelle de matière ! » Point de relation du monde aux
êtres, des êtres au monde, d'être à être sinon par des
phénomènes de la matière !

Mais, dites-vous, cette action des choses sur l'organisme pensant, cette sorte de gymnastique et, si
l'on peut ainsi parler, d'alimentation de l'organe de
la pensée en sensations, en sentiments et idées est
inexplicable. Oui ! cela est vrai ; mais elle l'est
comme la locomotion, la respiration, l'action, la circulation du sang, la nutrition, comme toute la vie.
Elle ne l'est ni moins ni davantage. Sachons donc
nous résoudre à ignorer le comment des choses ! « Le
rapport existe. » Le phénomène suit. Si l'on voulait
un dernier mot, ce serait toujours à celui-ci qu'on
devrait revenir : cela est parceque cela est. Peut-
être conviendrait-il d'ajouter même : cela est parceque cela ne pouvait être autrement qu'il n'est.

Ainsi — et c'est par là qu'il faut conclure — il est
bien vrai qu'après l'unité de la vie et de la demande
de la vie dans les êtres, ressort et s'atteste, malgré la
multiplicité des apparences, l'unité dans les éléments
d'entretien, de réparation, de satisfaction, d'élévation constante que les choses fournissent à la vie,

l'unité dans l'apport que lui fait le monde et cet apport est l'apport de la matière à la vie.

C'est dans ces termes que les choses s'offrent à nous, que le monde extérieur nous appartient et nous aide, dans ces termes et sous ces clartés que nous devons lui demander l'essor à venir du plus grand des progrès : celui de l'accroissement de la vie parmi les hommes.

IV

COMMENT S'OPÈRE L'ENTRETIEN DE LA VIE
PAR LES CHOSES.

Nous avons vu, premièrement, ce que l'être demande pour sa vie ; secondement, ce que le monde met à sa portée pour cet objet. Il s'agit à présent de marquer par quelle opération la vie passe, du monde extérieur où l'homme la puise, dans l'organisme humain qui en a besoin et se l'approprie.

Par quelle opération ? Mais en vérité nous venons de le dire et l'explication est contenue dans tout ce qui précède. Il ne reste plus qu'à l'extraire. Résumons-la donc sous un jour plus vif, s'il est possible, en la précisant encore. Aussi bien, nous le verrons, cela importe.

Le monde est matière et la matière est dans un mouvement infiniment variable mais éternel. L'être humain est matière et mouvement, comme le monde. Entre les choses et lui, entre lui et les choses, point de contact, point de communication possible sans intermédiaire de matière ou d'un mouvement de matière.

Pour que les choses lui fournissent l'entretien de sa vie, pour qu'il puise sa vie dans les choses, pour que nous soyons fondés à le dire, que faut-il? Trois conditions : — que les choses contiennent en effet les moyens d'entretien de la vie, ou, comme nous aimons mieux encore l'exprimer sous une formule aussi vraie et plus rapide, il faut qu'elles contiennent « la vie » que l'homme leur demande — il faut, en second lieu, que, *in parte quâ*, elles l'abandonnent — il faut, enfin, que cette vie cédée par elles, nous en retrouvions et en puissions, de science certaine et à titre de preuve, en marquer la trace dans l'organisme humain.

Eh! bien, tout cela s'accomplit-il? Oui! tout cela s'accomplit.

Que les choses contiennent ce qui entretient la vie, nous venons de le voir.

Comment se fait-il que l'eau désaltère, que le pain alimente, que du bois en combustion réchauffe, que le vêtement retienne le calorique du corps, les murs et le toit de la maison celui du foyer? Comment se fait-il que le théâtre, et au surplus tous les arts, satisfassent des besoins très vifs; que l'instruction meuble la pensée; qu'un conseil éclaire la volonté, la soumette, la guide? Encore une fois, nous n'avons pas de prise sur le comment et le pourquoi des choses. Ils nous échappent. Mais, quant aux faits, ils sont là, nets, indiscutés, indiscutables. Indéniablement, par cent moyens, sous mille formes, les choses possèdent ce dont l'être a besoin pour soutenir et étendre sa vie.

Mais, dans cet acte mystérieux par lequel les

choses apportent la vie, est-ce qu'elles cèdent quoi que ce soit d'elles-mêmes, et qu'est-ce donc qu'elles abandonnent?

« Rien ne se crée »; de ce chef seul ne serions-nous pas déjà en droit de dire : La vie d'un être a été ici soutenue, alimentée, agrandie, donc quelque chose dans le monde a perdu ce qui a été donné.

« Rien ne se crée, rien ne se perd ». Ce que les choses cèdent d'elles-mêmes, c'est précisément ce que l'être a reçu : à savoir ce qui était en état de servir la vie.

Quand les aliments sont ingérés dans l'organisme, il est clair qu'ils abandonnent une forte part de leur substance ; que dans le monde, il y a en moins une quantité certaine, évaluable, d'éléments qui, sous leur forme muable, sont susceptibles de sustenter la vie.

Quand l'air pénètre dans le poumon, qu'arrive-t-il ? « Rien ne se perd », il n'en est pas détruit un atome. Tous les éléments s'en retrouvent dans le grand tout sans qu'il en manque un seul. Mais ce qu'il a abandonné, c'est la part qui s'est momentanément fixée dans l'organisme. Ce qu'il a perdu, c'est la combinaison spéciale, l'état particulier qui le rendait propre à la vie.

De même pour le vêtement qui protège, pour la maison qui abrite la vie. Le vêtement s'use, comme le dit la langue, la maison vieillit et dépérit, qu'est-ce à dire? Qu'ils abandonnent chaque jour, à toute heure, une partie d'eux-mêmes en abritant la vie.

Ainsi, absolument ainsi en va-t-il dans un autre ordre de faits.

Les hommes sont des personnes, mais leurs actes sont des choses. Or, ces actes qui sont des choses que deviennent-ils?

Nous venons d'entendre, par exemple, un morceau de Beethoven, un opéra de Mozart, une poésie d'André Chénier, *Polyeucte*, *Andromaque*, *Horace* ou *Cinna*. Que sont devenus les sons des instruments et des voix, le jeu des acteurs, leurs paroles ? Tout est passé, éteint, disparu, anéanti.

Il y a plus « l'homme est sociable ». Sociable, il a besoin de la présence, du commerce, du secours et du concours de ses semblables. A ce titre, les hommes — pour prendre le langage de l'Economie politique — sont, les uns à l'égard des autres, des « utilités ». Pour eux, avec eux, que se passe-t-il ?

Ce qui se passe ? Qu'eux aussi, ils s'usent à servir. Le docteur qui vient de formuler une ordonnance a réduit d'autant l'emploi futur de sa science et de sa vie. Si loin qu'il vive, il a une ordonnance de moins à faire. Dès qu'il a donné à son époque *Polyeucte* et *Cinna*, il est clair que Corneille n'a plus *Cinna* et *Polyeucte* à écrire. Combien n'y at-il pas dépensé de lui-même : jours écoulés, travail, émotions, inspirations, forces, veilles ! Est-ce que pour lui, tout cela n'est pas perdu, dissipé sans retour ?

Notez qu'il n'y a nul motif pour établir, entre ces divers phénomènes des différences fondées sur cette circonstance qu'ils occupent dans le temps plus ou moins de place.

Rappelons-nous : « Dans le monde, comme étendue, masse, vitesse, durée, rien n'est petit, rien n'est grand. »

Pour l'être qui vivrait ce que dure une onde de lumière, le point d'orgue de la cantatrice ne prendrait-il pas des siècles ?

Nous aussi, gardons-nous, gardons-nous bien, et

dans ses doux sens, de ce que Diderot appelait spirituellement le sophisme de l'éphémère !

La terre s'ouvre pour une moisson nouvelle. Quelle
que soit par rapport à nous l'immensité de la durée
qui lui est promise, dans quelques mois, tout à
l'heure, quand le blé tombera sous la faux, elle aura
pourtant une moisson de moins à enfanter pour
nourrir les hommes.

Le soleil vient, par une belle année, de ranimer nos
santés et nos forces. Pour lui aussi, malgré tout, les
années sont comptées et il s'est épuisé de ce qu'il
nous a donné de lumière et de chaleur. Lui aussi,
tout armé qu'il soit de son avenir de siècles, il a un
an de moins à vivre.

J'ai contemplé pendant des heures cette belle nuit
étoilée qui commence à pâlir. Comme elle m'a char-
mé et raffermi ! Comme elle a versé en moi le calme,
le dédain de tout, la hauteur, l'indifférence ! Etoiles,
soleils immenses et sans nombre, leur disais-je, vous
avez à briller ainsi des milliards et des milliards d'années et cependant, ces légers rayons que vous m'en-
voyez à moi, pauvre être chétif et perdu sur les deux
pieds de terre que j'occupe pour quelques jours, vous
ne les avez plus et ils sont ravis désormais à votre
lumière. Vous aussi comme moi, autant que moi,
vous devez vous dire : vivre n'est rien autre chose
que perdre la vie à pleines veines et le moins que
coûte une heure d'existence est l'abandon de la force
qu'il faudrait pour la vivre encore.

Et, souvenons-nous bien, rien n'échappe à la loi.
Tout ainsi que, son ordonnance formulée, le médecin
avait désormais une ordonnance de moins à faire,
tout ainsi le livre touchant que je ferme ce soir à
regret, sur sa dernière page, pourra faire trembler

doucement bien des mains après les miennes. Il a
pourtant une soirée de moins à offrir aux âmes rê-
veuses qu'il recherche et qui l'aiment. L'Antiope du
Corrège et la Joconde, près desquelles je viens de
passer une heure rapide, pourront voir encore
défiler à leurs pieds cent générations charmées. Elles
ont pourtant désormais une heure de moins à être
contemplées par des yeux mortels.

Partout donc, oui partout, en servant l'être humain, les choses perdent une part d'elles-mêmes.
Substance ou mouvement, elles abandonnent réellement ce dont s'affermit et s'agrandit la vie.

Mais quoi ! Ce qu'elles ont ainsi perdu, sommes-
nous en mesure de prouver que l'être l'a recueilli? A
l'analyse, pouvons-nous en retrouver, en ressaisir
les éléments en lui-même ?

Eh ! bien oui, sans aucun doute.

Pour les substances admises dans l'organisme, ici
encore rien de plus net et de plus apparent. C'est la
physiologie qui parle. La preuve que l'être entre bien
en possession de ce que les choses ont perdu, c'est
qu'il élimine incessamment les matériaux qui le
composent et que néanmoins il se maintient ou même
s'accroît. Os, nerfs, cerveau, muscles et organes, sans
relâche tout se renouvelle. Une existence moyenne
use en leur entier plusieurs corps successifs, puisés
dans le monde extérieur. L'être vivant est, avons-
nous dit, une république de milliers d'êtres. Eh !
bien, dans ces milliers de vies locales, les êtres nouveaux, venus du dehors, succèdent constamment à
des générations d'êtres. Un effort brûle la substance
d'un muscle? Oui, mais un afflux d'atomes le répare
et le répare substance et force. La preuve, c'est qu'il
est prêt pour un effort nouveau.

Le vêtement, la maison ! Est-ce qu'ils ne s'usent pas précisément pour maintenir la vie ? Ils sont détruits, ils disparaissent, mais est-ce donc en vain? Non! l'être eût dû périr sous le coup des intempéries. C'est eux qui périssent. Il en est d'eux comme du bouclier traversé par le javelot, comme de la cuirasse entamée par la balle et derrière lesquels le soldat reste sauf. La preuve qu'ils ont servi, c'est que l'être survit et qu'eux-mêmes tombent brisés, hors d'usage. ·

Il en est de même des rayons tremblants qui nous viennent, au cours des nuits, des astres perdus dans l'espace. Comme les feux du soleil lui-même, « cette pâle clarté qui tombe des étoiles » s'est employée à sa mesure et détruite, dans son action à peine sensible, à réveiller, à faire vivre nos yeux qui s'éteindraient à défaut de lumière.

Enfin, pour prendre les faits extrêmes, que se passe-t-il quand une représentation de théâtre nous fait entendre une œuvre de Corneille, de Racine ou de Molière ; quand, à la maison, une lecture toute solitaire et silencieuse, au coin du foyer, nous rapproche pour une heure de Diderot, de Voltaire ou de Jean-Jacques. Là, les mouvements des acteurs, les paroles qui se succèdent, ici, dans le livre ouvert, les caractères qui s'alignent, autre forme de langage, sont des choses matérielles, des phénomènes extérieurs qui s'évanouissent au fur et à mesure. Oui ! Mais, au fur et à mesure aussi, n'est-il pas vrai qu'ils pénètrent, qu'ils impriment un mouvement, le leur, à notre organisme cérébral ; s'y reproduisent, s'y fixent parfois pour la vie et qu'ainsi, nous les retrouvons trace pour trace dans l'organe de notre pensée ?

Il faut aller plus loin encore, ainsi que la substance

alimentaire en se distribuant dans les nerfs, les os,
les muscles et tout l'organisme, y séjourne un temps,
s'y retrouve, les répare, les laisse renouvelés et
fortifiés, ainsi ces choses d'un [autre ordre passent
et demeurent dans l'être humain pour en accroître
l'intelligence par le savoir, la souplesse de pensée par
l'exercice, l'habileté par l'habitude. Avons-nous pratiqué les sciences, les lettres, les arts, non seulement
les souvenirs persistent, mais le cerveau, organe de
la pensée, devient comme le muscle refait, apte et
de plus en plus apte à de noûveaux efforts. Les choses y ont jeté leur mouvement. En attendant l'usage,
il s'y accumule en puissance, à l'état d'énergies latentes. L'être est ce que nous appelons, dans le langage usuel, plus cultivé, plus intelligent. A l'occasion, il apportera devant ses semblables surpris, des
idées, des sentiments, des ressources qu'on ne lui
avait pas connues et dont il saura bien l'origine.

Oui! Diderot, Voltaire, Jean-Jacques sont morts.
Mais quoi! vivants ils ont déposé leurs idées, jeté à
pleines mains leurs sentiments, leurs réprobations,
leurs souhaits, leurs rêves dans ces livres qu'ils
nous ont laissés et, grâce au langage de ces livres, ce
sont eux qui nous parlent et que nous écoutons. Ce
sont leurs sentiments, leurs idées mêmes qui nous
sont transmises. La preuve qu'elles nous ont été
transmises, c'est que nous les avons. La preuve
qu'elles sont en nous, latentes ou militantes, en puissance ou actives comme autant d'énergies de notre propre vie, c'est qu'elles nous inspirent et nous mènent.

Et comment nierait-on, comment pourrait-on méconnaître ce phénomène féerique si l'on veut mais
vrai, alors qu'on a sous les yeux la génération présente qui, sous la réserve des impuissances, des pu-

sillanimités d'une minorité médiocre et d'ailleurs intéressée, vit, même à son insu, des rayonnements déjà lointains mais toujours sensibles de la vie intelligente de ces hommes ? Comment le méconnaitre quand on suit encore le souffle de leur esprit dans nos enceintes et sur nos places publiques, dans les agitations de nos révolutions politiques comme de nos réformes sociales, et que leur main est encore apparente à tout moment dans notre histoire ?

Et ainsi en est-il partout. Sous quelque forme que se produise l'apport de la vie : aliment ou force, substance de muscle ou d'appareil cérébral, onde sonore, chaleur et rayon de lumière ou phénomène de mouvement, de sensation, de pensée ; quelque taille que prennent les choses : resplendissement de soleil ou lueur d'une humble lampe sur une cheminée de village, susurrement d'une mère près d'un berceau ou grandes voix des réformateurs du monde, le procédé est toujours le même. Et en effet, alors que la somme des éléments de la vie est, dans son infini, absolument immuable, impossible à accroître, alors que la raison proclame en nous de son accent le plus irrésistible qu'il est impossible que ce qui n'est pas soit ; qu'il est inintelligible que que rien au monde se crée à soi même, en soi et par soi, une force, un mouvement qu'il n'a pas ; alors que, dans les êtres, la vie est une et partout la même ; qu'un pareillement est l'apport des choses à la vie ; qu'ainsi, les deux termes de la demande de la vie et de l'apport à la vie restent identiques en regard l'un de l'autre, comment la relation de l'une à l'autre pourrait-elle varier ? Comment le mode suivant lequel s'effectue l'apport des choses à la vie pourrait-il ne pas être un à son tour ?

Il est donc vrai : Le monde contient, dans une proportion inconnue mais certainement immense, les éléments qui, très divers d'apparences mais au fond toujours les mêmes, sont propres à l'entretien de la vie humaine, de toute la vie humaine. A l'homme de les prendre : les choses les recèlent.

Quand l'être humain puise sa vie dans les choses du monde extérieur, elles perdent réellement à son service et lui abandonnent les éléments de l'entretien de sa vie et pour toutes les formes de sa vie.

Enfin, il nous est donné de suivre, des choses à l'être, ce passage, cette migration, cette mutation des éléments de la vie et, après les avoir vu céder par les choses, nous en constatons exactement la présence, sous des formes pareillement diverses, dans l'être qui les a réclamés et recueillis.

Le procédé par lequel les choses, quelles qu'elles soient, effectuent l'apport de la vie est un en soi et toujours le même, il est une « tradition » de la vie.

Le vers du poète est bien plus compréhensif qu'on ne le suppose : d'elles aussi, il faut dire : « *vitaï lampada tradunt.* »

V

LA VIE PUISÉE DANS LES CHOSES FIN DERNIÈRE.

Nous connaissons maintenant, pour l'avoir embrassé dans son ensemble et pénétré dans le détail, le premier mouvement de la vie.

Par quelques pages de la première partie de ce

livre, nous avons pris pareillement une idée sommaire mais quant à présent suffisante du second mouvement de la vie.

Dans les conditions marquées pour le progrès de cette étude, c'est ici le moment et le lieu de les comparer, de les juger en regard l'un de l'autre, de rechercher auquel des deux, eu égard à leur opposition essentielle, appartient la primauté dans la grande tâche de poursuivre le but de la vie.

La réponse, à ce qu'il semble, ne se dérobe pas longtemps.

En effet que sont-ils ?

Le premier mouvement est, disons-nous, la vie se puisant dans les choses. Le second est, au contraire, la vie se projetant du dedans au dehors sur les choses pour, en vue de son propre service, en modifier les conditions, le mouvement, les formes.

Avec le premier, nous constatons un phénomène d'intussusception et de recomposition de la vie ; avec l'autre, un phénomène d'expansion et de diffusion. Celui-ci n'a pour objet que l'œuvre de saisine et d'aménagement des choses ; l'autre en est l'assimilation même et l'usage.

D'un côté donc, se présente une recette, de l'autre une dépense : l'acquisition de la vie en regard du placement, du risque et parfois de la déperdition de la vie.

D'autre part, nous savons que le premier mouvement de la vie relève davantage de la vie organique ; que celle-ci plus simple, guidée par des instincts et des besoins plus francs, moins compliqués, est d'un avis plus droit et plus sûr pour les divers partis à prendre dans les questions souvent obscures de l'économie sociale ; qu'elle parle plus particulièrement

dans l'homme isolé qui, placé dans des circonstances
plus compréhensibles, attiré dans un seul sens et par
une seule considération : celle de l'utile, est par là-
même plus apte à reconnaître son intérêt véritable.
Nous savons qu'au contraire, le second mouvement
de la vie relève surtout de la vie de relation, infiniment plus complexe, partant moins clairvoyante, et
qu'il prend toute son importance avec l'homme social
lequel, assailli par les obscurités, les duplicités naturelles ou calculées des mécanismes de l'état social,
est inévitablement menacé, à toute heure, d'en en-
courir les déceptions.

Voilà ce que nous disent la raison et l'expérience
au sujet des deux mouvements de la vie.

Et maintenant, pour les juger, que voyions-nous
dans les pages qui précèdent ? — Que le desideratum
suprême, que le but final de la vie humaine est l'entretien et l'extension continue de la vie par l'emploi
de la vie.

Dès lors, il semble que la réponse se dégage. Elle
éclate. Elle est visible.

Puisque le but suprême est le maintien et l'accroissement de la vie, n'est-il pas clair que le premier
mouvement de la vie — vie puisée dans les choses —
est un mouvement direct dans le sens du but et que
seul même il marche dans le sens du but ; que le
second : projection, expansion et parfois déperdition
de la vie dans les choses, non seulement ne va pas
dans le sens du but, mais marche même dans un sens
précisément contraire.

L'un est la recette de la vie, l'autre la dépense de
la vie ? Mais alors, dès qu'il s'agit de maintenir et
d'accroître l'encaisse de la vie, quelle est donc la voie
indiquée, prescrite? Est-ce la dépense ? Est-ce la re-

cette ? Tout compte de recette et de dépense se clôt
par une balance. Or, ici, comme partout, l'excédent
de la recette sur la dépense n'est-il pas le succès : le
succès de la vie ; l'excédant de dépense sur la recette, la ruine : la faillite de la vie ?

Dans ces termes qu'est-ce donc que le premier
mouvement de la vie ? C'est le but même, un, fixe,
invariable, impérieux, loi et prophètes.

Et qu'est-ce donc à son tour que le second mouvement de la vie — vie projetée sur les choses ? —
Manifestement, il n'est qu'un moyen. Il n'est pas la
voie rapide et facile. Il est le détour obligatoire et
qu'il faut abréger le plus possible. Il est la dépense
consentie par calcul, en vue d'obtenir le bénéfice
éventuel d'une recette qui la compense et la dépasse.
il est, toutefois, la dépense effective et certaine. Il
n'est pas la chose souhaitée, non ! mais la condition
onéreuse qu'elle coûte ; mais le prix dont on la paie.
Il sera, par exemple, les quintaux de bon blé comes-
tible qu'on mènerait de si grand cœur au moulin,
puis au four du boulanger qui le rendrait en pain
pour les ménages, mais qu'il faut bien pourtant jeter
à la terre pour les semailles de la moisson prochaine,
quitte à disputer, à réduire le plus possible le chiffre
du sacrifice. Il est cela, pendant que l'autre se présente sous forme de la récolte même qui, avec l'amas
triomphal de ses gerbes, vient s'amonceler dans les
granges, tout entière consacrée à la vie, tout entière
apportant la vie.

Or, entre ce qui est, d'un côté, en vue de l'éven-
tualité d'une recette, la dépense effective et certaine,
et de l'autre, la recette directe et précise ; entre le
détour et la voie droite, entre la clause onéreuse du
contrat et l'objet du contrat, entre la chose et le prix,

entre ce qui est le but même enfin et ce qui n'est qu'un moyen, est-il difficile de choisir ? Non ! le but est maître. Le moyen s'incline ; comme la rime du vieux poète classique : « Il est un esclave et ne doit qu'obéir. » Le but règne. Le mouvement qui va vers le but, qui est adéquat au but, éclaire, guide, règle, prescrit, commande. Le moyen se subordonne.

Pour le classer à sa place, comment en outre oublier la leçon, leçon capitale, que nous rencontrions tout à l'heure ? Comment oublier, comment ne pas rappeler encore cette sûreté de vues qu'on trouve toujours à consulter le premier mouvement de la vie et, par contre, les incertitudes, les illusions, les embûches, les déceptions sans nombre, graves, ruineuses, qui naissent comme de source de ce second mouvement de la vie : but oublié, moyen pris pour le but, préférence donnée, en contrepied du bon sens et du vrai, au dommage sur le gain, au prix sur la jouissance, à la peine sur l'abondance aisée, à la dépense de la vie enfin sur le maintien et l'accroissement de la vie ?

Au résumé, le second mouvement de la vie — vie projetée sur les choses — simple moyen et non but, ne peut avoir qu'un rang et un rôle secondaires.

Le premier mouvement — vie puisée dans les choses — voie directe vers le but, adéquat au but, but même, prudent et sûr conseil dans tous les problèmes de l'économie sociale, source de l'entretien et de l'accroissement de la vie, est la fin dernière. A lui la primauté, la voix décisive, le dernier mot !

VI

VIE PUISÉE DANS LES CHOSES.

LA LUTTE POUR LA VIE.

Pauvre bien que celui de la vie ! Chétive et fragile, elle menace à tout moment de s'anéantir. Toujours épuisée si on ne l'alimente — et au milieu de quelles incertitudes, au prix de quelles peines ! — à tout moment, elle est près de s'éteindre. Ce n'est pas assez encore ; il faut qu'elle soit disputée.

Oui, en effet, la lutte pour la vie est partout et à toute époque. Sous l'influence des rêveries et des clairvoyances, des impatiences et de justes revendications, elle revêt une gravité particulière dans la nôtre. Comment un mot à son sujet ne réclamerait-il pas une place dans une étude sur la vie?

Elle est partout. Nous la rencontrons ici dès le premier pas, au premier mouvement de la vie. Nous la retrouverons à chacun des actes de la vie et, partant, à chaque phase de cette étude, chaque fois sous un nouveau jour, mais toujours inévitable en même temps que douloureuse, attristante autant que nécessaire.

Elle est partout. Ainsi, l'espace est limité dans le bois ou sur la plaine. Sur cette motte de terre, il n'y a place que pour une plante. Deux naissent. Or, tout être a la soif ardente de la vie. Elles luttent donc pour la sève qui ne peut suffire. L'une des deux doit périr ; toutes deux peut-être.

Après quelques saisons de combat avec des rivaux moins robustes, le chêne les dépasse. Il accapare tout le soleil, étouffe tout sous son ombre.

Ainsi pour les races d'animaux disséminées sur le globe, les unes par rapport aux autres et tour à tour esclaves ou maîtresses, bourreaux ou victimes, sauvegardant leur vie ou exclues de la vie.

Il n'en va pas autrement de l'homme dans le monde social.

A toute époque et dans toute société, l'ensemble des ressources dont cette société dispose pour l'existence de ses membres se traduit par un chiffre déterminé.

Supposons-nous une société encore élémentaire, mal pourvue, les moyens de vivre peuvent rester au-dessous, souvent fort au-dessous de l'ensemble des besoins essentiels de sa population. Dans ce cas, après une lutte dans le partage, il faut qu'une partie succombe.

S'agit-il d'une société avancée sinon dans la voie de l'ordre vrai, c'est-à-dire de la justice, du moins dans celle de l'abondance, alors, pour un certain nombre d'hommes, l'insuffisance peut encore naître des inégalités, parfois des iniquités du partage et, dans ce cas encore, ces derniers doivent lutter en vain, puis périr.

Qui sont ces derniers? Qui succombe? Les moins bien doués, les moins bien armés au point de vue de la puissance de la vie.

Et qui sont donc les moins bien doués et armés? Au moment où nous sommes, c'est-à-dire à l'étude du premier mouvement de la vie, il faut répondre : ceux qui sont moins aptes, non pas toujours physiologiquement mais dans l'ensemble de leurs forces, à s'assurer leur part dans l'apport des choses, à puiser dans les choses l'entretien de la vie.

Or, en cela comme en tout, dans une société avancée, n'est-il pas vrai que l'intelligence prime la force? C'est donc, à l'heure qu'il est, l'intelligence qui, dans ces sociétés, intronise et maintient la répartition iné-gale, le partage mortel.

Jadis, vers les temps héroïques, l'intelligence, au nom de l'équité, de la paix et du droit, a obtenu de la force elle-même l'abdication de la force. Mais, à présent, comme la force abusait, l'intelligence abuse. Au nom de l'équité, de la paix, de la générosité, de la compassion pour les impuissances naturelles, en souvenir et sous les leçons de nos révolutions passées qui n'ont été autre chose que les revanches de la force impatientée de se sentir la dupe éternelle, comment obtenir de l'habileté à son tour l'abdication du pouvoir abusif et retors qu'elle porte dans l'ex-ploitation des institutions sociales, incessamment tournées à son usage?

On peut le prédire, le désarmement cette fois ne sera pas volontaire. Il est l'objet même de la succes-sion de réformes que réclame fermement une société nouvelle, pour la sauvegarde et l'accroissement de sa population compromise, pour la préservation de la vie, pour l'extension de la vie.

L'importance éclate. La portée des coups est bien autre qu'on ne l'avoue et même qu'on ne l'ima-gine.

Ah! dit-on, ne nous méprenons pas et, au nom de notre repos, laissons tout à sa mesure! On peut sans doute souffrir du partage dans nos sociétés modernes, mais personne du moins n'y meurt dans la lutte.

Est-ce bien sûr?

D'ailleurs, la question est autre et, pour un peu, on dirait qu'importe!

Quand la lutte pour la vie fait périr à trente ans

deux hommes qui en devaient vivre soixante, est-ce que, pour l'ordre général, ce n'est pas la même atteinte que si, dès le premier jour, en laissant à l'autre toute sa vie, elle emportait l'un des deux d'un coup d'aile?

La nature, dit-on, ne compte pas les individus; elle ne se soucie que des collectivités, ne voit que les espèces. Est-ce que la science ne fait pas comme elle?

Est-ce que la statistique n'accuse pas, dans les deux cas, les mêmes nombres, sur la période embrassée, dans ses calculs de population et le dénombrement des hommes?

Est-ce que l'Economie politique ne constate pas, dans les deux cas, la même réduction sur les chiffres de la production sociale, de la satisfaction des besoins normaux, de l'apport des choses à la vie?

Est-ce que le naturaliste n'atteste pas la même crise, le biologiste le même mécompte?

Est-ce que la vie n'a pas subi la même perte et, après tout, est-ce que le criterium, la mesure, le résultat décisif et suprême, ce n'est pas la somme de vie humaine?

Mais, s'il y a réduction de vie humaine, qu'est-ce donc à dire? « Rien ne se crée, rien ne se perd. » Qu'est devenue la vie humaine disparue et en apparence anéantie?

Ce qu'elle est devenue? En effet, « rien ne se perd », la somme de la vie sur le globe est restée la même; mais, tantôt du mouvement particulier qui est la vie, elle est devenue l'un des autres mouvements équivalents de la matière organique : force, électricité, chaleur, lumière, et l'on peut dire : vous demandez où est passée la vie de l'homme disparu de la vie? A ne consulter que le sol auquel on l'a confié, voyez l'humus inorganique mais tout prêt à redonner la vie.

Tantôt, tout en restant vie, elle a seulement changé d'ordre vital et, cessant d'être vie humaine, elle est devenue vie végétale ou vie animale dans quelque autre race que la nôtre.

L'herbe pousse serrée au cimetière, la moisson plus drue sur les champs de bataille. Une calamité prolongée a-t-elle, dans des temps moins protégés que le nôtre, fait disparaître la population d'une contrée? la vie végétale, cent races d'animaux précédemment maintenus, réduits ou proscrits, multiplient en liberté sur le sol débarrassé des hommes.

Une oligarchie de fortune, riche pour la satisfaction des besoins essentiels de l'existence, riche encore après pour tous les raffinements de la vie luxueuse, porte-t-elle au dehors son excédent de moyens de vivre, pour obtenir des étoffes de prix, des hors-d'œuvre délicats, des parures vaines de diamants et de perles, des tissus inutiles mais inimitables? Soit ! elle plongera dans les privations qui amoindrissent la vie, les producteurs du blé ou du bétail, les dépossédés d'un « clearing » territorial et cette part de leur vie, enlevée à leur vie, elle la jettera aux mûries du Japon et de la Chine et aux vers précieux qui les couvrent et qu'elle multiplie, aux troupeaux du Thibet ou de Cachemire qu'elle décuple, au gibier dignement aristocratique des parcs anglais dont elle paie la reproduction coûteuse, aux huîtrières de Cancale et d'Ostende qu'elle étend sans nombre.

Tantôt aussi, la vie humaine n'a subi qu'un déplacement et, tout en restant telle, elle n'a fait que passer d'une série d'êtres humains à une autre. Autour d'elle, sous sa main, au gré de ses caprices, la richesse peut porter la vie d'un point du pays sur un autre, détourner les moyens de vivre du paysan, du drapier, du charpentier, du maçon, qui donneraient le pain, le vêtement durable, le logement du pauvre, pour, ces prélèvements sur leur vie, les porter à des courtisanes ou à des chanteurs assurés de bien vivre.

Et, notons le bien, ces déplacements capricieux, désordonnés des apports de la vie, on peut ne pas les opérer et en fait on ne les opère pas seulement en dedans de ses frontières et d'un point à l'autre de son territoire, non ! mais on les accomplit au préjudice même de sa propre nation, au profit même de nations étrangères. Dans les exemples que nous venons de citer, n'est-il pas clair qu'une part de la vie cédée à des races végétales ou animales reste aussi à leurs possesseurs et maîtres ?

Telle est donc, sous notre point de vue actuel, la lutte pour la vie. Présentée ainsi, comme il le faut, sans plaintes, sans récriminations, dans sa dure et froide simplicité de phénomène économique, est-elle assez saisissante ?

Ces hommes qui se ravissent à tout moment les moyens de vivre ; cette nécessité de saisir sa part de vie sans se préoccuper de ce que deviendront les autres ; ce dilemme tragique qui s'impose à toute heure d'ôter la vie pour ne pas perdre la vie ; ces populations qui affaiblissent, qui blessent, qui tuent d'autres populations, sur d'autres points du globe où elles n'ont jamais paru et ne paraîtront jamais, dont elles ignorent souvent jusqu'au nom et jusqu'à l'existence, et cela non pas au fracas du moins visible et saisissable des batailles mais silencieusement et dans l'ombre, sans le voir, sans le savoir, sans un coup porté, et ! mais comment donc alors ? simplement en vivant de sa vie tranquille, en usant insoucieusement de son droit, en faisant un achat au lieu d'un autre, en portant un vêtement au lieu d'un autre, en demandant enfin aux choses un apport de vie au lieu d'un autre, tout cela est-ce que ce n'est pas quelque chose d'étrange et de dramatique, de cruellement émouvant et de troublant ?

Somme toute, la lutte pour la vie est une loi générale de tout usage du mouvement. Quand un moteur puissant est chargé d'animer tous les mécanismes d'une usine, c'est ainsi que la force motrice se distribue entre eux inégalement, suivant le degré d'aptitude qu'on leur a donné de la recevoir et de l'absorber ; c'est ainsi qu'elle diminue pour chacun, quand c'est entre tous qu'elle se partage, ainsi qu'elle se trouve, au contraire, accrue pour ceux qui restent quand un certain nombre, soustraits au courant, cessent de lui réclamer et d'y puiser un effet utile.

Ainsi de la vie et ses phénomènes sont les mêmes parce qu'en effet ils sont du même ordre et de même nature.

La lutte pour la vie est un chapitre de la mécanique sociale, comme la mécanique sociale est un livre de la mécanique universelle.

VII

VIE PUISÉE DANS LES CHOSES.

L'ÉCONOMIE DE VIE.

Ne quittons pas encore ce domaine de la mécanique sociale. Nous avons encore ici un tribut à lui demander, un mot à en dire.

Dans le monde physique, il faut distinguer deux choses : L'action des forces et les lois qui régissent cette action et suivant lesquelles elle s'exerce.

Ainsi, l'attraction est la force. Depuis les systèmes d'astres les plus prodigieux jusqu'à la marche du plus mince satellite autour de son humble planète, depuis la chute d'eau du fleuve immense jusqu'aux filets insensibles du ruisselet de la prairie, elle détermine et explique tous les mouvements, tous les phénomènes, produit tout et rend compte de tout. Mais quelle est la règle qu'elle observe, qui préside à l'exercice de son pouvoir, sa loi enfin ?

On peut dire que cette loi est unique et qu'une seule règle résume finalement l'ensemble des théorèmes. Cette règle, cette loi est celle, au fond toujours la même, à laquelle les sciences physiques appliquent des appellations diverses : conservation de l'énergie ; économie de force, voie de la moindre résistance, principe de la moindre action.

Dans le monde physique donc, d'un bout à l'autre, une force et une règle, c'est-à-dire une loi.

En regard, considère-t-on la marche du monde social ? il semble impossible de ne pas voir qu'elle offre avec celle-ci des analogies frappantes.

Ici pareillement, une seule force : la vie, qui, nous en avons déjà l'aperception et nous le verrons de plus en plus par le détail, est tout à son tour, substance en quelque sorte et mouvement, fait le fond de tous les phénomènes, éclaire tout, rend compte de tout.

Et quelle est la règle, la loi ? Une pareillement, que nous rencontrons dès cette place, que nous retrouverons et retrouverons toujours la même à toutes les phases de cette étude, loi qui ressemble et correspond à ce principe de la moindre action et de la con-

servation de l'énergie que nous venons de signaler et
que, pour nous borner à notre sujet du moment :
— premier mouvement de la vie : « vie puisée dans
les choses » — nous devons appeler seulement ici
loi de la conservation de la vie, de l'acquisition de la
vie au prix de la moindre dépense de vie : l'économie
de vie.

Et ces règles, ces lois qui régissent d'une part le
monde physique, de l'autre le monde social, sont-elles
pareillement absolues, immuables ? Oui, car au fond
elles sont la même.

Nous en rencontrions des preuves tout à l'heure,
en parlant de la lutte pour la vie.

Nous ne comprenons pas et, en effet, il n'est pas
possible qu'un liquide amené dans des vases communi-
quants ne subisse pas, dans chacun d'eux, un
mouvement de hausse ou de baisse suivant qu'on en
multiplie ou réduit le nombre. De même, dans le
monde social, nous ne comprenons pas et, en effet, il
n'est pas possible qu'étant donné une quantité fixe
d'éléments propres à l'entretien de la vie — et elle
est telle à une époque et dans une situation déterminées — la part virile à la disposition des membres
de l'état social ne se trouve pas plus élevée ou
moindre, suivant que le nombre des participants diminue ou s'accroît. L'hypothèse de l'attraction admise, nous ne comprenons pas et, en effet, il n'est
pas possible que les agrégats de matière n'agissent
pas en raison de leur taille. De même, une fois reconnus les phénomènes de la demande de la vie et de
l'apport de la vie, nous ne comprenons pas, et, en
effet, il n'est pas possible que les éléments formant
l'apport de la vie ne soient pas attirés par les centres
de vie, en raison de la somme de vie que contient

chacun d'eux, y compris la vie que nous appelons l'intelligence.

Que la lutte pour la vie s'accomplisse de façon ou d'autre, au profit ou au préjudice de l'un ou de l'autre, société ou membre d'une société, on peut être sûr que, dans le résultat général, elle s'accomplira suivant la loi. Rien n'y fait. Rien ne l'arrête. Les efforts, quels qu'ils soient, tentés pour la détourner ou la restreindre, pour en adoucir les coups ou les plaies, ceux de la charité, par exemple, n'aboutissent qu'à des résultats, non pas seulement insignifiants et négligeables, c'est sans nulle valeur qu'il faut dire, puisque le remède essayé ne fait qu'attester le caractère absolu de la loi. On n'efface que ce qui est écrit. On ne répare que le fait accompli. On ne guérit que la blessure.

Que l'économie de vie assure sa marche en passant sur le corps à des êtres ou à d'autres, en sacrifiant la vie ou végétale ou animale ou humaine, peu importe au monde de la vie! Ce dont on peut être sûr, c'est qu'elle trouvera son chemin « *Fata viam invenient* » et qu'aux dépens des uns ou des autres, en fin de compte, on verra réalisée l'économie de vie.

Ces lois sont inéluctables.

Oui! Mais si ces lois sont inéluctables, si dans leur teneur générale elles exercent leur inflexible action indépendamment et en quelque sorte extérieurement par rapport à l'homme, l'homme peut les connaître. A ce compte, qu'arrive-t-il? Il arrive que, de fait extrahumain, elles passent à l'état d'idée qui descend et prend place dans l'intelligence, et alors ce qu'il en faut dire aux sociétés et aux hommes, c'est qu'elles se font choses humaines; que la loi d'économie de vie, par exemple, devient un principe pratique, une

ligne de conduite, un théorème utile, un prudent conseil, une règle que par prévoyance humaine on peut
suivre, à laquelle, vu l'infirmité de la nature humaine,
on peut se dérober ou faillir.

Or, il peut être indifférent de figurer dans le monde
comme voie lactée ou comme atome, d'être océan ou
nuage, motte de terre ou soleil. Mais, à coup sûr, il
ne l'est pas, pour les sociétés ou les hommes, êtres
pensants et sensibles, de prendre une part pire ou
meilleure dans la quantité de vie, d'y compter comme
privilégiés ou comme victimes. A l'étude de la loi de
donner sa sauvegarde! Les lois du monde épargnent
ou avantagent qui les suit, châtient cruellement qui
les viole. Aux hommes et aux sociétés, armés de la
connaissance de la loi, de la prévoyance, de la résolution attentive de se conformer en tout au principe de
la loi, de pratiquer d'eux-mêmes, dans tous leurs
actes, l'économie de vie, en laissant aux seuls im-
prévoyants, aux imprudents, aux passionnés, aux
inhabiles le soin de fournir, sur leur lot de vie, le
solde de l'économie de vie!

Eh bien! à ce point de vue tout humain, et en nous
tenant à notre objet actuel : le premier mouvement de
la vie, les sociétés et leurs membres en tant qu'individus peuvent, à ce qu'il semble, à propos du principe de l'économie de vie, prendre l'une ou l'autre de
trois voies, se trouver dans l'une ou l'autre de trois
situations différentes :

Voir pleinement juste, en tous ordres de faits, à
propos de tout problème, et non seulement voir juste,
mais avoir avec la clairvoyance, la prudence, la fermeté, la résolution, la persévérance d'agir juste,
comme on voit ;

Ou bien, tantôt voir en tout absolument mal, prendre

par exemple, à tout propos, ce qui est une dépense de
vie pour une recette de la vie, plus d'action pour une
moindre action, une perte sur la vie pour une économie de vie ; tantôt aussi voir exactement, mais alors
par passion, faiblesse, vanité, intérêt du moment,
corruption, amour du repos ou des jouissances, sacrifier, en connaissance de cause, la vraie vie aux
faux apports de la vie, aux ressources mensongères
de vie.

Il est enfin un troisième parti : rester à distance
entre cette extrémité et cet idéal et mêler dans des
proportions diversifiées à l'infini, suivant les temps,
les questions, les circonstances, bon sens et déraie-
son, aveuglement et calcul, passion et sagesse, c'est-
à-dire respect ou mépris de la règle.

Il paraît superflu de passer hautement condamnation sur la première hypothèse. L'erreur est humaine,
l'idéal hélas ! ne l'est point. Jamais être humain, il
est aisé de l'assurer, jamais nations n'ont compris
sans se tromper d'un acte, n'ont pratiqué sans faillir
d'un jour, la grande règle de l'économie de vie.

Moins impossible mais bien rare pourtant a été la
seconde de ces trois situations. Si la perfection n'est
pas à chercher dans ce monde, l'aveuglement sans
exception, la passion sans retenue sont peu à redouter
chez les individus ou chez les peuples. Sous une
forme continue, l'oubli ou la violation de la règle,
les résistances aux exigences de la vie provoqueraient alors, dans tous les cas, à bref délai, l'a-
moindrissement et la révocation de la vie.

Mais, ce qui est habituel sinon normal, c'est ce
mélange de bien et de mal, d'obéissance et de rébel-
lion aux règles utiles, aux lois naturelles sur lequel
roule, en somme, le train ordinaire du monde et dont

nous trouverions, par exemple, le spectacle dans toute
société européenne à notre époque.

Or, dans ces société et parmi leurs membres, comment entend-on l'entretien de la vie, l'apport de la
vie par les choses et son usage, l'économie de vie
enfin?

Pour les besoins tout à fait élémentaires, quand il
ne s'agit que de cette grosse mais simple affaire d'entretenir journellement la vie en quelque sorte du
charbon qui lui assure la continuité de la chaleur et
de la substance, de l'état de santé et de la force motrice,
en général on voit et l'on agit assez juste. Et toutefois, dans combien de cas la recherche n'est-elle pas
un mensonge et une faute, l'excès un retour contre
l'effet utile! Quelles atteintes à la vie, mêlées à l'alimentation de la vie, que ces falsifications universelles qui se réclameront bientôt des grands droits
nés de 1789 et revendiqueront une place au rang
des libertés civiles et politiques! Quels sacrifices de
vie, quelles pertes sur la vie, à côté d'appuis fugitifs
prêtés à la vie, que l'usage des spiritueux! Quelles
ruines que celles de l'alcoolisme!

Pour le vêtement, abondance réelle, ressources
préparées pour une préservation parfaite. Mais sur
combien de points le superflu ne prime-t-il pas le nécessaire, la coquetterie le calcul sensé, le luxe la satisfaction vraie!

La littérature est vive et spirituelle, mais comme
elle est grossière et basse! Pourquoi? On a toujours
la littérature qu'on mérite. Si celle-ci est telle, n'est-
ce pas parce qu'on la tient fort quitte d'élever les
âmes, même d'embellir la vie; parceque tout ce qu'on
en exige est d'amuser, à moins qu'on n'en attende un
passetemps moins relevé encore?

A l'instruction, on demande beaucoup, en même temps quelles méprises! Croit-on que l'enseignement « clérical, » comme on dit, où se jette à l'aveugle une bourgeoise pusillanime, pour y trouver une sauvegarde de l'édifice fort temporel de ses arches saintes, soit un apport solide des choses à la vie, un parti conforme à la loi de l'économie de vie?

A la politique, on réclame la liberté, le maintien, l'extension des libertés nécessaires. Oui! et l'on a raison, car c'est par elles seules que ces choses qu'on appelle les institutions politiques apportent aux sociétés et à leurs membres une sécurité sérieusement assise et susceptible de durée. Mais, combien de ces hommes qui donneraient, haut la main, le droit d'aînesse pour le biblique plat de lentilles et cette sécurité sérieuse, avec son labeur impatientant de soucis vraiment par trop virils, pour le bail à court terme d'une monarchie ou d'un despotisme paraissant garantir au père de famille attendri, sa tranquillité personnelle dans la répression, le clinquant, les jouissances, le débarras commode dans l'abdication déterminée, pour, sans plus s'il le faut, la durée de la vie du père de famille!

Enfin, il est deux points encore plus graves, deux dangers encore plus redoutables : Quand, chez un peuple, ce qu'on demande au milieu social c'est avant tout le gain pour sa vie ; que la soif du lucre est pour toute chose excuse, réhabilitation, honneur même, prime tout, étouffe tout jusqu'au patriotisme, la vie individuelle peut bien être assurée, élargie, pourvue de tout le bien-être, de toutes les élégances du luxe, mais il faut s'attendre à la disparition de la vie nationale.

Quand, chez un peuple en proie à cette ardeur de

bien-être et de fortune, une masse croissante est avisée, tout à la fois par la physiologie et par la philosophie désenchantée du pessimisme, sans les connaître; que, chez ce peuple, on fuit les responsabilités dans les relations des sexes, tout en faisant de leur attrait la passion, l'habitude, la vanité, le tout de la vie; quand le plaisir est le but et la loi, la crainte celle de créer une famille et qu'alors, on veut de toutes parts, suivant le mot sanglant du poète « du plaisir sans peur », on peut dire, on peut voir que la dépopulation est au bout et qu'au lieu de puiser dans les choses la vie, la vraie vie et l'accroissement de la vie par l'économie de vie, ce peuple y a cherché et y trouve, par une méprise terrible, l'affaiblissement, la déviation, la déperdition prodigue et la disparition de sa vie.

En terminant — car toute règle, après ses leçons et ses exemples, doit apporter sa formule pratique — il convient, sans nul doute, de libeller celle de ce que nous appelons l'économie de la vie. On pourrait, à ce qu'il semble, la résumer ainsi :

D'abord se garder de confondre le mouvement de la vie se puisant dans les choses avec le mouvement de la vie se projetant sur les choses pour s'y incarner et les modifier par son action ;

Secondement, ne point prendre pour un apport des choses à la vie ce qui n'est point un apport à la vie, ce qui n'est point de la vie, à plus forte raison ce qui est contraire à la vie.

On ne saurait trop s'en souvenir, et l'expérience, si l'on y fait appel, étonnera par plus d'un témoignage, ce sont là deux conseils capitaux de cette étude pour les questions qui ressortissent à l'Economie politique.

Il en est un troisième, qu'on peut dire plus particulièrement encore celui de ce chapitre, et qui, pour
simple qu'il parait à son tour, n'en est pas moins souvent controversé dans la pratique et plus souvent encore méconnu. C'est, entre les apports des choses à la
vie, de donner la primauté à ceux qui, pour un même
chiffre d'action et d'effort, contiennent pour ainsi parler, sous un même volume, la plus grande somme de
vie.

Au point de vue où nous sommes, c'est-à-dire à
celui du premier mouvement de la vie, tel nous apparaît se résume, parle, enseigne, ordonne le principe de la moindre action dans le domaine de l'Economie politique : la loi de l'économie de vie.

VIII

VIE PUISÉE DANS LES CHOSES.
SI L'EXTENSION DE LA VIE S'ACCOMPLIT.

Nous avons vu, dans la première partie de cette
étude, que le but de la vie est le maintien et l'extension de la vie. Nous y avons reconnu pareillement
que la vie se développe par deux mouvements : mouvement de la vie se puisant dans les choses ; mouvement de la vie se projetant sur les choses. Puis, dans
celle-ci, nous venons de reconnaître que, des deux
mouvements de la vie, le second tout important qu'il
soit, toute considérable que soit son influence sur
l'autre, n'est pourtant qu'un moyen d'assurer le succès de celui-ci et que le premier mouvement de la vie

se présente ainsi comme servant directement et par
dessus tout le but suprême et la fin dernière.

Eh! bien, ce but suprême est-il atteint? Entre la
recette et la dépense de la vie, la balance s'établit-
elle en faveur de la vie? Cette fin dernière s'accomplit-elle?

Oui, on peut le dire, elle s'accomplit.

Nous savons que l'accroissement de la vie peut
se réaliser par plusieurs moyens et sous plusieurs
formes :

Extension de la vie dans l'individu même par ses
propres soins et labeurs et par le concours des choses,
au cours de son existence.

Appel d'un plus grand nombre d'êtres à la vie, et,
par conséquent encore de ce chef, accroissement de
la somme de vie humaine sur le globe.

Progrès du pouvoir de la vie par le progrès de la
vie fœtale, l'être nouveau pouvant naitre avec toutes
les conquêtes successivement réalisées par ses auteurs au cours de leurs successives existences, pour
à compter de ce point de départ, pousser plus loin à
son tour au cours de la sienne.

On peut dire que, sous réserve de différences profondes dans la mesure et même d'exceptions passa-
gères ou partielles suivant les temps, les circonstances, les individus, les races, l'extension de la vie
se réalise sous chacune de ces trois formes.

La vie individuelle s'agrandit? Sans aucun doute.

Consultons-nous un moyen de mesure tout élémentaire et primitif: la force musculaire? Contrairement
à l'opinion commune et même à de certaines vrai-
semblances, l'homme de nos races civilisées bien
nourri, bien abrité, l'emporte en général sur l'homme
sauvage ou nomade.

La durée de la vie? Il est certain que depuis les premiers âges, elle a dû s'accroître dans des proportions inconnues mais considérables. Rien que de nos jours, on sait comment la vie moyenne s'est augmentée de plus de dix ans en un siècle. On sait aussi comment le chiffre en est, aujourd'hui encore, plus élevé pour les classes riches mieux en état de soutenir et défendre leur vie. On sait, par contre, combien se fait sentir l'influence des privations. N'a-t-on pas constaté qu'à Londres, par exemple, une simple augmentation d'un schilling sur le prix du pain se traduit par une élévation de la mortalité?

Enfin, si nous considérons, toujours à ce même point de vue où nous sommes, qu'outre les rapidités d'exécution et les diminutions de pertes de temps, l'accroissement du bien-être, des pouvoirs, des jouissances, de l'ensemble de la connaissance, des facultés mêmes du sentiment et de la pensée, ajoute à la vie non plus en étendue mais, ce qui revient au même, en puissance intensive, il faut bien, en présence des énormes progrès réalisés dans ce sens, admettre que de ce côté encore, il y a eu réelle et considérable extension de la vie.

Oh! Sans doute, cette extension n'a pas été partout intelligente et bien dirigée. Nous trouvons chez presque tous les peuples, disons chez tous les peuples, des besoins artificiels, malsains ou ridicules, des préférences reprochables ou bouffonnes, toutes les méprises, toutes les fautes. Somme toute, et tout en variant beaucoup suivant les temps, les lieux, les races, on peut dire qu'elle a été presque constante et que plus encore elle a été générale sur le globe.

En même temps, n'est-il pas visible que la vie humaine s'est communiquée et se communique tous les jours à un bien plus grand nombre d'êtres ?

Ici encore, toutefois, quelles différences !

Certaines nations — il faut le redire — respectent-elles les lois naturelles de leur race ? Elles grandissent avec rapidité, transmettant une vie saine et bien équilibrée. Celles-ci sont destinées à la puissance, à l'expansion, à la conquête du sol.

D'autres méconnaissent et bravent-elles ces lois ? Les tiennent-elles pour onéreuses et pour importunes ? Chez elles, l'argent a-t-il pris pied partout, au dessus de tout et, si l'on est avide du plaisir, est-on par dessus tout résolu à ne le vouloir que débarrassé de ses charges, parce qu'avec des charges il cesserait d'être le plaisir ? Oh ! alors, la maternité est un ennui, un dégât de coquetterie, un désastre de beauté, de sveltesse et d'élégance, la paternité une malechance qu'on redoute, une famille nombreuse un malheur de famille. Partout, se prêche, s'enseigne et se pratique la stérilité volontaire. A-dieu-ne-plaise que les mères nourrissent leurs enfants ! on les fait allaiter par d'autres. Quel malheur qu'au prix du sacrifice de l'une des robes de sa saison, on ne puisse pas aussi accoucher par d'autres ! Le châtiment est au bout. Tout organe, avons-nous dit, qui n'a pas reçu son fonctionnement normal est atteint et menace. Quand une femme s'est refusée à l'allaitement maternel ; que sa fille a suivi son exemple ; à la troisième génération, la stérilité lactale a grandes chances d'apparaître. Ainsi de l'autre après la pratique partielle et réglée de la stérilité volontaire. Mais quoi ! la population décroît ; mais le pays est atteint ; mais, dans cent ans, il aura perdu force, rang, dignité, honneur, puissance, indépendance, existence ! Eh ! vraiment, qu'importe ! on fête, on brille, on dépense, on nage dans les jouissance de la fortune.

On raconte que certaines peuplades sauvages ne savent compter que jusqu'à trois. Au-delà, leur esprit se perd, confondu devant l'immensité des nombres. Il semble de même que dans certaines nations civilisées, l'affection ne compte que jusqu'à la troisième descendance.

A supposer que la tendresse du père de famille aille jusqu'au bout de son arithmétique sensible, arrivée là, il lui faut bien dire : assez du petit fils ; après lui le déluge !

S'ils ne se redressent, ces peuples sont destinés à disparaître. C'est autour d'eux, sans eux, malgré eux, que s'accroîtra par les nombres comme par les forces, le domaine de la vie humaine.

C'est dans les mêmes conditions de variabilité que s'effectue, mais que s'effectue pourtant l'extension de la vie humaine par le progrès de la vie fœtale.

Telle nation, ou dans telle nation telle classe de sa population use de la vie d'une façon sérieuse, calme, généralement réglée. Ses enfants ne sont engendrés et conçus ni dans l'épuisement des plaisirs, ni dans les futilités des passions mondaines, ni dans les fièvres de l'ambition ou de la fortune. Le fonds de sentiments et d'idées sur lequel se règlent les pensées et les conduites individuelles, dans la vie publique ou dans la vie commune, est fait à peu près de ce que comporte la nature humaine de simplicité et de probité, de raison et d'intérêt bien entendu, de mémoire et de prévoyance, d'amour du pays, de dévouement au pays, de gratitude pour le bien, d'énergie contre le mal. L'acquit des ancêtres et des auteurs se transmet aux descendants, et, sous ce rapport aussi comme sous tous autres, les nouveaux-nés naissent vraiment les fils et héritiers de leurs pères. Le progrès par la vie fœtale suit sa marche, avec ces lenteurs invisibles d'un monde qui, pour être comme nous éphémère, n'en compte pas moins ses heures par des milliers d'années ; mais, de toute certitude, il se réalise.

Par contre, dans telle autre société ou dans telle autre partie de son peuple, voit-on non, pas fleurir mais sourdre et se gonfler sur le sol comme des pustules malsaines, l'amour intraitable du moi, le rêve ou l'envie de l'improbité heureuse, la cruauté d'homme à homme, les dérèglements, la honte des sentiments simples: affections, dévouements, foi au droit, à la pitié, à l'esprit de sacrifice ; le point d'honneur de la dérision universelle, le reniement du patriotisme tenu pour idée creuse ou duperie, l'adoration de la fortune, la plus basse comme la plus dangereuse des religions sociales? Trouve-t-on là des classes entières et nombreuses qui, de leur vie, n'ont jamais eu faim, qui, de leur vie, n'ont jamais connu l'indispensable gymnastique du travail, et tout cela au prix de tous les ressorts de l'organisme? Que peut devenir la vie fœtale? Sauvée parfois par des phénomènes d'atavisme, mais en général reflet exact et compromis de ses auteurs immédiats, elle peut ne plus connaître qu'un mouvement de recul au lieu d'un élan, des défaillances au lieu des progrès nécessaires.

Ces nations, s'il s'en trouve, ces classes dans leur sein comme il en existe, sont aussi, on en peut jurer, destinées à disparaître.

A côté d'elles néanmoins, sans elles, malgré elles,

par d'autres nations s'il le faut, ou dans les mêmes
peuples par d'autres classes, le progrès s'achève et,
sous cette troisième forme encore, l'extension de la
vie humaine s'accomplit.

Elle s'accomplit sous la loi de l'économie de vie,
par la lutte pour la vie, parce qu'au sein de l'humanité et des peuples, les parties de population atteintes
par l'oisiveté et le luxe, les dérèglements et la mol-
lesse, les corruptions fanfaronnes et les incrédulités
élégantes ne sont jamais que des minorités assez
étroites, dont la destruction, d'ailleurs rapide, laisse
vite la place aux réparateurs de leurs ruines ; parce
que si l'improbité est pour les peuples, à leur insu
même de nos jours, la source la plus colossale de
déperdition de force, le progrès de la production industrielle passe en vitesse celui de l'improbité même,
comme une vague montante qui comble, couvre et
cache à tous les yeux l'approfondissement d'un abîme ;
parce qu'à côté des bas calculs, des pusillanimités, des
jouissances qui minent et affaiblissent les peuples, la
pauvreté, par bonheur, abrite sous sa neige les
couches sans éclat mais vivaces des sentiments
simples qui les font vivre, enfante des hommes
trempés par le froid, la faim, le rude poids des jours,
les soucis, les fatigues, les dangers, la peine, inca-
pables de prendre peur de la vie pour eux-mêmes ou
pour d'autres, peur de ses chagrins, de ses charges,
de ses épreuves, par la bonne et saine raison qu'à
leur expérience, pour eux mais c'est là précisément la
vie.

Ce sont ces hommes qui survivent, gagnent, tra-
cent, dominent, couvrant les espaces qui se dépeu-
plent, entrant dans les biens restés au soleil mais
qui ne peuvent rester sans maîtres, sauvant le trésor

acquis de la vie humaine par leurs propagations à doublements rapides. Ils ont su puiser, fortifier, étendre et transmettre la vie. Ils sont les conservateurs, les économes, les semeurs de la vie.

TROISIÈME PARTIE

LE SECOND MOUVEMENT DE LA VIE

LA VIE PROJETÉE SUR LES CHOSES.

I

LE SECOND MOUVEMENT DE LA VIE.

LA VIE PROJETÉE SUR LES CHOSES.

Après le premier mouvement de la vie : « vie puisée dans les choses », nous abordons celui de la « vie se projetant au dehors sur les choses ». Nous avons à l'étudier à son tour dans le détail.

Contre-partie du premier mais partie du même mécanisme, il offre naturellement avec lui, tout à la fois, des points de rapport et de dissemblance.

Le premier point de rapport, assurément fondamental, est qu'il s'agit ici, comme devant et toujours, de LA VIE, la vie humaine, la vie toujours et partout la même.

Le second est que le théâtre de l'action, et pour un peu nous dirions les acteurs, sont pareillement les mêmes. Le théâtre, en effet, c'est encore ce monde. Pour le préciser davantage, c'est le monde de l'Economie politique, le monde social. Quant aux acteurs de ce qu'il est bien permis d'appeler, même au calme point de vue de l'Economie politique, le drame tour à tour futile, intéressant, émouvant, douloureux ou cruel de la vie, ce sont encore les mêmes : d'une part, l'être humain avec ses énergies et ses faiblesses; ses combats, ses conquêtes, ses défaites; son orgueil, ses souffrances, ses espérances, ses prétentions et sa misère; d'autre part, les choses épandues autour de

lui, sourdes, insensibles, indomptables dans leurs
lois éternelles, toujours prêtes à l'accabler et néanmoins à portée de sa main, pouvant devenir secours
au lieu d'obstacles.

Les différences, nous les avons vues et nommées :
mouvement d'expansion en regard d'un mouvement
d'intussusception, pendant qu'avec celui-ci les choses
sont la source et l'être le destinataire, celui-là constitue un sacrifice de l'être à destination sinon au profit
des choses qui, elles, ne sauraient, à proprement
parler, ni perdre, ni gagner jamais.

Ajoutons que si le premier mouvement de la vie
est, comme nous l'avons vu, le but et la fin, tandis
que le second mouvement ne prend que la place
hiérarchiquement secondaire d'un moyen de les atteindre, par contre, ce second mouvement joue un
rôle bien autrement éclatant dans la vie sociale.

En effet, les acquisitions de l'être, quelles qu'elles
soient : forces latentes pour agir ou durer, trésors
douloureux ou chers de sensibilité, énergie de pensée, ressources de connaissances restent cachées,
perdues dans ses profondeurs. Au contraire, le labeur
de l'être sur les choses sort de lui, s'étale au plein
soleil. Elles l'attestent de toutes parts, à tous les
yeux, par leurs formes, leurs mouvements, leurs
dispositions, leurs services. « Rien n'est petit, rien
n'est grand » disions nous ; eh bien ! sous le souvenir
de cette exultante parole, nous pourrions dire que
l'homme a ses actions d'éclat et qu'à l'exemple des
cieux, les choses du monde travaillées par ses mains
lui racontent aussi sa gloire.

Qui donc, à leur époque, a su l'éducation, l'instruction, les peines des merveilleux architectes du moyen-
âge qui signaient du titre de maçons, dont on ignore

aujourd'hui les noms, les tombes, la vie? Leurs
cathédrales resplendissent. On les visite, on les ad-
mire. On les classe parmi les richesses nationales.

C'est au milieu de la pleine insouciance des hommes
que les savants, les inventeurs de génie ont puisé
dans leur milieu leurs connaissances, amassé leurs
forces. Qui sait par quel travail, à la suite d'un Diderot ou d'un Jean-Jacques, des milliers de têtes se
sont trouvées pénétrées des idées modernes? Qui a
remarqué les maîtres, les écoles, les moyens, les flam-
beaux passés de main en main? Qui s'est soucié de
tout cela? Qui l'a vu?

Mais comment ne pas voir, comment ne pas accla-
mer les chemins de fer traversant les plaines et les
montagnes, le *Foudroyant* ou l'*Invincible* domi-
nant les flots, sous la pression de la vapeur, ou l'é-
lectricité portant au loin sur ses ailes sa sœur et con-
génère, la pensée humaine, avec la rapidité de la
pensée même? Comment ne pas être saisi d'une impression profonde quand, sous l'effort brisant de la
dynamite intellectuelle, la Révolution française re-
tourne de fond en comble sa vieille société et secoue
le monde?

C'est par suite de cette opposition de la lumière et
de l'ombre, du mystère et du fracas, que le premier
mouvement de la vie n'a reçu qu'une place effacée,
quand toute place ne lui a pas été refusée par l'inad-
vertance ou le dédain, jusque dans les sciences sociales, alors que son rival subordonné mais bruyant
accaparait le regard des hommes et l'attention de
l'histoire. C'est ainsi que portée dans le domaine de
l'Économie politique, jusque dans les humbles faits
de l'atelier et du ménage, l'inégalité de traitement
vis-à-vis des deux mouvements de la vie s'est tra-

duite par des sophismes et des méprises entraînant, à leur tour, de véritables dommages.

C'est ainsi enfin, qu'au moment où nous cherchons à les bien marquer par leurs traits spéciaux, cette différence d'éclat veut être signalée d'abord, à côté de celles qui ressortent plus particulièrement du fond même des choses.

Action de la vie, lutte pour la vie, économie de vie vont reparaître dans leurs conditions constantes, obéissant aux mêmes mobiles, sujettes aussi aux mêmes erreurs. Seulement, elles vont reparaître sous un autre jour, appliquées qu'elles seront dans une direction différente, à d'autres phénomènes de la vie, et nous pouvons ajouter : pour d'autres leçons.

II

L'ÊTRE ET L'EMPLOI DE LA VIE.

Spectacle singulièrement attachant que celui qui vient de passer sous nos yeux !

Cette force de vie qui luit et se dévore, qui se détruit incessamment et se recompose, qui s'ouvre comme un fourneau de forge et brûle tout ce qu'on y jette ; qui saisit au dehors, comme un monstre des fables antiques, tout ce qu'il trouve à sa portée, s'empare d'éléments divers, les fait siens pour un temps, puis les use, les broie et les rejette encore une fois inertes au monde auquel elle les avait ravis ; qui est à tout moment formation et ruine, afflux et reflux, vie et mort, mort et vie ; ces organes qui boivent au

sein du milieu l'excitant qui les maintient, les fait
vivre ; ce cerveau enfin, organe de la pensée, qui reçoit tout : mouvements, sensations, perceptions de
toute espèce, enregistrant tout à mesure en caractères
inconnus, sur ses milliards de feuillets invisibles ; qui
apprend des mouvements qu'on lui suggère, obéit à
des leçons, s'ouvre à des pensées étrangères, depuis
les plus futiles jusqu'aux plus hautes, qu'il s'assimile
et fait ses propres pensées, et devenant d'une table
rase un livre immense où chaque minute de vie vient
s'inscrire avec son histoire ; d'un organe aux mouvements incertains, flottants, inhabiles, un récepteur
alerte, sûr, expérimenté, grandi non pas seulement par
ses conquêtes mais par celles de vingt générations
éteintes, n'est-il pas vrai — et surtout quand on songe
qu'il s'agit partout de nous-mêmes — que tout cela
ressemble à un roman physiologique d'une curiosité
inépuisable et que le mot vient sur les lèvres :
Etrange et merveilleuse machine en vérité que la
machine humaine !

A présent, un autre spectacle nous attend.

L'organisme humain en effet ne se borne pas à un
rôle en quelque sorte passif au sein du monde : il y
exerce un rôle actif.

Les sens dont il est pourvu sont impressionnés par
les objets du dehors, mais ces impressions, ils les re-
cherchent, les provoquent, les analysent, les attirent
ou les repoussent. Le cerveau centralise toutes les
sensations, mais de plus il les démêle et il y répond.
Le monde le renseigne, mais il s'informe et ces informations, il les utilise. Il enregistre mais il consulte.
Il emmagasine, apprend, fait leur place aux souvenirs, aux observations, au savoir, à l'expérience, aux
pensées des autres, mais il réfléchit, observe lui-

même, imagine, invente, devine, prévoit. Don capital! il pénètre les lois multiples des choses pour s'en préserver ou s'en servir.

Entre tous, le système nerveux offre l'image expresse de ces deux mouvements. Comme un chemin de fer à deux voies, comme un télégraphe à deux fils, l'un pour l'aller l'autre pour le retour, il les fait fonctionner distinctement sous nos yeux en attribuant à chacun son jeu propre d'appareils : nerfs de la sensation allant de la circonférence au cerveau ; nerfs du mouvement courant du cerveau à la périphérie des membres.

Enfin, l'organisme humain possède une force motrice. Grâce à elle et par le contact ou le choc de ses membres, il est apte à déterminer dans les choses des modifications d'une variété infinie : accroissement ou diminution de substance, changement de place et de forme ; ralentissements, arrêts de mouvement, déviation de sens ou d'angle, ou au contraire, par l'addition de sa force propre, accroissement du mouvement, de sa vitesse, de sa durée, de sa puissance. Il peut renverser les obstacles qui le gênent, s'emparer de ce qui le sert, distribuer la vie à qui l'aide, ôter la vie à qui le menace, l'embarrasse ou l'offusque.

N'est-il pas vrai que dans ce nouveau rôle, la machine humaine ne paraît pas moins extraordinaire?

Extraordinaire! Est-ce à dire que cet organisme humain soit le théâtre de phénomènes absolument spéciaux ; que le mouvement, par exemple, y soit déterminé par des causes particulières et régi par des lois qui n'appartiennent qu'à lui, en dehors de celles de la mécanique générale ? En aucune façon.

Laissons, encore une fois, les causes premières qui

se dérobent et se dérobent dans tous les ordres de faits, pour la chaleur comme pour le sentiment, pour la lumière comme pour la pensée. Les phénomènes seuls sont saisissables. Soit! Mais ils nous appartiennent.

Or, les phénomènes dont l'organisme humain est le théâtre sont absolument les mêmes, non pas seulement que ceux du monde végétal ou des autres races animales, mais que ceux mêmes du monde inorganique, et les lois sont aussi absolument les mêmes.

L'oxygénation du sang dans le poumon est une oxygénation qui ne diffère pas de celle du fer, de l'étain ou du plomb, à l'air libre. La combustion qui s'y opère est comme toutes les combustions du monde. Pour donner une somme de mouvement, le corps humain brûle, et brûle de la façon la plus réelle, une quantité déterminée de sa substance, exactement comme une machine quelconque brûle un poids déterminé de son charbon et, des deux parts, la quantité de substance consommée est proportionnelle à l'effort.

On avait cru longtemps que le corps humain formait un tout d'une nature spéciale que remplissait, sur tous les points, une âme partout et partout à la fois présente, de telle sorte que sur quelque point que ce fût, elle était à l'instant impressionnée, mue ou mouvante tout entière. On sait aujourd'hui que si dans le monde inorganique, il faut un temps pour la propagation du son, du mouvement, de l'électricité, de même dans le corps humain, il faut une durée appréciable pour qu'une sensation parvienne d'un point de la périphérie au cerveau, pour qu'un mouvement parvienne du cerveau à un point de la périphérie, et cette durée la science la mesure.

Somme toute, tout mouvement, tout acte, fût-ce du cerveau organe de la pensée, se résout et s'explique par des phénomènes physiques et chimiques identiques à ceux du monde inorganique. Toute merveilleuse qu'elle paraisse, la machine humaine ressemble à toutes les machines. Elle n'a nul privilège ; et au point de vue du rendement en force, l'homme, contrairement à l'opinion commune, fabrique de ses mains des machines aussi parfaites que lui-même.

Mais quelle est donc la force de cette machine humaine ?

Sa force par vingt quatre heures peut être représentée par celle que développe la combustion de cinq cents grammes de houille (1).

C'est cette somme de force que l'homme a le loisir de répartir à son choix, dans des mesures diverses et variables, entre ses divers organes, en donnant plus aux muscles, par exemple, ou plus au cerveau ou le contraire, mais sans pouvoir avantager l'un qu'au détriment de la part des autres, à moins, ressource périlleuse, qu'il ne prenne momentanément sur sa propre substance, c'est-à-dire sur les réserves de sa vie, au risque, s'il prolonge l'épreuve, de l'affaiblissement, de la maladie et de la mort.

Est-ce possible, est-on tenté de se dire ; est-il bien possible que la force humaine soit si extraordinairement limitée ?

Et aussitôt reviennent à la mémoire tous les prodiges de l'activité humaine : routes tracées, fleuves endigués, défrichements et cultures, chemins de fer, villes bâties, montagnes aplanies ou ouvertes, sans compter même les œuvres de la pensée.

---

(1) C'est James Watt qui a le premier établi ce calcul.

Quoi ! tout ce passé, quoi ! tout ce qui s'accomplit de nos jours et encore tous les jours est le produit d'une somme de force aussi extraordinairement petite ! Comment est-ce possible ?

C'est qu'à part même l'œuvre immense des siècles accumulés, le nombre des générations, les multitudes qui ont tour à tour épuisé leur vie en d'énormes labeurs, on oublie que l'homme a pénétré les lois du monde et qu'il se sert des lois et des mouvements du monde.

Qu'est-ce à dire ? Est-ce qu'il faut entendre par là, comme on l'a écrit cent fois, qu'il les a soumises ? Non ! Ce n'est là qu'une illusion pure. Les lois du monde sont indomptables et elles suivent inexorablement leur chemin sans souci de rien ni de personne.

L'explication est-ce donc le fameux *imperat parendo*? Pas davantage.

Le mot n'est qu'une antithèse erronée des deux parts et parfaitement frivole. Obéir est une étrange façon de se montrer en maître, et l'homme ne commande pas une heure à la plus simple d'entre elles. Non ! et il est fort inutile de phraser et s'exalter à ce propos. L'explication est plus simple, le procédé plus uni.

On se rappelle le mot de Pascal : « Les rivières sont des chemins qui marchent et qui portent où l'on veut aller. » Oui, ajoutait en note, un éditeur homme d'esprit : « à la condition qu'on veuille aller où elles portent. »

Eh ! bien, tout est là. L'homme étudie les choses et les lois, c'est-à-dire le cours des choses. Il s'évertue à trouver la rivière qui porte où il veut se rendre de sa personne ou rendre une parcelle de matière. Or,

le monde est plein d'une série infinie de ces voies
qui marchent. Contient-il toujours celle dont la destination importe? Peut être. Le lot de l'être humain,
sa tâche, son honneur si l'on veut, dans tous les cas
la source de sa puissance est de la découvrir, de réus-
sir à lui confier son transport, son message ou son
œuvre et d'en placer ainsi la force relativement immense au bout et en prolongement du lot infime de la
sienne.

Qu'on examine un à un tous les procédés de l'industrie humaine, à l'analyse, on ne trouvera pas
autre chose.

Et alors deux résultats éclatent en pleine et vive
lumière.

Le premier, c'est que l'on comprend à merveille
comment le labeur colossal s'est accompli avec cette
infinitésimale mise de force humaine, puisqu'elle ne
représente qu'une chiquenaude impulsive, une pression du doigt sur un bout de levier ou d'aiguille, et
que le reste est l'œuvre du monde.

Le second, c'est que l'on comprend au même degré
que la force musculaire, tout insuppressible qu'elle
soit comme force initiale, ne prend place néanmoins
qu'au second rang ; que le premier appartient incontestablement au cerveau, organe de la pensée ; que
l'intérêt des hommes est en conséquence de privilé-
gier de plus en plus, dans la répartition de leur stock
quotidien de force, cet éclaireur agile qui dépiste les
lois du monde, met la main sur leurs phénomènes et
permet d'en utiliser les énormes courants.

L'homme est-il libre d'opérer en lui-même cette
distribution variée de sa force et de chercher ainsi
pour elle le rendement supérieur? Libre de la liberté
métaphysique? Laissons donc cette thèse qui n'aboutit

qu'à la prétention d'avoir des décisions sans motifs, et partant à proclamer des effets sans cause. Ici, disons-le, la question est oiseuse et qu'importe ! Pour un être pensant, l'intérêt compris est un mobile comme la faim ou le désir. Que l'intérêt se montre, parle, prononce : tout l'être suit. Le résultat est au bout.

Et en effet, ce résultat est-ce qu'il ne se produit pas sous nos yeux ? Quand, tout à l'heure, nous étudiions le premier mouvement de la vie, nous avons vu que dans l'être humain, naissaient des besoins nouveaux non-seulement successifs mais à notre sens, au sens humain, de plus en plus relevés et constituant ainsi l'échelle des besoins de la vie humaine.

Eh ! bien ici, puisque le second mouvement de la vie est par rapport au premier un pendant exact, une contre-partie, qu'arrive-t-il ?

Il arrive qu'en regard de chaque besoin nouveau, il naît une aptitude nouvelle ; en regard d'un besoin supérieur, une aptitude de son rang et à son usage. « Tout besoin satisfait ne compte plus ». De même, toute force de l'être humain remplacée dans son œuvre par le fonctionnement d'une force du monde est libre, et libre, incapable de rester oisive, elle s'emploie pour un nouveau labeur, de telle sorte qu'en regard de l'échelle des besoins, se développe l'échelle des aptitudes, reportant de plus en plus la force de la vie de l'appareil musculaire à l'organe de la pensée.

C'est là sans doute ce qu'un philosophe distingué voulait dire, quand il écrivait un jour que la civilisation était la victoire des lois mentales sur les lois physiques. Seulement, la recherche de l'aphorisme n'a conduit qu'à un faux éclat et à une apparence de profondeur. D'une part, le monde ne connaît pas la juxtaposition des lois mentales et des lois physiques et, d'autre part, il n'y a point de victoire.

Ce qui est vrai et peut être formulé avec une parfaite simplicité, c'est que ce qui établit des différences entre les hommes, ce qui constitue le progrès d'âge en âge dans ce phénomène capital de l'emploi de la vie à son œuvre, est l'amoindrissement graduel, toujours de plus en plus prononcé, du travail musculaire et, en regard, l'extension croissante du travail de l'organe de la sensibilité et de la pensée.

Et maintenant, cette somme totale de la force humaine qui, de quelque façon qu'on la répartisse, s'accuse quotidiennement par une dépense d'un chiffre déterminé, est-elle la même chez tous les hommes ?

La même absolument, non ! Nous avons vu que dans le domaine des êtres organisés, « la disparité est la loi universelle ». Mais il est certain, et il faut garder ce souvenir, qu'eu égard à l'unité de la race, elle ne doit pas présenter de différences extrêmement notables.

Mais alors d'où viennent donc ces distances énormes que l'opinion, les transactions économiques, que l'état social tout entier établissent entre les hommes ? — Oh ! elles ont leur origine dans bien des causes que nous rencontrerons tour à tour, et dont quelques-unes marquent ici leur place.

Et d'abord, dans combien de cas ne tiennent-elles pas à la situation acquise elle-même ! Combien de fois ne faisons-nous pas honneur à la statue de toute la hauteur du piédestal !

Une autre cause est le plus ou moins de concordance des aptitudes de l'homme avec les conditions particulières de son temps, les goûts, la mode, les besoins, les circonstances. Thésée, Pirithoüs, Hercule, rois ou dieux à leur époque, à raison de leur force corporelle et des services que rendait cette force, seraient peut-être de nos jours des portefaix dans nos halles ou des athlètes de foire ; nos ballerines, prisées et payées comme trois ministres, auraient eu à coup sûr moins de succès chez les Germains de Tacite, ou à Rome, à côté de Cornélie ou de Lucrèce, du temps que Rome faisait une révolution pour Lucrèce. Dans le Far-West des États-Unis, près des grands bois, à la belle étoile, on n'échangerait certainement pas un charpentier contre dix de nos plus grands orateurs de tribune.

Parmi nous, la fortune bien acquise s'acquiert en général par des qualités médiocres ou basses. Ne faut-il pas dire : heureuse chance pour les hommes ainsi doués de naître dans les temps où les hommes ne sont prisés qu'au taux de la fortune ?

Enfin, il est un autre motif, c'est celui-même dont nous parlions tout à l'heure. Dans un temps de civilisation commençante comme la nôtre, certains hommes, plus avisés, sans nul besoin pour cela de philosopher sur les lois du monde, s'arrangent pour réserver toute leur force à l'appareil de leur pensée, pendant que d'autres restent attardés à l'emploi de presque toute la leur dans le labeur musculaire. Plus fins, plus habiles, plus aptes à la persuasion, à la duperie, à l'empire, mieux en état aussi de servir, ils prennent aisément le premier rang. On les tient pour plus forts, et on les fait plus forts. Somme toute, par prescience inconsciente de la loi, ils devancent le temps, savent mieux répartir et utiliser leur force, en tirer le rendement supérieur. Au fond, leur moyenne est la même.

Considération rassurante et bonne! Nous savons, grâce à elle, que les inégalités choquantes tiennent, par-dessus tout, à des institutions artificielles ; que, pour les dons naturels, il n'y a point de déshérités parmi les hommes. Pour tous, le fonds de la vie est sensiblement identique : l'emploi seul diffère. La justice est assurée, l'éducation possible, l'iniquité réformable, l'égalité à la disposition de qui veut l'obtenir, sinon pour lui au moins pour sa descendance, à l'aide de la clairvoyance, de la persévérance et du temps.

Quoi qu'il puisse advenir de cette espérance, il est une réflexion capitale par laquelle nous devons terminer ici.

Quel que soit l'emploi de la vie, mesuré ou intense, continu ou coupé de repos ; qu'il s'effectue par le système nerveux ou un point quelconque de l'appareil musculaire, ou bien par l'une des lamelles du cerveau, par l'un de ses mouvements sans nombre ; que le travail soit travail des mains ou, comme on dit, travail de tête, toujours, sans une exception, la vie humaine, comme tous les mécanismes, se détruit dans son œuvre.

Cette usure de la vie, une découverte physiologique de notre temps permet en quelque sorte, de la toucher du doigt et de la suivre des yeux. C'est la constatation dans l'organisme humain de la substance même (1) qui, après la combustion de matière organisée concomitante de toute action, forme le résidu constant de l'emploi de la vie ; résidu toujours présent et toujours proportionnel, quel que soit l'organe mis en œuvre, quel que soit le labeur accompli :

(1) L'urée.

attention ou effort, travail musculaire ou pensée.

En réalité, il n'est pour la vie aucune mesure exté·
rieure. Heures de vie, jours ou années sont des frac·
tions trompeuses puisque l'intensité, qui change tout,
nous échappe. D'autre part, la valeur apparente de
l'effet n'est aussi qu'une indication confuse et déce·
vante, à tel point se mêlent dans l'œuvre ce qui vient
de la vie et ce qui vient du milieu du monde. La
vraie, la seule mesure, c'est l'urée. Là est l'appareil
automatique qui note de sa marque infaillible le
nombre de nœuds qu'a filés le navire. Là est le dynamomètre de l'emploi de la vie.

Appelons ici l'attention la plus sérieuse! Gardons
bien cette observation dans notre mémoire ! Dans sa
simplicité, dans son insignifiance apparente peut-être,
elle est grosse de conséquences de premier ordre que
nous allons voir apparaître.

Point, nous dit-elle, point de travail humain, quel
qu'il soit, qui ne soit accompagné et ne s'accuse par
l'apparition de l'urée.

Là où ne s'est point produit l'urée, pour l'organisme humain, il n'y a pas eu travail ; il n'y a pas eu
d'emploi de la vie.

III

LES CHOSES OU S'EMPLOIE LA VIE.

La vie s'emploie sur les choses ? Quelles sont à
présent les choses où s'emploie la vie ?

Lors de notre analyse du premier mouvement de

la vie, nous nous demandions quelles sont celles où la vie peut puiser les éléments qui l'entretiennent et l'accroissent, et nous étions amenés à répondre : un très grand nombre, à coup sûr, et qui sait? toutes, peut-être.

A cette heure et à propos du second mouvement de la vie, nous demanderons-nous pareillement quelles sont celles où peut s'employer la vie? A son tour, cette question provoque la même réponse : un très grand nombre à coup sûr et, qui sait? toutes peut être. Quand on voit combien d'entre elles sont restées, des siècles, inutiles ou nuisibles, et qui servent aujourd'hui le travail, n'est-il pas bien permis de compter encore sur leurs ressources et sur l'aptitude des hommes à les saisir?

Dans l'étude de ce second apport de la vie, comment les analogies ne seraient-elles pas nombreuses, à côté de la profondeur des différences? Force originelle et mouvements, moyens et mobiles sont pareils. Le sens est inverse; le phénomène est de même nature.

Que la marée soit au flux ou au reflux, n'est-ce pas la même mer qui descend ou monte? Mais il est vrai, l'un ou l'autre des mouvements peut être aide ou obstacle.

Que le sang coure vers le cœur ou vers les membres, n'est-ce pas toujours la circulation du sang? Seulement, l'un des cours l'affaiblit, l'autre le répare.

Que les moussons soufflent de l'Inde ou vers l'Inde, n'est-ce pas le même météore? Oui! mais leurs souffles rapprochent ou repoussent du port cherché sur ses rivages.

Mêmes choses donc; jour tout autre. Questions semblables, même quand l'observation des faits amène une réponse contraire.

Et d'abord, pendant que dans le premier mouvement de la vie, le but était de demander aux choses les éléments d'entretien de la vie, quels sont, dans ce second labeur, et la tâche de la vie et par suite l'apport réclamé des choses?

La tâche de la vie? C'est de faire que des choses qui ne pouvaient la servir la servent dans son œuvre.

L'apport des choses? C'est qu'elles se prêtent à recevoir le labeur de la vie et, modifiées par lui, à fournir des adjuvants à sa dépense ultérieure de force. Somme toute, ce qu'on attend d'elles, c'est, au lieu d'être inutiles pour les hommes, de devenir pour eux diversement, il est vrai, mais également utiles.

Utiles! ici, qu'est-ce donc? Est-ce que l'homme crée ces nouvelles propriétés des choses qu'il appelle à son aide dans son travail? Non! encore une fois, « rien ne se crée », pas plus les propriétés que la substance. Nous disions tout à l'heure que l'homme ne fait pas que l'eau désaltère, il ne fait pas non plus que le fer de son marteau, de sa bêche ou de son enclume soit résistant, malléable, ductile et fusible.

Cette utilité pour le labeur humain, est-elle alors elle-même une propriété et partant un apport normal des choses? Pas davantage. Ce qui est ici propriété des choses, c'est la combustibilité du bois, la malléabilité, la fusibilité du fer. Le bois, le fer sont cela par nature, dans tous les temps, sur tous les points du globe et pour tous les êtres. Voilà les propriétés qui leur sont inhérentes et immanentes, attributs inséparables de leur substance. Mais quoi! l'utilité est-elle immanente avec elles?

En aucune façon; car il est clair qu'il serait utile dans certains cas, pour l'industrie humaine, que le

10.

bois ne fût pas sujet à la combustion ; que le fer ne fût pas fusible. Ne voyons-nous pas, à tout moment, dans l'industrie, qu'une propriété des choses, inutile ou nuisible hier, devient aujourd'hui utilisable et féconde et, par contre, que des choses prisées et disputées dans un temps se trouvent dédaignées, abandonnées dans un autre, suivant les besoins, les goûts, les modes, les circonstances, l'état des connaissances et les procédés industriels incessamment variables? Les propriétés des choses où s'emploie la vie sont ainsi d'une utilité muable et précaire. Qu'est-ce à dire? Que l'utilité pour l'œuvre de la vie ne leur est pas essentielle.

Qu'est-ce donc alors que l'apport des choses pour le labeur de la vie? Qu'est-ce que l'utilité des choses pour l'industrie de la vie? Encore une fois, un rapport entre les besoins des hommes et les propriétés des choses, une appropriation des propriétés des choses avec un but déterminé, dans l'œuvre de dépense de la vie. C'est donner à une parcelle de matière la forme, l'agencement, la place qu'elle doit avoir pour servir l'action humaine ; employer le bois là, où pour le but à atteindre, il faut un corps combustible ; apporter le fer là où il faut un corps malléable, résistant, fusible. Utiliser les choses pour l'œuvre de la dépense de vie, c'est une fois de plus pratiquer la règle capitale : « right ware in right place. » C'est placer en effet toute l'industrie point pour point, but pour but, mouvement pour mouvement, œuvre pour œuvre, sur les courants de mieux en mieux pénétrés des propriétés de la matière.

Que s'ensuit-il? Qu'ici encore, ici plus que jamais, l'œuvre de la vie est double. Tout autant et plus encore que dans le mouvement de la vie se puisant dans les choses, la vie se projetant sur les choses a deux parts de travail, travail de pensée puis travail de force, œuvre cérébrale puis œuvre d'action musculaire et extérieure.

Avant d'agir, il est clair qu'il faut savoir ce que l'on fait : la pensée décide.

Il est clair qu'après avoir décidé il faut agir et, pour agir, user de la chétive force humaine accrue, dans toute la mesure possible, des prolongements de toute taille et de toutes directions qu'elle peut chercher parmi les forces du monde.

Ainsi, par exemple, avec une dépense réduite de sa force propre, aidée par les secours extérieurs, un homme a établi un moulin à vent sur sa colline. Certes, le vent fort indompté souffle où il veut, mais l'homme tend son aile du côte où il souffle. Comme nous le disions tout à l'heure : « chemin qui marche ! rivière qui porte ! » Il obtient, sans plus de dépense de vie, un mouvement simple qui transformé à l'infini, lui donnera tous ceux qu'il souhaite.

Ainsi de la machine à vapeur construite avec l'appui des mêmes secours. L'homme ne fait que présenter au piston la vapeur infatigable qui, tour à tour surchauffée et refroidie, condensée et distendue, le met sans peine en possession d'un mouvement indéfini.

Ainsi de l'électricité qui sans lui, insoucieuse et de lui et de ses visées, court, chemine mais ne fait qu'obéir à ses propres lois en suivant le fil qu'il a tendu. Toujours et toujours « chemins qui marchent ! »

Ainsi encore de la terre elle-même que l'on se dispute à bon droit parmi les hommes. Qu'est-elle donc par nature ?

Compacte et friable, susceptible d'être nivelée, creusée, assainie, assouplie; apte à emmagasiner et rendre vingt sortes d'éléments divers, parties essentielles du sol ou cédées par l'atmosphère, milieu vital de tout ce qui végète, elle déploie avec pleine indifférence, au profit de toute plante et de tout être, suivant ses courants et sa loi, ses forces germinatives, sa sève puissante, se couvrant de chardons et de ronces comme d'oliviers ou de palmiers ou de céréales, donnant naisssance et asile aux miasmes mortels des défrichements ou des fièvres paludéennes comme aux plantes qui assainissent les airs, faisant tour à tour et sans choix les privilégiés, les enrichis, les heureux de la terre et, comme on l'a dit, les martyrs de la terre. Encore une fois « rivière qui porte » et qui porte, sans dévier d'un pas, où elle veut, où elle va !

Oui, tout cela est vrai et c'est bien ainsi qu'est la terre. Oui ! mais l'homme la voit, l'étudie, la devine.

Elle agit sans choix? Tant mieux, il choisira pour elle.

Sa force est indifférente et fait germer toute plante, il n'importe, qui vient se fixer sur elle? A merveille ! Il s'emparera de son indifférence, il confisquera à son profit, sa force, en n'en permettant l'accès qu'aux plantes à son usage et que, comme une mère aveugle qui laisserait prendre le sein à tout enfant apporté contre sa poitrine, elle nourrit de toutes ses forces dès qu'elle les sent à sa surface.

« La rivière porte » et elle porte où elle veut, mais quoi ! elle porte forcément ce qu'on lui confie.

« Le chemin marche » où il va, oui ! mais il rencontre forcément ce qu'on a mis sur son passage; et c'est ainsi que la terre d'indifférente qu'elle était et d'ennemie, devient une terre utile, appropriée, en quelque sorte une terre humaine.

Et ainsi en est-il d'un bout à l'autre de l'industrie des hommes et c'est là d'abord l'apport considérable des choses, substances et mouvements, propriétés et forces, dans l'œuvre de l'emploi de la vie.

Ce n'est pas tout pourtant et, à côté de ce premier secours des choses, elles jouent un rôle plus original peut-être et moins aperçu, c'est qu'en offrant leur aide aux hommes, par leurs apparences qui ressemblent à des invites, à des sortes d'indications qu'on serait tenté d'appeler bienveillantes, elles lui en suggèrent en même temps l'usage, ouvrant à tout moment à la pensée comme de nouvelles perspectives et semblant la pousser sans cesse vers de nouvelles terres inconnues.

Qu'on examine en effet la totalité de ces choses épandues autour des hommes et qui les servent dans l'emploi de leur vie ; on reconnaîtra qu'à mesure qu'on les connaît, que l'on sait en quelque sorte les entendre, toutes en regard de l'intelligence humaine, constituent en elles-mêmes et formulent de véritables prémisses de syllogismes et qu'étant donné la constitution de l'être humain, dans tous les âges, quel que soit l'état de civilisation et d'industrie, la conclusion sort de ces prémisses de faits comme par voie nécessaire de conséquence.

Le bois debout supporte un poids notable. Les feuilles ne sont pas traversées par la pluie. Or, j'ai besoin de me garantir de la pluie, donc je vais établir sur des bois debout un toit de feuillages.

Une branche d'arbre courbée de force revient violemment sur elle-même, en chassant au loin un objet placé le long d'une corde qui la sous-tend. Or, j'ai besoin de lancer contre l'animal que je chasse ma flèche armée d'un silex. Je conçois l'arc à faire et je le fais.

La chambre noire, découverte de hasard, reproduit mais fugitivement les images exactes des objets extérieurs. Or, je voudrais les avoir à demeure. Après cent tâtonnements, je trouve la plaque sensibilisée qui les fixe et les garde et la photographie est trouvée, pour ses usages connus, pour ses cent usages à connaître.

Combien de fois n'est-ce pas par cette voie du syllogisme des choses que des découvertes toutes spéculatives des hommes de science pure ont reçu, par les mains d'industriels, des applications qui semblaient des découvertes nouvelles! Dans combien de cas des inventions importantes ne sont-elles pas sorties de simples procédés d'atelier, sous la main d'ouvriers ou d'enfants même auxquels les choses, parce qu'ils en étaient tout proches, posaient solutions et problèmes avec une telle netteté qu'il n'y avait plus qu'à lire!

C'est l'uniformité de ces prémisses placées par les choses en regard de la fondamentale uniformité du cerveau humain, dans tous les temps et sous toutes les latitudes, qui explique que des populations séparées par des centaines de lieues et des mers, sans rapports ni réalisés ni possibles, aient eu spontanément et uniformément recours aux mêmes inventions, aux mêmes procédés d'abri, de construction, de chasse, de navigation et de guerre; aient passé par les mêmes états successifs d'industrie et de civilisation générale.

Le degré de simplicité ou de complication ne change rien au caractère scientifique du phénomène. L'identité

des prémisses posées en fait par les choses, en regard de la parité de l'organe de la pensée humaine,
rend raison de l'invention de la machine à vapeur ou
du téléphone comme de l'épieu à bout brûlé, de l'arc,
de la flèche ou de la fronde comme de la découverte
simultanée par deux hommes de génie du calcul dif-
férentiel et intégral.

Notons que s'il en est ainsi dans tout le régime de
l'industrie humaine, ainsi en est-il absolument, quoi
qu'on en puisse penser et dire, dans le domaine des
arts et de la poésie, de l'imagination et de l'éloquence.

Là comme ailleurs, quelle que soit la répartition de
la vie entre l'appareil musculaire et l'appareil cérébral, toujours, sans une exception possible, l'œuvre
de la vie est double et comprend, en regard, un travail de force musculaire et un travail de pensée. Ni
plus ni moins qu'ailleurs mais là comme ailleurs, il
faut d'abord savoir ce que l'on fait, puis agir suivant
ce qu'on a décidé de faire.

Là, comme ailleurs, l'homme est hors d'état de
créer des propriétés de choses. Tout à l'heure, il ne
faisait pas que l'eau désaltère, que le fer fût malléable et fusible, il ne fait pas davantage que des traits
tracés sur une toile, qu'un marbre taillé par un ciseau,
que des mots prononcés à la file éveillent la sensibilité ou la pensée de ses semblables. Là, comme ailleurs, il faut dire : « cela est parce que cela est. »

Du moins, la toile, le marbre, le langage servent-
ils par eux-mêmes l'œuvre de vie? Non! encore et
encore, il en est là comme ailleurs. Toutes choses
sont sourdes, aveugles, indifférentes : ils sont sourds,
aveugles, indifférents comme elles et parmi elles,
prêts pour la laideur comme pour la beauté, pour

l'esprit, la grâce, la grandeur, la force comme pour la sottise, la nullité, l'impuissance. On attendait un dieu, « cur urceus exit? » A l'homme de décider et de réaliser le choix, la place, les agencements, les mouvements, les formes! Comme l'autre, l'utilité pour l'œuvre de la dépense de la vie est un rapport. A lui de concevoir et d'établir le rapport qui fait que les choses servent l'œuvre de vie !

Là comme ailleurs, le monde est secours comme obstacle. La toile et les couleurs, le marbre qui se modèle sous l'acier, le bronze que le fondeur coule, les chants, les sons, les paroles et les signes du langage sont, à leur tour, d'autres forces du monde.

Forces du monde aussi et apport des choses que ces vues d'une variété infinie qu'offrent les terres, la mer et les cieux, suivant les saisons, les climats, les soleils. Forces du monde que ces formes et ces mouvements de la physionomie humaine, non moins variée que les cieux et la terre, et non moins éloquente.

Apport des choses encore que le spectacle inépuisable, éternel des drames de la vie. Autres « rivières qui portent » et qui portent la joie ou la tristesse, le trouble ou le calme, le dégoût ou l'horreur ou l'admiration et l'enthousiasme, le bouffon ou le sublime, suivant ce qu'on leur confie.

Autres « chemins qui marchent, » qui, comme les autres, sont ce qu'ils sont, vont où ils vont, mais qui n'ont pas sur tous les points de leur parcours le même aspect ni la même destinée, suivant qu'on y a placé un refrain grossier ou Don Juan, les Pèlerins d'Emmaüs ou l'enseigne du cabaret de Cervantès, la Nouvelle Héloïse ou Rocambole.

Là, enfin, comme ailleurs, les choses, substance et

mouvement, propriétés et apparences ne se bornent
pas à apporter aide et concours dans la réalisation
des conceptions de la pensée ; elles éveillent la pensée
même, la provoquent, la pourvoient, l'éclairent.
Roméo et Juliette, Macbeth et l'âpre Lady, Iago et
Othello procèdent de la vie réelle et avant Harpagon
ou Tartufe, on avait vu passer bien des hypocrites et
bien des avares.

Malgré les illusions et les orgueils, il n'est pas vrai
que l'imagination invente et c'est une vérité naïve,
à force d'évidence, qu'on ne sait pas ce qu'on ignore
et que de ce qu'on ne connaît point on ne peut avoir
aucune idée.

Tout a dans les choses sa base et sa source.

La réalité, dit le poète est lâche et basse ? Or, je
veux que mon œuvre soit noble et belle ; donc j'en
bannirai la lâcheté et la bassesse ! Qu'est-ce à dire ?
Que le rêve éthéré ne naît pas d'autre façon que l'invention industrielle. Comme il y avait le syllogisme
de l'arc ou de la fronde ou du toit de feuillages, il y
a tout simplement le syllogisme de l'idéal.

Au résumé, concours de substance et de mouvement, de phénomènes et de forces, dans l'action des
hommes sur le monde et, en même temps, dans leur
inconscience, vaste système suggestif pour la pensée
humaine, tel est, toujours considérable, indéfini peut
être, dans tous les cas infiniment variable suivant
l'état de la connaissance humaine, tel est l'apport des
choses pour l'œuvre de la dépense de la vie, pour
l'œuvre de la vie s'employant sur les choses.

IV

COMMENT S'OPÈRE L'OEUVRE DE LA VIE

DANS LES CHOSES.

L'être dépense sa vie dans son œuvre. En regard, les choses en reçoivent l'empreinte. Elles subissent, sous son action, des modifications extrêmement diverses qui les approprient pour son usage. Mais quoi ! Rien ne se perd. Que devient donc cette vie ainsi dépensée dans l'œuvre humaine ?

Nous avons vu les choses céder la vie à l'être qui s'en empare. A présent, cette vie de l'être passe dans les choses et elle y passe, remarquons-le bien, non par figure et de convention, non à un simple point de vue d'Economie politique, mais réellement et de fait. — Comment cela ?

A coup sûr, et il n'est guère besoin de le dire, cela ne signifie pas qu'elle y passe à l'état même de la vie ; que l'homme, dans son industrie, transmette jamais une part de sa vie à des parcelles du monde inorganique, produise jamais des choses douées de vie. Non ! Mais elle y passe et s'y engage sous des formes qui lui appartiennent.

Le monde inorganique, dans certains de ses phénomènes, nous offre parfois comme des images et des clartés de celui-ci. Quand, par exemple, la lumière du soleil pénètre dans la cloche de verre du jardinier, elle n'y reste pas à l'état de lumière, mais se transforme en chaleur obscure et c'est dans ce nouvel état qu'elle y demeure et s'y accumule.

Or, la vie elle aussi est muable. Qu'on analyse les

mille modes sous lesquelles elle agit sur les choses :
déplacements, agencements ou formes, on reconnaîtra
que tous se réduisent en mouvement. Eh ! bien, c'est
sous cette forme du mouvement, et de mouvement
accompli sur un plan dressé par une idée, que la vie,
forme du mouvement elle-même, passe dans les
choses. C'est à l'état de mouvements ou de résultats
du mouvement qu'elle s'y fixe et qu'on l'y suit.

En réalité, quand un homme, en un mois de travail,
s'est façonné un javelot, un bouclier, une cabane,
est-ce que ces objets ne représentent pas pour lui un
mois de son existence qu'il a vue s'y employer jour à
jour ? Est-ce que pour tout autre, pour chacun de ses
semblables, attendu la parité des besoins, des moyens
et des forces, ils n'ont pas le même sens, le même
prix, la même mesure ? N'est-ce pas là une vue
simple, exacte, usuelle même et générale ? En con-
templant la bourse qu'elle destinait à l'inconstant
qu'elle aime, la touchante Mathilde du *Caprice* ne
dit-elle pas, elle aussi : « Dans ce petit réseau fragile, il y a quinze jours de ma vie » ? C'est ainsi partout, d'un bout à l'autre de l'industrie humaine.

D'autre part, à un homme du métier commandez,
sur dessin ou devis, un ouvrage quelconque. Sans
hésiter, il vous répondra : il faudra mettre à cet ouvrage vingt jours, quarante jours de travail. Il saura
prévoir et compter la dépense à faire de la vie.

Ou bien encore, présentez-lui un ouvrage tout fait.
Après examen, il n'hésitera pas à répondre : il y a là,
dira-t-il, vingt jours, quarante jours de travail. Il reconnaîtra, mesurera, verra de ses yeux la vie.

Ainsi s'atteste et se vérifie, par faits et par témoignages, la présence de la vie dans les choses. Elle s'y
livre et s'y incarne, y persiste et s'y conserve. Elle

s'y montre et on l'y reconnaît. Associée à leur destinée d'assemblages éphémères, elle dure avec elles, périt avec elles. Après des jours, des années, des siècles et parfois des milliers d'années, elle y apparaît dis-tincte, avec ses qualités ou ses défauts, son expé-rience ou ses maladresses ; ici naïve ou grossière, là gracieuse et intelligente ; ici banale, dénuée, là forte, grande, savante, marquée au coin d'une industrie habile et d'une civilisation avancée.

Mais il y a plus, ce qui passe et se retrouve dans les choses, ce n'est pas seulement la vie humaine sous une forme générique, sans nom, sans origine et ne portant que le cachet de la race ; non, c'est la vie individuelle elle-même avec les traits mêmes de celui dont elle émane.

Nous l'avons vu plusieurs fois, pendant que dans le monde inorganique la parité absolue est la règle constante, pour les êtres organisés, la diversité sans limite est la loi. Point d'homme qui, dans son orga-nisme, soit absolument semblable à un autre. De même et par suite, point d'homme qui ne porte dans son œuvre des aptitudes, des procédés distincts qui se reflètent dans les choses et dont les caractères s'y lisent avec certitude.

Le style, c'est l'homme, a-t-on dit, et il est très sûr qu'à lire une page de Lucrèce ou d'Horace, de Rousseau ou de Voltaire, de Balzac ou de Georges Sand, on ne risque pas de les confondre. On les re-connaît comme on reconnaît aux traits du visage. On les sépare. On les nomme. De même, le contre-maître habile de l'atelier reconnaît le coup de lime de l'ou-vrier sur un morceau d'acier ou sur un bronze.

Présentez à l'expert cette toile ou cette gravure. Aura-t-il donc besoin de la signature ? Non ! Il va vous nommer le graveur ou le peintre. Il fera plus encore. Le peintre, le graveur ont eu successivement deux, trois manières. Il les connaît. Chacune a ses procédés, sa physionomie, suivant l'expérience acquise, l'influence des amis, des rivaux, des Mécènes, suivant aussi les chagrins éprouvés, les tristesses de la vie, les épreuves de la santé, les trahisons ou les années heureuses, les injustices de l'opinion ou les succès et la gloire. De telle sorte qu'on va vous dire non seulement la main, mais l'âge ; non seulement l'origine, mais la date. Un historien semi-voyant, semi-fantaisiste n'a-t-il pas distingué, sous le règne de Louis XIV la politique d'avant et la politique d'après l'infirmité secrète ? Pour un peu, à propos du peintre ou du poète, on vous dirait, à voir, à lire, à entendre, si le pinceau a été tenu, les vers dictés à la tombée mélancolique du jour ou aux joyeuses clartés du matin.

· Il faut aller plus loin encore. Il faut aller dans cette voie jusqu'à l'étrange, jusqu'à l'horrible. Un vol, un assassinat sont commis. Appelez le chef de la sûreté ! A l'inspection des lieux, à l'examen des moyens, des circonstances, que dit-il ? Ce vol est de tel genre de malfaiteur ; ou bien : cet assassinat n'est pas d'un homme du métier. Oh ! celui-ci, au contraire, a bien la marque de son auteur. Tenez ! En voici le nom et la photographie classée. Ainsi de même qu'il y a le style de l'écrivain ou du poète, du graveur ou du peintre ; il y a le faire du pick-pocket ou de l'escarpe. Lacenaire a sa seconde manière, comme le Titien, Raphaël ou le Corrège.

Quittons ces étrangetés qui attristent et révoltent, mais qu'il faut citer pourtant parcequ'elles sont par dessus tout significatives. Partout dans l'industrie le

même phénomène se reproduit, et il se reproduit jusque dans les travaux qui paraissent se prêter le
moins à recevoir la marque de la main humaine.

Qu'y a-t-il de plus simple, de plus impersonnel, de
plus banal que de mener, sur une terre unie, deux
chevaux attelés à une charrue, de guider ces chevaux
en pesant sur les mancherons, de les faire revenir
sillon à sillon sur eux-mêmes, puis de jeter à la vo-
lée dans ces sillons ouverts une semence que le rouleau recouvre et qu'on laisse se développer au gré de
la pluie et du soleil ?

Eh bien, pourtant, sur cette terre qui semble char-
gée de tout faire, amenez un cultivateur expérimenté,
sans un renseignement sur les assolements de l'année, mais connaissant tous les gens du village ! A
l'inspection de l'état des terres, des engrais, des récoltes, il mettra sans broncher un nom d'auteur sur
chaque culture. C'est qu'ici encore et malgré tout, la
marque personnelle de chaque travailleur s'empreint
sur le travail. C'est que dans le monde agricole, il
existe un mot probant et juste. On y dit : « conduire
une terre, » et conduire une terre, quelle que soit
dans la réussite et l'insuccès la part énorme des éléments, des saisons, des caprices de l'atmosphère,
c'est lui donner l'aspect, l'allure où se lisent, en traits
impossibles à méconnaître, le soin ou la négligence,
l'intelligence ou la légèreté, le calcul ou l'impré-
voyance, les façons même de voir, de sentir, de penser, de se souvenir ou de confondre de celui qui la
conduit. Un hectare d'avoine ou de luzerne est une
idée réalisée, tout comme un tableau de Lesueur ou
du Poussin, tout comme un acte du *Roi Lear*, d'*Andromaque* ou de *Rodogune*. Pour savoir qui l'a
conçue et réalisée, il n'est pas plus besoin d'un signe

sur la borne du champ que d'un nom au bas de la page ou au bord de la toile. La pensée dit son maître.

Il est donc bien vrai, encore une fois, que dans l'œuvre du travail, la vie humaine passe réellement dans les choses, non seulement avec ses caractères généraux, mais avec ses traits les plus individuels ; qu'elle s'y fixe et y demeure, éphémère et fragile en son temps et s'évanouissant heure à heure, aujourd'hui abritée et durable à la durée du moins que lui prêtent les choses, parlant et sachant se faire entendre, ayant voulu plaire, émouvoir, servir et réussissant à plaire, à émouvoir, à servir encore.

Notre sol assaini et cultivé, nos villes édifiées, nos chemins, nos ports, nos usines, nos littératures, nos arts, nos sciences, nos découvertes, tous les ouvrages de l'industrie humaine qui couvrent la terre, tout cela c'est de la vie éteinte. C'est l'héritage funèbre que nous tenons des générations disparues. Nous vivons sur la vie de nos pères.

« Les plus nombreux » comme les Grecs appelaient les morts d'un mot poignant et mélancolique, ont tour à tour déposé dans la terre leurs corps éphémères, au moment où s'éteignait leur vie ; mais c'est vivants que par leurs œuvres, ils se sont déposés dans les choses, à mesure que passaient leurs jours et leurs heures de rêverie ou de fatigue, d'inspiration où de labeur. Nous avons tout autour de nous les cimetières des morts. Les œuvres des hommes sont aussi un cimetière : le cimetière de la vie.

V

LES FORMES DE LA VIE PROJETÉE SUR LES CHOSES,

DESTINATION DES OEUVRES.

Quand dans un ordre de faits quelconque, des phénomènes multiples comme ceux qui viennent de passer sous nos yeux se produisent, s'enchaînent, se mêlent, il est invariable qu'ils se classent, par nature, en un certain nombre de catégories, suivant les rapports qui les rapprochent, suivant les divergences qui ne les séparent que pour les mieux unir à ceux qui leur ressemblent. Or, quels sont ici les rapports, les différences ? Quelles sont les catégories des faits dans le grand œuvre de l'emploi de la vie ?

Cette tâche doit être faite. Elle doit l'être pour l'intelligence des choses et pour la satisfaction de la science. Elle doit l'être aussi parce que, de leur côté, les populations l'accomplissent inévitablement dans la mesure de leurs lumières et que leurs jugements, en pareille matière, sont eux-mêmes des faits sociaux souvent considérables, apportant avec la vérité la confiance, la paix et l'ordre, avec l'erreur d'abord tant qu'elle dure les dommages, puis au réveil les revanches et leurs dangers.

Dans son œuvre, la vie en dernière analyse, se présente sous plusieurs formes et les choses qu'elle a prises pour objet de son labeur avec plusieurs destinations.

La vie se présente sous plusieurs formes ? La plus simple tout d'abord, celle sous laquelle on la considère le plus ordinairement est celle de sa durée à me-

sure qu'elle passe. « Le temps, a-t-on dit, est l'étoffe
dont la vie est faite ». C'est sous cette apparence du
temps que les hommes l'envisagent, quand ils en
font la dépositaire, tour à tour chère ou maudite, de
leurs jouissances ou de leurs besoins, de leurs espérances, de leurs regrets, de leurs peines. On la mesure en la rapportant à ce que nous avons de plus
stable en fait de mesure, c'est-à-dire à des phénomènes physiques, et l'on obtient ainsi, en quelque
sorte, des morceaux de vie égaux en durée à l'intervalle moyen compris entre un lever et un coucher de
soleil, ou au douzième calculé de cet intervalle. C'est
l'heure qui coule ; c'est la journée : la vie toute
nue.

On peut aussi la considérer et l'affirmer sous le
point de vue d'un résultat à accomplir par elle dans
les choses, résultat déterminé à l'avance et qui deman-
dera la dépense présumée d'une certaine somme de
puissance vitale, sauf à elle, suivant son gré, à
gagner sur la durée ce qu'elle donnera en plus en débit de force, ou sur l'intensité de son effort et la rapidité de sa propre usure ce qu'elle donnera de plus en
durée.

Enfin, une troisième forme est celle précisément
que nous venons de voir en dernier lieu. Celle-ci
n'est plus la vie toute nue, coulant sous sa forme la
plus simple de force mesurée à l'heure et à la journée. Ce n'est pas non plus la vie promise à une transformation. prévue de matière qui sert, en quelque
sorte, de dynamomètre à sa future dépense de force.
C'est la vie enfouie dans les choses, la vie qu'une
existence humaine, voisine ou lointaine, inconnue
parfois, disparue peut-être, a fait passer, à une
époque ignorée, dans une parcelle de matière, en y

réalisant, visible et sensible, une transformation qui persiste.

On reconnaît, dans ces trois formes, en les nommant au passage de leurs noms scientifiques ou usuels : ouvrages faits ; travail à la tâche ; travail au mois, à l'heure, à la journée, les divers modes suivant lesquels le labeur des hommes paraît sur le marché social.

On y peut reconnaître aussi les phases hâtives par où se précipite incessamment la vie : Passé, Présent, Avenir, Parques éternelles, Parques vraies celles-là des mondes et des hommes : le Passé mort mais dont la tombe est pleine pour les mains impatientes qui le suivent ; le Présent qui ne serait qu'un éclair s'il ne s'agrandissait des lueurs trompeuses qu'il jette incessamment sur ses deux rives ; l'Avenir, enfin, l'Avenir « qui n'est à personne », suivant le mot du poète, fantôme sans corps sûr de prendre la meilleure place au sein du réel, vie qui n'est point, que pourtant on promet, on vend, on achète à toute heure, chimère encore qui devient une part importante de la vie, non pas seulement dans le domaine des illusions, des désirs et du rêve, mais dans le monde même des intérêts positifs des hommes, des transactions et du travail, et de la science qui les prend pour objet d'étude.

Nous y retrouvons, enfin, une autre classification encore à savoir : la grande division que dans une langue imparfaite, la science économique a consacrée au milieu de nombreux débats, sous les noms de « produits » et de « services ».

De cette division, disons qu'elle peut être inoffensive et acceptable comme les autres, comme celle par exemple des trois formes de la vie : Passé ou vie fixée

dans les choses, Présent ou vie qui passe, Avenir ou
vie promise, à la condition de ne voir dans ses deux
classes que de pures catégories d'ordre, uniquement
fondées sur des diversités d'apparence et d'usage,
mais non des séparations motivées par des divergences de nature.

Gardons-nous d'oublier que partout, c'est la vie,
toujours la vie et la même vie qui s'emploie et se dépense ; que dans son emploi, quel qu'il soit, quelque
forme et quelque voie qu'il prenne, elle ne peut jamais
apparaître et agir dans le monde social sans l'intermédiaire d'un objet matériel et que c'est là, pour tous les
faits économiques, une loi absolument commune et
partant une condition qui les unifie ; que toute œuvre,
tout acte de la vie, quels qu'ils soient, sont pareillement matière et mouvement de matière ; se produisent
uniquement dans le monde de la matière.

Gardons-nous encore d'oublier que de simples différences de durée de l'incarnation de la vie dans les
choses et des phénomènes qui les traduisent ne sont,
en aucune façon, des distinctions essentielles. « En
fait de vitesse, nous l'avons dit, de force, de mouvement, d'étendue, de durée, rien n'est petit, rien n'est
grand dans le monde » et le sophisme de l'éphémère, arme à deux tranchants, est le même sophisme
qu'il voie au-dessus de lui l'éternel dans l'immense,
ou le néant dans ce qui est pour nous le fugitif et
l'imperceptible.

Ainsi de la vie. Une parole, un mouvement de la
main, un geste, un signe, sont une incarnation de la
vie dans la matière, tout ainsi qu'une coulée de
bronze ou la taille d'un bloc de granit.

Disons enfin qu'il y a, soit ! des « produits » et des
« services », mais, disons-le, en nous pénétrant bien

de cette idée que services et produits, produits et
services sont absolument le même phénomène économique : celui de la dépense et de la fixation de la
vie dans les choses.

Une division plus profonde, vraiment fondamentale
cette fois et scientifique est celle qui sépare en deux
classes les œuvres de la vie incarnée dans les choses
suivant leur destination pour les exigences de la
vie.

Et en effet, nous l'avons vu, la vie dans sa tâche
poursuit et réalise deux résultats correspondant aux
deux ordres de besoins de sa nature, à la dualité
même de son organisme.

En appropriant les choses suivant son dessein,
tantôt elle se prépare l'un des mille objets qui l'alimentent ; tantôt elle s'y façonne l'un des mille instruments qui la servent dans son travail. On cultive
et récolte des légumes et des fruits et l'on s'en nourrit.
On fabrique une bêche, un hoyau et l'on s'en fait une
aide pour remuer sa terre. D'un côté, on établit un
métier à tisser et l'on use à le mettre en œuvre ses
jours et ses veilles. De l'autre, on façonne des étoffes
et, avec ces étoffes, des vêtements qui abritent et ré-
chauffent. La division enfin que nous avons sous les
yeux dans les choses est celle des deux mouvements
de la vie : vie se puisant dans les choses, vie se dépensant sur les choses.

On comprend et l'on apprécie aisément le bien fondé
en Économie politique, la valeur, la nécessité de
cette division, puisqu'elle est calquée sur la division
physiologique et biologique de la vie même.

Certains objets, appropriés de même par la vie,
venant de même source, matériellement de même
nature, au lieu d'imposer leur classement exclusif

dans l'une de ces deux divisions, se prêtent au même degré à prendre place indifféremment ou dans l'une ou dans l'autre.

Ainsi voici du blé : on peut soit en faire de la farine et du pain et le consommer aussitôt sous cette forme, soit en jeter à nouveau les grains dans le sillon ouvert, hersé, roulé, pour, au bout de la saison, en récolter une moisson nouvelle.

Voici un amas de bois : on peut lui demander le chauffage du prochain hiver ou la construction d'une machine.

Voici une terre de cent hectares : on peut y établir un parc luxueux pour le plaisir d'une famille en possession de la fortune. Partagée, si l'on veut, si l'on peut, entre quinze cultivateurs, elle formera pour chacun un précieux instrument de travail sur lequel s'emploieront fructueusement leur intelligence et leurs forces.

Nombreux sont ces exemples, et ils viennent à la pensée.

Et, à leur propos, qui décide? L'homme lui-même, l'homme seul. Preuve nouvelle, s'il en était besoin encore, que dans le monde social, les choses ne sont rien par elles-mêmes; qu'elles y sont inertes et indifférentes; que ce qui leur donne place, rang et pouvoir dans les transactions comme dans le droit, ce qui les rend d'ordre humain et, comme nous l'avons dit, les fait humaines; que ce qui compte et compte seul en elles, c'est la vie humaine, la vie seule et toujours la vie.

Après cette nomenclature des formes de la vie et des destinations diverses de ses œuvres, nomenclature dans laquelle, on le reconnaît sans peine, rentrent tous les phénomènes du travail et toutes les transactions légitimes qu'ils comportent, il reste un mot à dire ou plutôt à redire, une observation à rappeler, parce qu'elle est capitale à garder dans la mémoire.

Quels que soient le motif, le théâtre, le mode, les conditions, les résultats du labeur humain; que l'effort vienne des nerfs ou des muscles, du cerveau ou des membres; que, pour prendre les mots de la langue usuelle, il soit physique ou intellectuel, l'agent c'est la vie, la vie toujours une et toujours la même et, invariablement, tout phénomène de cet ordre comporte la perte d'une part d'énergie vitale, l'usure d'une part de subtance humaine.

VI

LA VIE EMPLOYÉE DANS LES CHOSES MOYEN
ET NON BUT.

Que le but de la vie soit de maintenir et d'agrandir la vie, nous l'avons reconnu. Que l'homme n'ait pas à rechercher la peine pour la peine, mais en vue du prix qui la récompense; qu'il ne cultive pas la terre pour s'épuiser sur le sillon, mais pour en recueillir les céréales et les fruits et s'en nourrir; qu'il ne subisse toutes les fatigues des travaux industriels que pour profiter de leurs résultats et ne s'évertue à façonner des objets utiles que dans la pensée d'en faire usage; qu'enfin, l'objet de la vie soit de vivre, il semble que ce soient là des vérités de simple bon sens, destinées à demeurer hors de tout conteste, comme à l'abri de toute espèce de doute. Et en effet, sous cette forme, c'est-à-dire quand elles se présentent ainsi toutes franches et toutes nues, il est bien impossible de les méconnaître et elles sont universellement admises.

Mais du moment que dans la pratique, on ne les entrevoit plus qu'à travers les milles rouages agités des mécanismes sociaux, il n'est guère de société moderne où elles n'aient été et ne soient encore perdues de vue, contestées et violées. Est-il beaucoup de gouvernements qui n'aient oublié que l'abondance n'a pas besoin de certificat d'origine? Combien qui même sous un régime populaire, à propos de la question du vêtement du peuple, de l'alimentation du peuple, de tous les besoins du peuple, ont désavoué le mot de l'ancienne monarchie et n'ont su ni voulu dire : il n'y a plus de Pyrénées! Combien qui ont livré la proie pour l'ombre, le bien-être national pour le travail national!

Que demande le cultivateur? Que les exigences du marché l'obligent au plus de travail possible. Et le fabricant, l'industriel? Qu'on leur impose toujours plus de soucis et de responsabilités, de tracas et d'épreuves, de machines à installer, de demandes à satisfaire, d'affaires à mener, d'ouvriers à conduire; toujours et sans fin des tâches plus lourdes et plus étendues. Et l'ouvrier, la séculaire victime du lot ingrat : celui des besognes manuelles, quels sont sa pensée, ses souhaits, ses doléances, les motifs de ses révoltes? Que demande-t-il? de l'ouvrage. Que dit-il? Qu'il vit de son travail. Or, qu'est-ce que tout cela sinon, d'un bout à l'autre, prendre la peine pour le profit, le prix pour l'objet, la dépense de vie pour la recette de vie, l'usure de la vie pour l'entretien de la vie?

Quelles peuvent être les causes d'une aberration
à la fois si étrange et si universelle? Il importe de les
rechercher et de les dire, car les dire c'est les vaincre sinon les détruire. Les erreurs sociales ressemblent à ces fantômes qui épouvantaient la crédulité
de nos pères, mais qu'un regard ferme faisait évanouir dans la nuit. Il faut les dire, comme il convient pour les vaincre, sans grands mots, mais par
les faits qui sont toujours précis.

Ah! Ce n'est pas l'homme isolé qui commettrait
de pareilles méprises.

Pour lui, tout est net, sans erreur possible. Quand
il fouille la terre à la sueur de son front, pour l'amé-
nager et l'ensemencer, quand il poursuit à la chasse
l'animal sauvage qui se dérobe ou le menace, comment ne comprendrait-il pas que c'est la peine? A la
fatigue qui l'accable, il sent bien qu'il dépense ses
forces. Quand il se nourrit, le soir, du produit de sa
chasse, comment ne comprendrait-il pas que c'est le
gain de la journée? Il sent bien que sa vie se répare.

L'erreur n'atteindrait pas non plus l'homme d'habitudes primitives, trappeur ou chasseur, par exemple,
en contact avec des sociétés civilisées. Quand dans
son troc direct et élémentaire, il échange les four-
rures de renard ou de martre qui lui ont coûté des
mois de poursuite contre le vêtement, la chaussure,
la couverture, le fusil et la poudre qui le feront vivre l'année, certes, on n'a pas à craindre de lui un
défaut de clairvoyance. Le jour où dans sa comptabilité toute simple, il appréciera les avantages de son
marché, dépense et recette, il ne se trompera pas de
côté.

Non! Toutes les erreurs tiennent au milieu social;

c'est uniquement à l'homme social qu'elles appartiennent. Pourquoi? Parce que pour celui-ci, la transaction au lieu d'être simple et directe, se multiplie
et se complique en tant de degrés qu'il ne peut plus
la suivre.

C'est qu'en effet, dans nos sociétés civilisées, il
n'est plus d'homme qui vive exclusivement des produits mêmes son de travail. De toutes parts, on y prend
pour but et pour lot d'industrie des objets dont personnellement on n'aura ni le besoin ni l'usage. Tel
cultivateur qui fera dans son année vingt hectares de
lin, trente de colza, cinquante de betteraves, ne gar-
dera pas un demi quintal de ses récoltes. Tel fabricant de voitures ira constamment à pied et il est clair
que ce n'est pas pour leur maison que le tisseur façonne deux mille pièces d'étoffe et le cordonnier trois
mille paires de chaussures.

Où vont donc ces objets? A des demandeurs inconnus, voisins ou lointains, mais qu'on ne voit et ne verra
jamais. Comment? A travers une nuée d'intermé-
diaires qui, dès le début des transactions accaparent
et arrêtent le regard, de telle sorte qu'après deux ou
trois pas, souvent dès le premier pas, le produit
échappe. En même temps, l'emploi inévitable, pour
des marchés si multipliés, de la monnaie, cette grande
et irrémédiable trompeuse des transactions sociales,
apporte son énorme contingent de méprises, d'une
part en faisant passer les objets par une sorte d'état
commun et de forme neutre où ils se dénaturent et
s'évanouissent, d'autre part, en accoutumant les hommes à voir en elle la richesse par excellence, puisque
avec chacune des autres on n'a que celle-là et qu'a-
vec elle on les a toutes.

Et alors, sous le régime de cette monnaie intermédiaire que se produit-il?

Un phénomène assez analogue à celui d'une glace interposée où tous les objets se reflètent en sens contraire. La transaction primitive était nette, directe, simple. L'homme y voyait nettement, directement, en regard l'un de l'autre, sa peine et son gain, sa recette et sa dépense de vie. A présent, la transaction se dédouble et se renverse. L'intermédiaire paie en monnaie l'objet de sa peine et, pour le vendeur, ce côté devient la recette, la transaction souhaitée. Puis, pour avoir les objets nécessaires à la vie il faut payer, c'est-à-dire abandonner le produit-valeur par excellence, et ce côté devient la charge, la dépense, la perte, le marché maudit.

Telles sont l'illusion, l'erreur et telle en est l'explication simple.

Est-il besoin de dire que malgré l'intervention des apparences, le fond des choses n'a pas changé : que le labeur est toujours la peine ; que la dépense de vie, la perte sur la vie demeure, de vrai, la condition lourde et fâcheuse ; que l'acquisition des objets nécessaires à la vie reste la récompense qui peut être chèrement achetée, douloureuse, cruelle, mais qui prouve d'autant mieux, par le contraste de ce qu'elle coûte, qu'elle est et qu'elle est seule l'objectif et le bienfait.

Restons donc en éveil, armons-nous de défiance et de clairvoyance contre les illusions et les méprises des mécanismes sociaux ! Nombreuses, malfaisantes, quelquefois redoutables — nous en rencontrerons sur notre chemin — elles remplacent pour les sociétés de nos jours, ces mauvais génies des vieux âges qui, à la faveur de l'ombre, entraînaient insidieusement les hommes vers les précipices cachés dans leurs champs.

Écartons particulièrement celles de la monnaie,

instrument en soi correct, utile, nécessaire, mais qui dévoyée, moins encore par des erreurs de bonne foi que par les calculs intéressés des habiles, devient l'inouïe faiseuse de dupes des transactions, des finances privées et publiques et de la science économique elle-même !

Nous parlons de défiance et de clairvoyance. Voulons-nous, pour finir, en donner en même temps que le conseil, le procédé pratique ?

Premièrement, dans tout problème, faisons appel à l'homme isolé et supposons que c'est à lui que la question se pose. Son avis, nous le savons, est droit et sûr. Il éclairera toujours. Il ne trompera jamais.

Secondement, dans tout problème, remplaçons les quantités abstraites du mécanisme monétaire par des séries de choses concrètes, des produits visibles et tangibles, propres à la vie ! Tout étrangement simple qu'il puisse paraître, ce recours n'en est pas moins, dans l'usage, l'un des viatiques les plus sûrs de l'Economie politique.

Enfin et par dessus tout, souvenons-nous, souvenons-nous toujours que l'emploi de la vie dans les choses n'est qu'un moyen, tandis que le desideratum suprême est de puiser dans les choses l'entretien et l'accroissement de la vie !

VII

LA LUTTE POUR L'EMPLOI DE LA VIE.

L'emploi de la vie dans les choses n'est qu'un moyen. Eh ! quoi, est-ce que nonobstant, nous allons y retrouver la lutte pour la vie ?

Oui, et nous allons l'y retrouver non pas atténuée par le rang secondaire du mobile, mais au contraire et de ce chef même, marquée d'un caractère particulier de passion, de violence et de gravité. Pourquoi ? Par plusieurs raisons.

D'abord, parceque la lutte pour la vie puisée dans les choses et la lutte pour l'emploi de la vie ne prennent pas la même place au soleil.

Un jour, dans une société, les prix des choses nécessaires à la vie s'élèvent de toutes parts. Quels malaises partout et surtout dans les pauvres ménages ! Une autre fois, un défaut d'importations réduit à l'intérieur d'un pays la masse ordinaire des objets consommables. Quelles souffrances encore ! Oui, mais comme tout cela est silencieux et caché ! Comme les coups sont lents, sourds, invisibles ! Autour des victimes, est-ce que rien est changé ? Où sont les causes alors ? On les ignore. Combien de fois ne voit-on pas qu'on les méconnaît, les discute, les nie, les innocente ! Combien de fois ne s'en prend-on pas à de tout autres qu'aux véritables, à la presse, à l'impôt, à la forme du gouvernement, quand il s'agit d'un faux système douanier ou d'une erreur monétaire !

Au contraire, la bataille du travail, volontaire, préparée, connue, proclamée est toujours bruyante et visible. Comment fermer l'oreille aux cris, aux doléances, aux applaudissements, aux imprécations des vaincus ou des vainqueurs ? Comment fermer les yeux au spectacle des ports, des chemins encombrés ou déserts, des manufactures entourées de fracas et de lumière, qui fermentent comme des ruches immenses ou tout au contraire, dans les mauvais jours, se ferment et se couchent pour mourir sous leur linceul immobile d'ombre et de solitude ? Or, n'est-il pas

naturel qu'une lutte quelconque s'exalte par les exci-
tations qui l'entourent ; qu'elle soit plus violente,
plus acharnée quand on en distingue mieux les origines avec les dommages et qu'on y voit les coups,
les blessures et l'ennemi ?

La lutte pour l'emploi de la vie est, en outre, plus
ardente par ce second motif précisément qu'elle est
un moyen. Et en effet, le but c'est le rêve, le phare,
le guide, mais le moyen est la route. Or, pour arriver,
tenir la route n'est-il pas tout au monde ? Si deux
groupes d'hommes sont prêts à en venir aux mains
pour un morceau de terre, à portée d'un dépôt
d'armes, n'est-il pas bien sûr que la possession de
celui-ci sera le premier objet du litige, en même
temps que le gage décisif du succès ?

Enfin, il faut bien reconnaître que l'importance de
cette lutte est véritablement capitale.

Certes, à beaucoup d'égards, les physiocrates
avaient bien vu. Que peut l'homme sans la terre et
tout ce qui vient de la terre ? A quoi serviront l'habileté, le courage, la force du charpentier, du for-
geron, s'ils n'ont pas d'outils, ou s'ils n'ont pas le
droit de toucher à un morceau de bois ou de fer à
mettre sous le marteau ou sous la hache ? Que fera le
cultivateur habile, actif, résolu, s'il n'a pas un pouce
de terre où porter l'emploi de sa force, de son intelligence et de son savoir ? L'hindou a raison : la possession de la terre est la seconde naissance sociale.
Celui qui vient au monde sans un coin de terre n'est
pas destiné à vivre, et l'ouvrier, c'est à dire l'homme
qui en regardant ses bras agiles et robustes mais dénués, est obligé de dire, comme ils disent tous, le
mot profond et triste « Je n'ai que mes bras » pour

« gagner ma vie », celui-là est d'avance asservi ou
perdu.

Pour reprendre des mains d'un célèbre chef d'école
sa comparaison dure mais vraie, les hommes qui
naissent quand toute la terre est occupée, quand tout
est approprié sur la terre, sont des convives arrivés
trop tard. Les places sont prises au banquet de la
vie. Ils doivent mourir. Ils doivent mourir à moins
pourtant que quelque compassion avisée ne leur cède
pour un moment la sienne, en se bornant à mettre à
leur charge, avec leur propre écot, l'écot de leurs
généreux bienfaiteurs.

Et alors, on comprend que chez les peuples déjà
vieux, à population dense, où toute la terre est prise,
ainsi que tout ce qui couvre la terre, la lutte pour la
vie n'est rien moins que la guerre. C'est la guerre
qu'elle recèle dans ses flancs, à toute époque, sous
toutes les latitudes et tous les régimes : Guerre
tantôt sourde, tantôt patente, muselée ou déchaînée,
silencieuse longtemps comme un volcan endormi ou
rouvrant, à coup de laves, les bouches de ses cra-
tères, mais toujours présente, imminente, inévitable,
parcequ'elle est dans les entrailles mêmes des choses.
Qu'est-ce dans ces termes, que la lutte pour l'emploi
de la vie, moyen, seul moyen de vivre? Rien moins
que la dispute pour la possession des instruments de
travail.

Or, cet important, cet immense débat, comment
jusqu'ici s'est-il déroulé?

Ouvert par des doutes, des vœux, des pressenti-
ments, des aperceptions vagues, continué par des récriminations, des cris de souffrance ou de révolte, par
des grèves, des émeutes, des révolutions même, com-
primé, jamais clos par des palliatifs ou par la force,

il semble prêt, de nos jours, à faire appel à d'autres
ressorts et à d'autres ressources, en même temps
qu'il doit y revêtir, par bien des causes, une gravité
particulière et extrême.

Une intervention lui a manqué jusqu'ici, du moins
du côté des petits et des faibles. En effet, parmi les
réformateurs, champions de leur cause, fut-ce les
mieux armés par l'intelligence, la verve et l'audace,
aucun ne paraît avoir véritablement possédé le savoir
spécial que réclamait la lutte : celui-là même de la
science sociale. Quand il descendra dans la lice, nul
doute qu'il n'y apporte, avec ces lumières nouvelles
que toute science jette dans son domaine, un concours précieux, sinon pour la paix civile, du moins
pour nos aspirations en matière de justice et pour les
intérêts de la démocratie.

En attendant et à défaut de ce concours, on peut
admettre que ce débat reste, quant à présent, à l'état
de simple revendication populaire et d'ébauche
sans étude, par conséquent dépourvue de sérieux
et de puissance. La lutte pour l'emploi de la
vie dans les choses se poursuit avec les conditions de
la possession admise pour les instruments de travail, et presque uniquement sous le principe de leur
meilleur usage. Rien que dans ces termes, elle est
encore assez considérable et assez dramatique.

On sait comment, pour les races animales, un dé-
savantage ou un avantage à peine appréciable dans
la disposition, par exemple, de l'œil ou des membres
et qui ne se fera sentir peut-être qu'une fois sur vingt
ou sur cent circonstances, dans la conquête de la
nourriture ou la fuite devant l'ennemi, suffit pour
préserver un être et en perdre un autre. On sait comment, sous cette influence et à l'aide des immenses

périodes de la nature, des différences aussi insigni-
fiantes déterminent pourtant ici la perpétuation, là la
disparition des espèces.

Eh ! bien, il n'en est pas autrement pour l'homme.
Pour lui comme pour tous les êtres, les qualités et
les défauts, à quelque partie de son organisme qu'ils
appartiennent, la force et la faiblesse, l'insuffisance
ou la supériorité des aptitudes décident pareillement
de la conservation ou de la perte de la vie.

Tels hommes, telles familles, telles classes, tels
peuples sont robustes, sobres, réfléchis, économes.
Laborieux et sensés, prévoyants et calculateurs, ils
connaissent le prix et l'emploi du savoir et du temps,
comprennent les nécessités de la vie sociale pour y
répondre, la dure loi de la concurrence pour la supporter, s'il le faut, pour la tourner à leur profit, s'il
est possible. Ceux-là, on peut l'assurer, sont appelés
à vivre. Ils vivront.

Tels autres, au contraire, sont indolents, débiles ou
amollis ; de bonne volonté peut-être, mais peu doués
des qualités d'intelligence nécessaires à leur époque.
Plus irritables que résolus en face des difficultés sociales, ils récriminent au lieu de combattre, rêvent au
lieu de s'atteler à vaincre. Tout à l'impression du
premier fait et du premier plan des choses, ils ne
savent pas assez prévoir, cherchent le sommeil sous
des institutions de protection artificielle et font céder
étourdiment, à l'attrait du repos ou des plaisirs du
moment, les nécessités constantes de l'épargne et du
travail. Pour ceux-ci, la lutte de l'emploi de la vie est
visiblement périlleuse. On peut dire que la sentence
est prête. A la longue, ils sont voués à se fondre au
milieu d'autres, ou à disparaître même du champ de
la vie.

Et, remarquons-le bien, c'est sans bruit, sans violence, sans reproche que la grande loi élève ou abaisse, jette sans appel à la vie ou à la mort, procède d'une façon inexorable et contre laquelle rien ne prévaut.

Elle procède sans bruit, sans violence? A quelques pages d'ici, nous voyions la lutte pour aspirer la vie du sein des choses se prononcer par ses largesses inattendues, par ses exécutions silencieusement implacables. Nous voyions un changement de goût, un coup de vent dans l'orientation des besoins d'un peuple, dans ses façons de voir et de sentir, un caprice de la mode substituer soudain, sur des points divers, le bien-être à la gêne, les privations et la misère à l'aisance. Ici de même.

Oh! assurément, la population qui doit l'emporter dans le débat n'a que faire de se précipiter, l'épée à la main, sur la population rivale. Inutile à elle, pour s'emparer de ses biens et de son sol, de faire appel à la cruauté, aux armes, à la conquête. Non! Elle apporte plus d'énergie, d'intelligence ou seulement de bonheur dans l'œuvre de l'emploi de la vie, s'entoure de plus d'inventions, de machines plus nouvelles et plus parfaites, de moyens d'action plus sûrs, puis tout simplement, elle apporte au marché des produits meilleurs et à meilleur compte. L'autre est perdue.

En s'engageant, en se poursuivant ainsi, la lutte est sans reproche? Et en effet, si la pitié appartient au vaincu, disons si l'on veut à la victime, quel blâme adresser au vainqueur? Il a employé, dans son œuvre, tout ce qu'il avait de force, de savoir, d'intelligence. N'était-ce pas sa destinée, son droit, l'un des plus marqués de ses devoirs? N'avait-il pas

à vivre lui et les siens, à aider, enrichir et servir
son pays? N'était-ce pas le moyen à sa portée? Faudrait-il lui prescrire de s'arrêter, de repousser une
idée heureuse, de négliger à dessein les ressources
d'un bon sol, de ne travailler exprès qu'à demi? Non!
on n'oserait jamais, car ce serait descendre jusqu'à
et jusque par delà l'insensé et l'impossible.

Et d'ailleurs, ces populations qu'il ruine, est-ce
qu'il a songé à leur nuire? Non ; dans l'étroit et profond sentier de sa vie laborieuse, il va sans voir quoi
que ce soit que sa tâche, sans songer à rien qu'à la
mener au mieux. La plupart du temps il est loin
d'elles ; il les ignore.

Puis, ce qu'il a fait quand il s'est évertué à accroître le pouvoir de son travail, à réduire les prix
des choses, est-ce que ses rivaux inconnus ne l'ont
pas tenté? Ils ont échoué. Il a réussi. Est-ce qu'on va
lui en faire un crime? Et enfin, quand il a heureuse-
ment fait appel à quelque force du monde, à libérer
d'autant le travail humain ; quand il a montré comment on y peut porter plus d'efficacité avec moins de
peine, est-ce que ce n'est pas pour tous, y compris
les inhabiles, qu'il a multiplié les produits utiles, sur
le marché général, étendu le pouvoir de la vie,
abaissé le prix de la vie?

Au surplus, comment méconnaître que cette lutte
est une loi et une loi irrésistible, à laquelle on ne
peut dérober ni soi, ni les autres? Est-ce qu'il est
possible de faire qu'un climat ne soit pas plus favorable ou moins propice ; qu'un sol ne soit pas naturellement mieux arrosé, plus fertile ou plus ingrat? Est-
ce qu'on peut faire que l'intelligent n'use pas de son
intelligence ; que l'inintelligent l'imite, le suive, l'at-
teigne, le dépasse? Dès que des produits industriels

plus parfaits et moins chers paraissent sur le marché, est-il possible que les autres ne soient pas atteints de discrédit et que leur rémunération insuffisante ne frappe pas ceux qui les offrent de misère et des conséquences extrêmes de la misère?

Parfois, oui parfois, des sentiments généreux se révoltent contre ces souffrances toujours touchantes, souvent imméritées. On veut compenser ces inégalités, racheter ces sacrifiés du sort. Charité, bienfaisance, institutions, tout intervient. Mais quoi! Tout disparaît si l'on comprend et abandonne. Tout échoue si l'on persiste.

Par point d'honneur ou compassion, pour calmer des scrupules bien près d'être des remords, pour paraître en avoir peut-être, la grande et riche République américaine a tenté de sauver des restes de tribus indiennes, en les dotant de terres et d'instruments de travail. Rêve généreux, soit! Tentative impuissante! Même aidés, les Indiens ne pouvaient produire aux prix des marchés anglo-saxons. A portée donc des mains autrefois ennemies, devenues secourables, plus sûrement que les armes vainement proscrites, les bas prix les ont fait périr.

Et comme sous cette nouvelle forme encore, la lutte pour la vie est étrange et saisissante! Comme elle surprend par des résultats inattendus! Comme elle mêle capricieusement des bienfaits à ses cruautés, à ses coups visibles des réparations secrètes, souvent même inaperçues!

Le prodigue, l'étourdi, le faible, l'inhabile succombe et, en vérité, le contraire est-il donc possible? Mais le fort, l'intelligent, le tempérant prend la conduite du monde et c'est au succès qu'il le mène. Au plus digne la vie!

Un pays à demi-connu se met à fabriquer les bois séculaires de son territoire. Il écrase, à deux cents lieues de là, l'une des principales industries d'une grande ville ; mais l'or du pays riche fournit au premier les moyens d'exploiter et de répandre, sur tout un continent, les ressources de forêts inépuisables.

Chez un peuple dès longtemps pourvu d'une industrie perfectionnée, la rémunération des travailleurs a grandi, justement grandi, avec elle leur bien-être, avec l'une et l'autre leurs besoins, leur valeur, leurs désirs, leurs exigences. Frappée tout à la fois par la réduction des heures de travail et par l'augmentation de leur prix, l'industrie devient chère. Qu'arrive-t-il ? Près de là, plus loin, parfois au bout du monde, habitent d'autres hommes d'une existence plus primitive, habitués à vivre de peu tout en travaillant beaucoup et toujours. On les appelle ou ils viennent. Quelles souffrances pour ceux qu'ils dépossèdent ! Mais à ceux-ci la lutte pour l'emploi de la vie ne semble-t-elle pas dire : vous avez marché vite, courageusement, intelligemment. C'est bien ! Mais, ces autres hommes, vos semblables, au lieu de leur tendre la main de bonne heure, vous les avez laissés bien loin en arrière dans la voie du bien-être, de tous les droits et de tous les avantages de la vie sociale. Au nom de ce que vous tenez vous-même pour la justice, au nom des conditions de la mécanique universelle et de ses nivellements nécessaires, à moi de penser aux dépourvus ! A moi, loi, de faire que tout se répare ! A eux de rejoindre ! A vous, fût-ce au prix de vos souffrances, il le faut et je l'entends, de vous arrêter pour les attendre !

N'est-il pas vrai que tous ces résultats, singuliers

et pour nous considérables, ont un air de mystère qui séduit, une étendue qui impose, une apparence de direction et de dessein qui les fait ressembler à une œuvre de poète, toute pleine de compassion ou de hautaine indifférence, d'esprit de justice ou de sévérité fatale?

Ne nous méprenons-pas! Au fond, ce que nous trouvons ainsi, ce sont nos propres pensées, nos rêves de châtiments et de récompenses, nos idées de justice humaine. Le poète, c'est nous et l'âme dont nous animons les phénomènes du monde social, c'est la nôtre, tout ainsi que nous voyons des traits humains à la surface incertaine des astres; des idylles, les soirs d'hiver, sur la bûche embrasée du foyer; des personnages et des drames dans le jeu mouvant des nuages.

A tout moment, nous sommes les dupes involontaires du « monde moral » que d'un mot plus exact les hommes appellent aussi « l'idéal ». Mais le monde ne connaît pas ces spéculations de notre intelligence, nos sensibilités, nos chimères de souhaits, nos imaginations vaines.

La gravitation est une et simple, dans sa direction comme dans sa nature. Elle rend raison de tout, au sein des espaces cosmiques. A notre portée, dans le monde inorganique et dans le monde de la vie, les lois physiques ne sont pas moins nettes, moins immuables ni moins obéies. Nulle part, rien ne se crée, rien ne se perd, ni mouvement, ni substance. Partout, toutes choses égales, une combustion plus grande correspond à une plus grande somme de force, plus de force à plus de mouvement, plus de mouvement à plus d'œuvre produite. Le déversement des eaux peut être plus ou moins lent ou rapide : il est infaillible. Partout, quelles que soient les distances et les vitesses, les forces et leurs résultats s'égalisent. Partout, elles se transforment les unes dans les autres. Partout le mouvement dure, influe, se propage et se partage.

Lents ou rapides à leur tour, mais pareillement infaillibles, ce n'est pas dans d'autres conditions que s'opèrent le déversement et le nivellement de la demande du travail et du travail, des races des travailleurs et des ressources, des produits et des salaires.

Ce n'est pas sous l'empire d'autres lois que s'accomplit la lutte pour l'emploi de la vie.

VIII

VIE PROJETÉE SUR LES CHOSES.

L'ÉCONOMIE DE VIE.

En étudiant le premier mouvement de la vie, nous avons déjà rencontré le principe de l'économie de vie. Il semble qu'il soit ici d'une application encore plus nécessaire et plus justifiée. N'est-ce pas surtout quand la vie fait usage de sa force, qu'elle peut et doit veiller à l'économie de la force? N'est-ce pas quand elle agit que, pour se dépenser le moins possible en vue d'un même résultat, elle doit s'imposer pour devise la règle de la moindre action?

Comment peuvent se réaliser avec profit ce recours au principe et cette observation de la règle? Bien qu'assez souvent méconnus ou insuffisamment mis en œuvre, les moyens sont, pour la plupart, notoires et visibles. Ils se présentent d'eux-mêmes à toutes les mémoires.

Le premier est d'abord l'instruction, sous toutes ses formes. Savoir est toujours rare. Savoir tout ce qu'il faut — et qui peut dire jamais où finit tout ce qu'il faut ? — est plus rare encore. Or, savoir est une arme de premier ordre, une immense force ajoutée à l'emploi de la force humaine. Elle constitue, en même temps, une énorme économie sur l'emploi de la vie.

Pour en avoir la preuve, il serait piquant de s'adresser parmi nous au savoir le plus élémentaire.

Or, supposons qu'il faille — et il le faut à tout moment, dans le travail industriel — diviser ou multiplier des tâches ou déterminer au bout de quelle quantité de ces tâches un travail sera terminé. En même temps, supposons que ce calcul s'impose à un homme absolument dénué des connaissances qui nous paraissent aujourd'hui si faciles que nous n'y pensons plus, parce qu'elles sont devenues comme de nouveaux sens de notre organisme. Combien d'heures, en s'aidant de menues parcelles de bois ou de minces cailloux peut-être, ne mettra-t-il pas à se rendre compte de ce que représentent douze fois ou quinze fois huit à neufs objets semblables, à moins pourtant que, comme le sauvage dont nous parlions, il ne demeure anéanti devant la pensée des nombres !

Eh ! bien, pour cette même question, appelez le premier venu des enfants de votre école primaire. Sans secours, sans crayon ni papier, en une seconde, il va vous donner le résultat, s'étonnant, s'indignant tout bas peut-être qu'à lui qui compte déjà dix ans et appartient à la quatrième classe, on s'aventure à poser une question si simple.

Or, ici, cherchons-nous à nous rendre compte de

l'économie de temps, de l'économie sur la vie? En écartant même les données sans mesure commune du succès et de l'impuissance, n'est-il pas vrai que, dans les conditions les plus favorables pour l'homme dépourvu de savoir, nous serions certainement en présence d'une proportion énorme : une seconde pour des heures et peut-être des jours ; un pour mille, deux mille, vingt mille — et probablement bien davantage ?

Ainsi en serait-il toujours, sinon toujours dans une mesure égale, pour toutes les formes du savoir. L'instruction des hommes est, sans contredit, au premier rang des moyens qui réalisent l'économie de vie.

Le second, souvent signalé, est celui que l'industrie et l'Economie politique appellent toutes deux du même nom, du nom de : la division du travail. Il confine à celui-ci et s'y rattache parce qu'à se partager les tâches, chacun naturellement sait mieux la sienne. Mais combien ne mérite-t-il pas de recevoir la place à part qui lui est donnée! Suppression des pertes de temps qu'on subit forcément en passant d'un travail à un autre, et qui usent de la vie bien plus qu'on ne pense et que ne l'ont dit les calculs de nos livres ; perfectionnement de l'habileté des organes, des sens, des instincts, de la pensée même par l'habitude ; abréviation des tâches par l'invention de mille procédés et de simplifications que le travail suggère, véritable patrimoine d'atelier, jamais perdu, jamais entamé, toujours croissant au contraire sous l'influence d'une expérience qui ne s'arrête point et ne cesse pas d'être féconde, c'est le lot important qu'il apporte au travail des hommes et à l'économie de la vie. Quand on le mesure, on comprend que de grands esprits aient placé en lui le trait même, le trait distinctif de l'industrie des sociétés civilisées et l'origine de sa puissance.

A ses côtés, il s'en élève aussitôt un autre, déjà rencontré sur notre route, mais qui se représente ici sous un jour nouveau. C'est l'invention des machines appelées à servir dans l'industrie et, par elles, le recours aux forces du monde. Avec elles encore, il est clair que l'homme est au plein cœur de sa loi, de sa règle industrielle. Enfants de son génie, elles n'ajoutent pas seulement à son pouvoir. Elles l'affranchissent à mesure, le libèrent pour d'autres champs de travail. Plus elles interviennent, moins il est contraint d'intervenir et l'emploi de leur action a pour premier résultat de remplacer ou de réduire la dépense de la sienne. Le recours aux machines et à leurs moteurs est donc bien, et au premier chef, pour la vie humaine, une application exacte autant que considérable du principe : économie de la force, conservation de l'énergie, moindre action.

Enfin, il est un moyen encore, non pas brillant et en vue comme les premiers, non pas en possession comme eux de ce qu'on pourrait appeler une éclatante notoriété scientifique et populaire, mais secret, agissant sans bruit, dans l'ombre, demeuré par suite presque inaperçu, néanmoins de portée grande et sur lequel, à ce double titre, il est permis de s'arrêter davantage. C'est la clairvoyance et la vigilance individuelles dans le grand œuvre de l'emploi de la vie.

La clairvoyance? Et en effet, en cette matière comme en cent autres, l'erreur est commune. Pourquoi l'erreur? Encore une fois parceque le mécanisme humain est imparfait; parcequ'il ne connaît et ne juge les choses que par les impressions qu'il en re-

çoit, mais qu'il ne voit pas juste, entend faux, fléchit
à l'excès, réagit outre mesure ; parcequ'à tout moment, il ressemble à un écho trompeur, à un instrument qui ne rendrait pas le son qu'on lui donne ;
parcequo rarement, avec lui, la somme des impressions intimes est adéquate à colle des phénomènes
extérieurs, et qu'ainsi, l'ensemble des mobiles reste
en désaccord avec celui des causes. Pour lui, dans
une situation pareille, que faire ? Evidemment, les
impressions décident, les mobiles déterminent et
l'emportent. Mais quoi ! les choses qui ne se soucient
point des impressions humaines, de leurs vœux, de
leur bonne foi, de leurs excuses, les choses vont leur
train au dehors, inflexibles, sur leur propre chemin,
sous l'empire de leurs lois éternelles.

On a vu mal, on est frappé. On n'a pas exactement
calculé la distance, il faut franchir l'excédent à bout
de forces ou échouer en deçà du port. On n'a pas
prévu ou, dans ses prévisions, on n'a pas fait entrer
et entrer pour leurs proportions vraies tous les fac-
teurs ? L'événement se développe, arrive. On est
frappé. Il brise quand il aurait pu servir. On a perdu
de vue que le but suprême est l'entretien et l'accroissement de la vie ; sous l'action de fausses espérances, on s'aventure dans un emploi de la vie hors
de proportion avec les résultats qu'il comporte ? On
prend même pour une recette de vie une dépense
gratuite de vie ? On est frappé ! C'est après l'illusion
la déception, la perte non pas seulement parfois de
l'avenir attendu, mais du présent et du passé conquis
à grand'peine.

A ce compte, on comprend si l'erreur coûte cher et
si la prévenir est de grand prix. Qui la prévient ?
cette qualité simple et difficile dont nous parlons : la

clairvoyance, la clairvoyance qui montre ici la voie
droite et unie, là le fossé ouvert, l'obstacle en travers de la route.

Mais, disons-nous, la clairvoyance n'est pas tout ;
il y faut aussi la vigilance ? Et en effet, ce que
l'homme perd de sa vie dans l'œuvre de la vie est
incalculable. Indifférence, étourderie, insouciance,
amusements nuisibles ou inutiles, défaut de fermeté,
sentiment insuffisant de la brièveté des jours, lassi-
tude du travail, dédain de ses fruits, dégoût des
ambitions et des biens du monde se succèdent ou
s'unissent pour nous rendre inattentifs, pendant que
nos mains imprudemment ouvertes laissent échapper,
sans compter, sans les sentir, ces instants qui sont
la vie et qui promis aux sillons ouverts pour les
attendre, s'éparpillent vainement sur la pierre ou les
ronces des chemins.

Clairvoyance! Vigilance! L'homme est-il donc
bien le maître de les acquérir? Oui! Et comment? par
le sentiment du danger, par la réflexion et le contrôle, par l'appréhension de la chute, par le souvenir
de l'expérience, par l'intelligence meilleure surtout
de la physionomie des choses et des conséquences
qu'elles recèlent, par l'audition plus sûre de leur
langage. Ce sont là des avertissements, partant des
mobiles, comme l'odeur d'un gaz malsain ou mortel,
comme le rugissement d'un fauve, comme la vue
claire d'un incendie ou d'un précipice, comme tous
les mobiles qui nous viennent du monde. A ce titre,
ils déterminent le déploiement et le sens d'un emploi
de force humaine, peuvent prévenir les erreurs, les
mécomptes, les déperditions de la vie.

Tout cela, dira-t-on peut être, n'est qu'un emploi
tout humble de l'initiative individuelle, agissant d'une

action lente et obscure, par petites parties, comme
disséminées et perdues. Cela est vrai. Mais n'est-ce
donc pas à l'initiative individuelle qu'il faut constam
ment revenir? N'est-elle donc pas, en tout ordre
faits, le commencement et la fin ?

Comment l'homme peut-il dans l'œuvre de la vie
assurer l'économie de vie? Sans doute en recourant
aux moyens considérables, éclatants mis sous sa
main par la tradition et la science. Mais, empruntant
un mot célèbre à l'homme de génie qui dut la découverte de la gravitation, disait-il, à sa préoccupation
constante, on peut aussi répondre : « en y pensant toujours, en le voulant toujours ».

IX

CONFUSIONS ET MÉPRISES

DANS L'ŒUVRE DE L'EMPLOI DE LA VIE.

Les erreurs sont nombreuses dans le monde social :
ses malaises en témoignent. Il en est quelques-unes
qui se rapportent au point présent de cette étude.

Confondre les deux mouvements de la vie, croire
servir l'un au moment où l'on ne sert que son contraire, prendre pour du travail et appeler du nom de
travail ce qui n'est pas du travail ; attribuer le caractère et les droits du travail à des phénomènes où il
n'y a pas ombre de travail, ce sont sortes d'accidents
qui semblent à peine possibles, et pourtant, ce sont
là de ces méprises.

On confond les deux mouvements de la vie ? Oui,

et nous l'avons indiqué déjà, mais il faut le signaler ici de façon plus expresse.

Croire qu'on vit du travail, c'est-à-dire de la dépense même de la vie, n'est pas seulement une erreur populaire. Elle a, comme on sait, pour champions, encore plus que pour fidèles, outre l'outrecuidante école du « simple bon sens », les milices fort ardentes d'un très grand et puissant parti propriétaire, agricole et industriel. Il y a plus, si l'Economie politique proteste à peu près unanimement contre elle et s'évertue à la combattre, elle en est pourtant complice.

Que fait-elle, en effet, quand elle range au même titre et comprend sous un même terme : celui de « consommation », des phénomènes aussi profondément dissemblables que ceux-ci : boire un verre d'eau ou de vin et user une lime, un marteau en travaillant le fer ; nourrir un être humain en lui faisant absorber des substances alimentaires, et imprégner d'indigo une pièce d'étoffe ?

Quand elle appelle les premières de ces « consommations » « improductives », parce qu'elles ne font qu'entretenir les forces du consommateur, sans plus laisser au dehors d'œuvre visible du travail ; les secondes « reproductives », parce que plusieurs travaux partiels se retrouvent dans un travail total, est-ce qu'elle ne donne pas les mains, de toutes parts, à la méprise industrielle, au sophisme populaire ?

L'idée de la vie redresse ces fausses vues, rétablit le vrai sens des choses. Appuyée sur l'analyse même de la nature de l'être et des faits biologiques, elle sépare nettement, suivant leurs ordres de causes, deux ordres de phénomènes dont la disparate est si éclatante. D'une part, elle élève, elle maintient, pour mieux dire, à son juste rang d'œuvre par excellence, l'entretien de la vie. D'autre part, écartant les prétendues « reproductions » comme de pures chimères, fort mal vêtues d'assez rudes incorrections de langage, elle se borne à montrer ces faits tout unis et tout simples : — là, des parcelles de matière appropriée s'usant forcément, pour prendre les termes du langage ordinaire, à l'appropriation d'autres parcelles de matière, ce qui veut dire changeant de modes d'agrégation sans perdre un atome, ou bien encore et de plusieurs manières se mélangeant et se combinant autrement entre elles ; — ici, un emploi de la vie venant simplement se surajouter, dans un même objet, à un emploi antérieur de la vie.

On prend pour du travail ce qui n'est pas du travail humain ? Oui, et à tout moment.

Ecoutez le cultivateur revenant de la plaine avec ses attelages : mes bœufs m'ont ce matin labouré et hersé un demi-hectare. Et l'ouvrier : mon brave métier m'a tissé ce soir cinq mètres d'étoffe. Et le meunier sur sa colline : bon vent hier; mon moulin m'a moulu les quatre sacs de blé de Jean et de Pierre. Or, que s'est-il passé ? Que le vent sur l'aile du moulin, la vapeur qui meut le métier avec deux cents autres, les chevaux et les bœufs de la charrue et de la herse ont fourni la presque totalité de la force motrice développée dans le travail, ont ajouté leur contingent supérieur de force au minime contingent de la force humaine dépensée dans le travail, et que l'on mêle l'une avec l'autre, que l'on fait masse de l'une et de l'autre pour dire : voilà le travail.

Sans doute, l'illusion est naturelle, le départ parfois difficile, la confusion excusable, l'habitude absolument commune, et le langage de la science peu différent, par malheur, de l'opinion commune. En même

temps, est-il besoin d'ajouter que, par une conséquence inévitable, l'illusion qui, elle aussi, est logi-
cienne, suit sa pente et tend forcément à imposer, au
sein des faits économiques, part de droit pour part
reconnue de travail ?

Or, cependant, est-ce fondé ? Est-ce conforme au
vrai caractère des phénomènes ?

Laissez-donc la machine, même la mieux ordonnée,
continuer sa marche sans l'intervention de l'homme !
Combien de temps va-t-elle poursuivre ? Quelle besogne va-t-elle faire ? Quelles œuvres, quels produits
va-t-elle donner ? Certainement, elle déploiera la
même force, accomplira, peut-être jusqu'au bout de
sa charge de houille, les mêmes mouvements en accord avec son appareil, mais les résultats, on peut
bien assurer qu'ils seront ou médiocres ou nuls, à
supposer que quelque bonne chance écarte les accidents dommageables ou graves ou terribles.

D'autre part, placez-donc, sans le cultivateur, les
chevaux ou les bœufs tout attelés au bord du champ !
A supposer qu'ils ne s'arrêtent pas, promptement dé-
concertés de ne plus se sentir conduits, certes, ils
pourront fournir la même force, traineront après eux
consciencieusement la charrue, la herse, le rouleau,
le semoir auxquels leurs traits les attachent. Mais
qu'auront-ils fait au terme de leur voyage ? Rien que
passer, fouler, briser, bouleverser, détruire.

Que conclure de tout cela ? Que sans un plan, sans
un dessein, sans une idée humaine, il n'y a point de
travail, parce que travailler, c'est produire ; produire :
réaliser un produit utile et que l'utile est uniquement
l'utilité humaine ; que les forces du monde que l'E-
conomie politique appelle les « agents naturels », que
celles que développent les animaux domestiques, au

service de l'homme, ne font point du travail ; qu'il
n'y a de travail que le travail humain ; que celui-là
compte seul, mérite seul le nom, le rang, les droits
du travail.

Or, ici, qui donc distingue d'une façon précise,
sépare, éclaire, guide et décide ? Qui ? L'idée de la
vie. C'est elle qui dit sans trouble, sans erreur possible, ce qui est et ce qui n'est pas du travail, parce
que c'est elle qui, seule, est à même de signaler, par
l'usure de la substance humaine et de l'énergie vitale,
le phénomène précis, constitutif et caractéristique du
travail : la dépense de la force, de la vie.

Avançons d'un pas encore ! Il est des faits économiques auxquels, sans qu'il y ait même dépense de
force d'aucune sorte, on a vu l'Économie politique
reconnaître les caractères du travail et appliquer le
nom de travail. Il en faut, dès ce moment, citer sommairement deux exemples parcequ'ils vont, dès ce
moment, former pour nous des jalons et des bases
pour des discussions ultérieures plus étendues qu'ils
annoncent et préparent. — Le premier est celui de
l'épargne.

Pour prétendre que l'épargne est un travail, qu'a-
t-on dit ? Qu'il ne suffit pas de « produire » les « capitaux » ; que pour en jouir, il faut les conserver et
qu'à les conserver, on fait autant qu'à les produire.
Soit ! Il est en effet certain, que maintenir après avoir
produit est un parti profitable et sage. Mais quoi !
Toujours est-il pourtant que conserver n'est pas
« produire ». Epargner, dit-on, c'est se priver, et se
priver est une peine prise, un effort. Oh ! vraiment,
n'est-ce pas là jouer étrangement sur les mots et peut-
on bien rapprocher l'effort métaphorique d'intelligence qu'on exerce sur soi-même pour remplir un

devoir qui coûte, résister à un désir, garder une abs-
tention prudente, à la dépense effective de force accomplie dans un travail musculaire ou cérébral?

Certes, il peut être fort méritoire de se passer d'un
sixième fusil de chasse, en vue de son comice agricole, ou d'une dixième robe de bal pour en donner le
prix à ses pauvres. Il est pourtant bien difficile d'assimiler, à quelque degré que ce soit, ces sacrifices à
la peine du charpentier, du terrassier, du mineur
suant et geignant sur leur ouvrage. Et, quand le fer-
mier qui vient d'engranger six mille gerbes de blé
récoltées sur sa terre, en vend la moitié et garde le
reste en grange, pour l'année suivante, dans l'espérance des hauts prix, en ce qui concerne ces dernières
tout simplement laissées en place, sans que de huit
mois on y touche, où donc est la privation, où est l'effort, où sont la peine et le travail?

Non! mais ici encore, qui éclaire et prononce, met
en main la pierre de touche, le critérium décisif?
C'est encore l'idée de la vie. N'est du travail, dit-
elle, que la dépense et l'emploi de la vie se projetant
au dehors sur les choses, pour, suivant ses plans et
sous sa force, leur faire subir des appropriations vou-
lues et déterminées, en vue de l'utilité humaine.
L'épargne n'est point cela : l'épargne n'est pas du
travail.

Le second exemple est suggéré par un terme de la
langue économique que nous avons rencontré tout à
l'heure, celui de « service ». Qu'est-ce qu'un service?
Que faut-il entendre par ce mot et comment l'Economie politique elle-même le définit-elle ?

Par une distinction empruntée à un caractère prétendu ici de durée, là de manque de durée, et dont
nous avons signalé le défaut absolu de caractère

scientifique, elle oppose les « services » aux « produits ». Pour elle, le service est seulement du mouvement humain qui ne prend point corps dans la matière, en regard du mouvement qui transforme des parcelles de matière. Il est le travail qui passe sous forme d'heures et de journées, en regard du travail qui se fixe et persiste dans les choses. — Pures méprises, nous l'avons vu, puisque partout, toujours, sans exception ni réserve, que sa trace soit, à notre mesure, prolongée ou fugitive dans les choses, le travail humain ne s'accomplit et ne peut s'accomplir que dans la matière et à l'aide de la matière ; puisque, de toute évidence, à monter par exemple de l'eau dans un appartement, déplacer ou replacer les fauteuils d'un salon, balayer une route, ramasser ou ranger un mouchoir, on modifie, par le mouvement et d'une façon formelle, la teneur d'un objet ou d'un ensemble d'objets matériels, tout ainsi qu'à bâtir une maison, au moyen de ce seul mouvement toujours, façonner un bijou, un meuble ou une étoffe.

Mais quoi ! Ce n'est pas tout. Loin de là ! Il se trouve que dans la langue usuelle, ce mot de service a aussi un autre sens : celui d'obliger et, comme on dit, de « rendre service ». Et alors, qu'est-il arrivé ? Il est arrivé que l'Economie politique, d'ailleurs peu défiante par l'habitude d'employer une langue technique qui n'est point faite, a laissé dévier sa définition elle-même. Pour mieux dire, tout en croyant la maintenir, elle a confondu les deux acceptions dans sa doctrine. On voit la gravité de la méprise.

Un homme a labouré pour un autre dix hectares de terre, tissé cent mètres d'étoffe, assuré un mois, un an le soin de sa maison ou de son étable, il est clair qu'il a fourni du travail et, certes, au vrai sens

économique, ce sont bien là des services. Mais cet
autre a quitté spontanément la ville, débarrassant
sans y penser ses rivaux d'une concurrence ; celui-ci
a, pour la saison, mis sa maison de campagne à la
disposition d'un ami ; celui-là a prêté sa charrue, sa
pioche ou sa bêche à un voisin qui en avait besoin
pour préparer son champ, et qui les a pris lui-même
et rapportés à domicile après usage, ou bien son livre
de messe à son curé, aux commissaires de la fête des
vases de fleurs, des caisses d'orangers pour le bal de
bienfaisance de sa commune. Oh ! assurément, tout
cela est obliger, « rendre service », mais est-ce au
sens de l'Economie politique, accomplir des « services » : est-ce du travail ? Non !

Qu'est-ce donc que fait l'Economie politique quand
elle confond des acceptions et, au fond, des choses si
différentes, et quand elle fonde sur ces confusions
des conséquences économiques d'une gravité extrême ?
Elle ne commet rien moins qu'un véritable quiproquo.
Dieu nous garde de la métaphore ! s'écriait Bastiat,
un jour. A merveille ! mais il ne suffit pas de s'écrier
contre elle, il importe davantage de n'y pas tomber.
La méprise ici n'est rien moins que ce qu'on serait
tenté d'appeler une bouffonnerie de langage, qu'un
pur jeu de mots plus digne des tréteaux d'un alcazar
que d'une chaire de Faculté ou d'un traité grave,
d'une œuvre sérieuse d'enseignement ou de polé-
mique.

Qu'on y réfléchisse et gardons-nous de le perdre de
vue : le sens économique du mot « services » pour
l'Economie politique elle-même, quand elle y reste
fidèle, c'est « prestation de travail ». Là où il n'y a
pas eu acte de travail, « prestation de travail », il n'y
a point de « service ».

Ici comme devant, c'est l'idée de la vie qui par
dessus tout et à titre décisif, éclaire et prononce.

L'épargne, dit-elle, n'est point du travail parcequ'elle ne comporte pas une dépense, un emploi de
vie.

Le « service », dit-elle encore, n'est un fait économique qu'à la condition d'être du travail, d'être un
emploi, une dépense de vie.

Somme toute et d'une manière générale, n'est du
travail que l'emploi, la dépense de la force humaine
cérébrale et musculaire se projetant au dehors sur les
choses, passant au dehors dans les choses, s'y ma-
nifestant, y marquant son passage et sa trace, au
prix de sa propre usure, par des mouvements et des
phénomènes matériels qui les approprient pour une
destination voulue et déterminée, dans l'intérêt de la
vie.

———

X

VIE PROJETÉE SUR LES CHOSES.

L'EXTENSION DU POUVOIR DE LA VIE S'ACCOMPLIT.

Que les résultats utiles de l'emploi de la vie se
soient considérablement agrandis avec l'aide du temps
et s'agrandissent tous les jours, c'est un fait d'expérience qui n'appelle assurément pas une compen-
dieuse démonstration.

Il suffit de jeter un regard sur quelques peuples
placés à divers degrés de civilisation et d'avancement
industriel, ou sur le même peuple à des époques

échelonnées de son histoire, pour reconnaître que leurs façons de vivre accusent, d'un état à un autre, d'une date à une autre, non seulement des différences extrêmement marquées mais des améliorations plus ou moins éclatantes et que du même coup, puisque toute conquête au profit de l'entretien de la vie relève de l'emploi de la vie, il faut bien que cet emploi ait pris aussi plus de puissance.

Il convient, toutefois, de peser un moment sur ce point. La lumière ressort de tout ce qui précède, mais elle veut être recueillie. Par quels modes, sous quelles formes s'est produit cet accroissement du pouvoir de la vie ?

Nous avons vu que la force que peut donner en un jour la machine humaine équivaut à celle que développe un chiffre déterminé de combustion. Cette force, traduite par l'organisme cérébral ou l'appareil musculaire, s'est-elle effectivement augmentée des vieux âges à notre temps ?

Il est certain, et nous l'avons vu, que les conditions d'entretien de la vie ont une influence sur son pouvoir. On sait, par mille preuves dans les deux sens, combien le régime alimentaire, par exemple, agit sur l'activité musculaire ou cérébrale, soit pour y ajouter, soit pour l'amoindrir. Il est donc vraisemblable que, de ce dernier chef, une certaine extension du pouvoir de la vie a dû se réaliser au profit des hommes de nos jours.

D'autre part, nous l'avons constaté, sous l'incitation du milieu qui en provoque et suscite les énergies latentes, l'être humain se crée à mesure, en regard de ses besoins nouveaux, des aptitudes nouvelles, perfectionne ses organes, on peut même dire se crée des organes, répartit sa force d'une manière plus profitable entre ses divers organismes, en améliore avec intelligence l'aménagement et l'usage. Il est clair que, de ce second chef encore, il se réalise une appréciable et directe extension du pouvoir de la vie dans son emploi.

Quelle peut être la mesure de ces deux actions dans le sens du progrès? Il ne faut pas beaucoup de réflexion pour reconnaître qu'elles sont nécessairement assez limitées par elles-mêmes et que seules, elles seraient loin de suffire à rendre compte des progrès obtenus, de l'accroissement marqué du bien-être, de l'étendue de nos travaux, des merveilles de nos civilisations. Non ! Lorsque dans son œuvre, l'homme n'est appelé à payer que de sa personne, l'emploi de la vie dans la grande affaire de la production industrielle peut comporter des différences, mais seulement des différences d'une médiocre amplitude et des progrès restreints.

C'est quand le milieu change, quand on passe de la pénurie des connaissances, des inventions et des instruments de travail à l'accumulation presque sans limite du savoir acquis et transmis, à la pratique féconde de la division réglée du travail, à l'accroissement immensément fécond à son tour des liens sociaux, des découvertes, des moyens empruntés aux forces du monde, pour ajouter à la force humaine, oh ! c'est alors que les distances deviennent énormes entre les hommes et les peuples.

La Grèce ancienne a possédé, à raison même de leur simplicité, les moyens matériels de sculpter et de peindre, de faire parler la couleur et le marbre. Au milieu d'une population favorisée des dons les plus heureux du goût et de l'intelligence, de l'imagination, de la sensibilité, de la grâce, sa peinture, dont il n'est rien resté par malheur, paraît avoir été de premier ordre. Sa sculpture a, sans conteste, dépassé celle de tous les peuples qui l'ont précédée ou suivie. D'autre part, la langue est l'intermédiaire matériel de la littérature et ce même peuple a parlé une langue qui ne le cédait à aucune des nôtres. C'était

> Ce langage sonore aux douceurs souveraines,
> Le plus beau qui soit né sur des lèvres humaines!

et alors, malgré quelque insuffisance de maturité qui nous est sensible, quelques traits où l'on ne peut s'empêcher de reconnaître un peuple enfant, la littérature de la Grèce va de pair, haut la main, avec les plus parfaites.

Mais au point de vue des sciences, du savoir individuel, de l'acquit des moyens industriels, des ressources pour le travail, de l'emploi des forces du monde, du pouvoir général enfin d'agir dans l'œuvre de la vie, quelle distance entre ses hommes et nous, entre son peuple et le nôtre !

Le milieu, voilà donc, à côté du ressort extraordinaire de l'organisme humain sous les excitants extérieurs, l'origine principale des différences de situation entre les hommes et les peuples. L'acquit des connaissances générales d'une part, de l'autre le concours de la matière et de ses forces, voilà le fonds, le principe, la cause et la cause éclatante des progrès.

Depuis le hoyau élémentaire jusqu'à la machine à vapeur, jusqu'au transport de la force électrique à distance ; depuis la primitive charrue de Triptolème ou l'humble brouette de Pascal jusqu'aux percements des massifs de montagnes et des isthmes pour le passage des locomotives et des navires, économie de l'emploi de la vie, accroissement du pouvoir de la vie marqué de toutes parts, sous toutes les formes, sous toutes les latitudes, par les merveilles des résultats, tout vient de là et est là.

Mais quoi ! est-ce bien ce qu'on peut appeler une extension réelle de notre pouvoir ? Entourer la vie de toutes ces forces étrangères empruntées au monde, y faire appel, les mettre en ligne pour les ajouter aux siennes, n'est-ce pas tomber dans cette erreur, que nous signalions en la frappant de ridicule, de compter à la statue la hauteur du piédestal ? Est-ce bien là un accroissement réel de l'emploi de la vie ? Oui, à n'en pas douter et nous l'avons indiqué sommairement déjà, c'est bien là la voie droite et vraie.

Rappelons-nous : la vie est un flambeau qui se consume et consume. Plus fortement et plus loin le flambeau projette sa lumière, en se consumant et consumant le moins possible, mieux il a rempli son objet. Plus est étendu le domaine où la vie rayonne et fait sentir sa puissance, plus loin elle envoie ses ordres entendus, exécutés, tout en subissant moins de fatigue, en dépensant moins de sa propre substance, mieux aussi elle a suivi sa loi et réalisé son idéal.

On l'a trop souvent oublié, disons mieux, on l'oublie toujours, dans la législation et l'enseignement, dans l'industrie, le commerce, la vie commune, quoique cette règle si simple s'élève si haut au-dessus de tout conteste, ce qui importe encore une fois et s'impose, pour la vie, est d'avoir plus, toujours plus en donnant moins d'elle-même. L'entretenir, l'étendre, en la puisant dans les choses, est le but et le gain, en sacrifier pour la reconquérir est le prix et la charge.

Quand donc les hommes et les peuples, par les secours qu'ils saisissent au sein du monde, épargnent sur leur vie sans diminuer, en augmentant, au contraire, les résultats de l'emploi de leur vie dans le travail — et de plus en plus ils y réussissent — quand, passant la main à des forces étrangères qu'ils placent en quelque sorte au bout de leurs bras affranchis, de leur pensée obéie, ils se débarrassent sur elles de charges écrasantes où s'épuiserait leur vie — et ce résultat, ils l'assurent de plus en plus tous les jours — quand, par suite, ils accroissent immensément les sources de la vie, abaissent de toutes parts le prix de la vie, ils réalisent l'une des parts les plus bienfaisantes et les plus séduisantes de leur destinée.

Et c'est ainsi que, dans une marche non pas égale et parallèle mais alternative, où l'un tour à tour suit l'autre ou le devance, précisément comme dans un mécanisme de va et vient continuel, les deux mouvements de la vie s'accompagnent; ainsi qu'en regard de l'extension de la vie puisée dans les choses, doit s'accomplir et s'accomplit, avec ses grandeurs et malgré ses fautes, l'extension des résultats de l'emploi de la vie : l'accroissement du pouvoir de la vie.

QUATRIÈME PARTIE

LE COMMERCE DE LA VIE

TRANSACTIONS LICITES.

I

LE COMMERCE DE LA VIE.

Nous connaissons maintenant le mouvement entier de la vie, les deux mouvements de la vie. Elle a passé sous nos yeux cherchant, trouvant, puisant au sein des choses les éléments qui constituent son organisme, l'entretiennent, l'accroissent. Elle a passé sous nos yeux se projetant au dehors, s'emparant des choses, les modifiant de vive force et suivant ses plans, pour les faire servir à son usage et pour ensuite, avec leur aide, s'y dépenser encore. C'est dans tout son développement ce que nous avons appelé le va et vient de la vie.

Jusqu'ici toutefois, notre étude a été bornée dans un court horizon. Quand l'être se cherchait dans les choses, c'était dans les choses prochaines et nous ne le perdions pas de vue. Quand il portait sa force au dehors sur le monde, c'était aussi le monde à la portée de sa main, et nous distinguions la main à côté du travail, dans l'œuvre même du travail. Quelque forme que revêtit la vie, elle demeurait visiblement rattachée à son auteur. Elle gardait un caractère nettement personnel. Les phénomènes objet de notre observation étaient des phénomènes soit intimes, soit de contact, et dont l'analyse faisait penser à ce que nous croyions pouvoir appeler une sorte de chimie sociale.

A présent, nous en évoquons d'autres. Voici que

la vie, dans son mouvement de projection au dehors, se détache tout à fait, s'élance loin au sein du monde, opère seule libre et à distance et, sans oublier ses engagements d'origine, y revêt pourtant un caractère absolument impersonnel. Ce n'est plus un seul être, fût-ce l'homme social au milieu des réactifs des choses, qui agit sous nos yeux. Dans l'organisme des sociétés, ce sont, en nombre infini, des œuvres en quelque sorte anonymes de la vie, émanées de millions inconnus d'existences humaines ; et ces œuvres passent de main en main, vont, viennent, attirées les unes par les autres, prenant incessamment la place les unes des autres, paraissant, disparaissant les unes sous les autres, dans un immense circuit de gravitation qui les entraine, les domine, les mène, sans s'arrêter jamais.

Jusqu'ici enfin, nous n'avions entrevu les mouvements du monde social qu'incidemment et par reflet sur des faits individuels. C'est maintenant surtout que s'ouvre le tableau de la mécanique sociale.

Dans l'état de nos sociétés industrielles, l'homme, avons-nous dit, ne dépense pas sa vie en appropriations d'objets exclusivement à son usage. Loin de là, il ne travaille guère qu'à des produits qu'il ne pourrait utiliser pour lui-même. D'autre part, il est sociable. Il aime, il est aimé, il meurt. Que de motifs, que de circonstances qui font une loi à tous les hommes de disposer de leur vie pour autrui, pendant que d'autres leur rendent le même service, et de donner, céder, transmettre, échanger les œuvres de leur vie !

Ainsi, nous allons assister à cet autre spectacle de l'infinie variété des transactions sociales et ce qui va se dérouler sous nos yeux, c'est ce que nous appelons, d'un mot plus net, plus vif et qui le peint mieux que tout autre : le commerce de la vie.

Mais d'abord, il convient de rechercher les conditions, les formes, le mécanisme, la loi, les objets variés en apparence, au fond toujours réductibles, qui constituent ou règlent cet échange universel.

En présence de ce monde de l'échange, si compliqué au premier abord, bien qu'au fond il soit simple dans son objet et dans sa loi, si confus, si troublant pour le regard par la multiplicité, les replis, l'enchevêtrement, les distances, les perspectives incessamment mêlées et changeantes, la rapidité inouïe de ses mouvements sans répit, est-il besoin de dire que lui aussi, lui surtout, fourmille d'illusions et de mirages ? En même temps, à l'aperception des conditions inévitables d'un échange dont l'objet est précisément ce bien qui est tout au monde : la vie, comment ne pas comprendre que lui aussi, lui surtout, recèle dans ses flancs l'opposition d'intérêts, le débat, est-ce assez dire ? non ! mais la guerre ? Comment ne pas comprendre que c'est avec lui que nous allons trouver, plus vive encore que jamais, la lutte pour la vie et non pas seulement plus vive et plus ardente, mais plus dépourvue de scrupules, en même temps que mieux armée de ressources et de pouvoirs suspects pour ravir sans droit, plus entraînée et plus résolue à s'en servir ?

Illusions et erreurs qui vont jusqu'à la gravité extrême ! Moyens de lutte illégitimes qui s'avancent parfois jusqu'à et jusque par delà la limite de l'injuste, de l'odieux et du criminel !

Quelque appréhension que puissent inspirer les premières à la pensée, quelque révolte que puissent susciter ceux-ci dans les âmes, on se rappellera que c'est ici une étude de science pure qui n'a point à s'émouvoir. Pour elle, les partis pernicieux ou mortels se réduisent à de fausses vues des choses et les moyens iniques deviennent simplement des procédés scientifiquement irréguliers, des recours non conformes aux saines doctrines de l'Economie politique.

Et qui donc jugera pour nous les uns et les autres ? Encore une fois et toujours, l'idée de la vie. Elle jugera, et nulle part peut-être elle n'aura mieux fait la preuve de la justesse et de la sûreté de son verdict.

II

LES CONDITIONS DE LA CESSION DE LA VIE.

LA PROPRIÉTÉ.

Pour la cession des œuvres de la vie, il est deux conditions indispensables, absolues : — La première est d'avoir droit sur elles : on ne peut donner que ce que l'on a ; on ne peut disposer que de ce que l'on possède. — La seconde est que le contrat soit régulier et non entaché de fraude. — Prenons d'abord la première condition : celle de la propriété.

Comment l'homme possède-t-il ! A quel titre devient-il propriétaire ? Quelle est l'origine, quel est enfin le fondement du droit de propriété ?

Ce droit, on l'a cherché de bien des côtés et, comme pour la plupart des droits de ce monde, suivant les hommes et les temps, on a eu recours pour l'asseoir à nombre d'idées.

Et d'abord, le fondement du droit de propriété est-ce la loi?

Des esprits de très grande valeur, quelques-uns atteignant au génie, des hommes très divers par la nature du talent, le caractère, la situation, l'origine l'ont pareillement soutenu. Les uns voués par penchant ou par profession à l'étude ou à l'application de la loi, accoutumés à ne jurer que par elle, à l'opposer comme à la tenir en toute occasion pour la raison dernière, étaient tout préparés à la considérer comme la raison même, et, à force de la prendre pour règle du droit, à l'accepter pour le principe même du droit.

D'autres tout imprégnés de la vie des assemblées politiques, habitués à croire en elles et à tout en attendre pour leur avoir vu tout faire, épris de leur pouvoir dont ils avaient été les participants et parfois les maîtres, se trouvaient naturellement destinés à concevoir la même idée et à s'en laisser séduire. Ne fallait-il pas que la loi fût le droit pour qu'on leur reconnût le droit de l'avoir faite, et la légitimité de son omnipotence n'était-elle pas la seule qui fût à même de consacrer ou d'absoudre celle qu'ils avaient exercée?

D'autres, enfin, étaient des historiens devenus sceptiques, ou des penseurs désabusés au spectacle changeant des choses humaines. Frappés par dessus tout de la diversité et de la muabilité des régimes de la propriété, suivant les temps et les peuples, n'y trouvant jamais qu'un élément constant: celui de la loi, au milieu de leur inconstance, ils arrivaient à leur tour à conclure qu'il fallait voir dans la loi le principe vrai puisqu'elle était, dans tous les cas, le commun principe, et le fondement même du droit, puisqu'elle demeurait visiblement celui de tous les régimes.

Cependant, ce qui est visible aussi, c'est que ce principe de la loi, tenue pour fondement du droit de propriété, est absolument insuffisant.

Il est trop clair que la loi ne fait pas tout, ne peut pas tout faire, n'ose même pas tout faire. Et pourquoi donc agit-elle dans un cas et point dans un autre? N'est-ce pas parce qu'elle consulte et suit d'autres considérations qu'elle-même, qui l'inspirent ou la dominent, l'autorisent ou l'arrêtent? Et alors que conclure, sinon qu'elle n'est pas maîtresse mais dépendante; que si le régime de propriété relève de la loi, la loi relève à son tour de plus haut qu'elle; qu'en conséquence, elle n'est pas le principe du droit et qu'il faut chercher ailleurs le principe du droit?

Le fondement du droit de propriété, est-ce donc ce que l'on a appelé le droit du premier occupant?

A ne point même approfondir, comment ne pas reconnaître, dès le premier coup d'œil, que c'est ici une base singulièrement fragile, quand elle est seule? A quoi se réduit, en effet, la formule toute nue de ce prétendu droit? Au fond, à ceci et rien d'autre : Voici un objet qui n'appartient à personne, donc il est à moi. Pourquoi? Parcequ'étendant la main au-dessus de lui, ne fût-ce qu'en passant un moment à sa portée, je dis que je le prends.

A part même cette allégation que « l'objet n'est à personne, » allégation qu'on pressent devoir être plus d'une fois inquiétante pour l'occupant à qui la preuve incombe, n'est-il pas vrai que c'est pour un principe une formule assez étrange? N'est-il pas vrai que cette négation, constituée tout à la fois pour prémisse d'un syllogisme et pour principe d'un droit, n'est de nature à satisfaire ni la logique plus que la raison, ni la conscience plus que la logique ? N'est-il pas vrai qu'on sent bien que ce qu'il faut ici, ce n'est pas seulement l'absence d'un droit contraire, ce qui ne saurait suffire pour un droit aussi positif que le droit de propriété, mais de plus la présence effective et agissante d'un droit pareillement positif?

La base du droit de propriété est-ce alors l'intérêt général, l'utilité sociale ?

L'utilité sociale ! oh ! non, car intérêt et droit sont deux idées nettement différentes. A les voir confondre, l'intelligence comme le sens moral se révoltent, et si étendu que soit un intérêt social, il est trop clair qu'il ne peut, par lui-même, donner naissance à un droit social. Quelle est la société qui, crûment, oserait dire : Je prends ceci parceque j'en ai besoin. Sans consulter le droit, en dehors du droit, je prescris, j'interdis cela parceque cette interdiction m'est utile et je dis que ce sera le droit? Plusieurs, sans doute, ont connu tout en les désavouant ces pièges et ces fautes, soit trompées et menées par des habiletés malsaines, soit aveuglées par les préjugés, l'intérêt apparent ou la peur. On sait aussi comment, malgré leurs désaveux et leurs excuses, tôt ou tard mais sans faillir, leurs malaises, leurs déchirements, leurs révolutions, toutes les revanches du droit outragé ou méconnu leur en ont fait porter la peine.

Non ! expérience et raison, philosophie du droit et histoire s'accordent, chacune par ses leçons, à faire la même preuve. Bien loin, disent-elles, que l'utilité sociale puisse donner naissance au droit, c'est dans la consécration du droit qu'il faut chercher le surcroît souhaité de l'utilité sociale. Vérité qui, à force de clarté, ressemble à une tautologie naïve : ou le droit de propriété n'est point ou il est du domaine du droit, et non pas de celui de l'utilité sociale.

Mais il est des idées plus relevées et en même temps plus vraies sur lesquelles on a fondé le droit de propriété : — La liberté de l'homme, son travail.

La liberté de l'homme ! oui, idée grande, explication digne de respect. Mais suffit-elle ?

Nous l'avons vu, l'homme seul possède parce que seul il est une personne et pourquoi est-il une personne ? Par la domination et l'empire ; en dernière analyse, par la liberté. Il est donc vrai que la liberté est une condition du droit de propriété et le commencement du droit de propriété.

Mais quoi ! Si cette liberté restait contemplative, est-ce qu'elle enfanterait, est-ce qu'elle connaîtrait le droit de propriété ? Non ! il faut encore que cette liberté agisse. Il faut que cet être libre use de sa liberté, en usant des forces dont il est pourvu, et comment s'appelle cet usage de ses forces ? Il s'appelle usuellement le travail.

Ainsi, le travail, voilà la véritable origine, le vrai fondement du droit de propriété.

Mais, alors, avec sa clarté décisive et sa rigueur, intervient à son tour l'idée de la vie.

Vous nommez le travail, dit-elle, c'est bien ; mais qu'est-ce que le travail ?

Voici des farines préparées par vingt industriels, dans pareil nombre d'usines hydrauliques. Voici des fers forgés, des tissus fabriqués par les cent moteurs à vapeur de ces manufactures, des grains récoltés, sur des milliers d'hectares de terre, par des centaines de cultivateurs aidés de leurs chevaux, de leurs bœufs, de leurs attirails-de ferme. Tout cela est-il fruit du travail ? Tout cela est-ce du travail ?

Non ! dit l'idée de la vie. Ce qui dans tout cela est œuvre des animaux domestiques, des chutes d'eau, de la vapeur, des forces germinatives du sol, de l'action générale des forces du monde n'est point fruit du travail. Le travail, c'est le travail humain, exclusivement ce travail, et le travail humain c'est l'emploi de la vie, exclusivement cet emploi de la vie ; véritable dépense de vie qu'atteste une destruction appréciable de substance, dans l'organisme même de l'être qui dépense ainsi sa vie. — Voilà le travail, tout le travail et hors de là rien n'est travail.

Et alors, qu'est-ce à ce compte, que la propriété, le droit de propriété, l'objet, les objets de la propriété ?

Le droit de propriété, c'est le droit de l'homme sur lui-même, sur sa personne, sur sa vie : droit incontestable celui-là, éclatant dès qu'on le proclame.

La propriété, l'objet de la propriété, c'est la vie, la vie seule, la vie toujours ; la vie qui passe, puis la vie passée et fixée dans les choses et qui, pour y être passée, ne cesse pas d'être la vie des hommes qui l'ont donnée, relevant toujours de ses auteurs, appartenant toujours à ses auteurs armés du droit de la suivre ; la vie sacrée dans sa source, inattaquable dans sa marche, inviolable, même pour toute autre, dans ses demeures, impossible à contester sans fraude, à méconnaître sans malveillance, à ravir sans voie de fait.

Est propriété, avec tous les droits de la propriété, toute vie incarnée dans les choses.

N'est point propriété, n'est point objet de propriété, ni partant cessible comme propriété, ce qui n'est point, ce qui n'a point été un emploi de la vie sur

14

les choses, une dépense de vie incarnée dans les choses.

Pour reprendre le criterium physiologique irrécusable qui marque la présence et la trace du travail, n'est point propriété et partant ne peut fournir la matière du contrat de cession de la vie, dans les transactions sociales, ce qui n'a point donné lieu, pour naitre, à une destruction de substance vitale dans l'organisme humain.

———

III

LES CONDITIONS DE LA CESSION DE LA VIE (*suite*)

MÉCANISME DE L'ÉCHANGE — LE CONTRAT.

Voilà donc bien caractérisée la première et naturelle condition de la cession de la vie : c'est que les contractants soient propriétaires, et nous savons à quel titre ils sont tels,

Reste la seconde à savoir que le contrat lui-même soit régulier et sans reproche.

Examinons celle-ci à son tour ; voyons de quelle façon fonctionne usuellement, dans le monde social, le mécanisme que nous appelons le commerce de la vie, et ce que la raison et le droit en exigent pour qu'il soit tenu pour légitime.

Au premier rang, se présentent quelques formes qui, pour offrir des traits particuliers, lui appartiennent pourtant et réclament une mention rapide.

Ainsi, un homme est libre de toute dette naturelle ou civile. Il possède dans les conditions que nous

avons établies comme conditions de droit. Or, il
veut donner, il donne, en tout ou en partie, ce qu'il
possède. A coup sûr, voilà une forme légitime de
cession des œuvres de la vie et, dans nulle société
humaine, il n'est venu à la pensée d'y contredire.

Un autre, au lieu de donner et livrer immédiate-
ment, veut disposer aujourd'hui pour la livraison de
ce qu'il possède ne parvenir qu'après sa mort au do-
nataire. Mais il a des fils, des filles. Sous la réserve
qu'il assurera les moyens de vivre aux êtres qu'il a
appelés à la vie, et qu'ainsi l'absolue liberté du propriétaire laissera parallèlement leur place aux devoirs non moins absolus du père, quoi de plus licite
encore et comment la loi hésiterait-elle à donner son
aveu et son appui ?

Enfin, un autre encore meurt sans avoir disposé.
Eh ! quoi ! Si la loi de son pays, loin de se laisser
guider par des considérations toujours trompeuses
d'intérêt public ou par quelques visées de l'esprit de
système, s'est bornée, dans son règlement des suc-
cessions « ab intestat », à consulter loyalement les
intentions présumées du père de famille ; si dans ce
cas, le silence du mourant constitue une véritable
acceptation de la loi, et, pour parler encore plus vrai,
une disposition tacite dans le sens de la loi, n'est-ce
pas le même fait et alors quoi de plus licite encore
que l'héritage ?

Voilà donc déjà des faits économiques parfaitement
réguliers et légitimes.

Mais ce sont là des faits ou rares ou exceptionnels,
pour les individus et même relativement dans la vie
sociale. Il en est de bien autrement fréquents, de
constants, faut-il dire. L'homme ne donne pas, ne
dispose pas tous les jours. Il n'y a pas un jour, pas

une heure où pour continuer à vivre, il n'ait à faire
appel au concours de la vie de ses semblables, en les
payant d'un pareil emploi de la sienne. Il n'y a pas
un jour, pas une heure où ces transactions d'un
nombre infini puissent s'arrêter un moment, sans
faire subir par contrecoup un arrêt mortel à la vie
sociale. Le troc de la vie et des œuvres de la vie,
c'est la vie sociale presque tout entière. C'est lui, on
peut dire lui seul, qui constitue ce qu'il faut appeler
et ce que nous appelons le commerce de la vie.

Et comment s'opère parmi nous, dans nos sociétés
européennes, ce troc universel de la vie et de ses
œuvres entre les hommes?

Deux hommes se rencontrent. Chacun d'eux possède des objets que l'autre désire. De quoi s'agit-il
pour l'un, pour l'autre? D'obtenir le plus possible
des objets qu'il convoite, en abandonnant en échange
le moins possible de ceux qu'il détient. C'est un
débat : il s'engage. De quels principes relève-t-il?
Oh! à coup sûr, nullement du principe de sympathie.
Nous sommes ici, sans réserve, sur le terrain de la
vie égoïste, en présence de deux intérêts opposés,
ennemis, qui résistent avec acharnement pour
garder, attaquent résolument pour conquérir, sans
une seconde de souci, de souvenir, de ménagement
pour l'adversaire. La vie a deux mouvements ; tous
les deux agissent. Le premier : la vie se puisant
dans les choses est le but. C'est lui qui guide et domine. Le gain est pour lui. C'est pour son profit
qu'est la lutte. Le second est un moyen, il combat et
sert.

Ici, ce n'est pas une partie de force. C'est œuvre
de calcul, de finesse, de prévoyance. Le cerveau a tout
à faire. Pour lui quelle tâche! L'homme qui débat

doit mesurer son propre désir, son besoin, l'avantage
qu'il obtiendra du marché pour sa vie, le sacrifice
qu'il en a fait, la peine qu'il a prise pour produire
ce qu'il y apporte, peser les défauts et les qualités, la
place et les circonstances, la rareté, la distance dans
l'espace ou le temps, les débouchés prévus, les dommages et les chances possibles ; puis, ce qu'il a fait
pour lui, il faut le recommencer tout entier du point
de vue de l'adversaire, tout savoir de lui, tout faire
entrer en compte, tout jusqu'à ses préjugés et ses
illusions, ses forces et ses faiblesses, ses scrupules
et ses travers.

Il faut, enfin, des deux parts, ne pas perdre de
vue que le terrain de la lutte est en quelque sorte, un
champ clos et que chaque contendant a devant soi,
derrière soi, comme deux lices, un maximum et un
minimum, ceux au-dessus et au-dessous desquels il
aurait plus d'avantage à ne pas acheter ou à ne pas
vendre, au-dessus ou au-dessous desquels il impose-
rait le même parti à son adversaire.

Grosse besogne que celle-là, toujours délicate, souvent pleine d'ombres et d'embûches! C'est ce débat
qui se renouvelle tous les jours, à toute heure, pour
tous les objets, à propos de tous les besoins, de tous
les désirs, de tous les caprices, sur tous les points
d'une société, de la part de tous ses membres.

Certes, s'il fallait qu'un homme, dans sa vie, en ac-
complît successivement toutes les phases, eût-il une
tête encyclopédique, on peut assurer qu'il succombe-
rait à la peine, car il ne s'agirait de rien moins que
de parcourir le cycle entier de l'industrie, avec ses
détails immenses, ses diversités infinies de rapports,
de nombres, de mesures, et l'ensemble même de la
connaissance humaine.

Ce qui sauve, ce qui, tout en laissant à l'intelligence
sa précieuse, sa redoutable influence, permet à la
médiocrité de l'immense majorité des hommes de
soutenir la lutte, c'est d'abord le cercle étroit, le petit
nombre et la simplicité de leurs besoins comme de
leurs ressources et la concentration de toutes leurs
forces dans ces limites ; c'est la division des tâches,
dans l'échange comme dans le travail ; c'est un ensemble d'organisations sociales qui, pour une société,
correspondent à ce que représentent dans l'être-vi-
vant les habitudes. C'est la notoriété des conditions
courantes ; puis, cet énorme amas de renseignements,
de connaissances de toute nature que l'homme le plus
humble recueille, sans effort, de la vie journalière
d'une société et utilise sans s'en apercevoir — c'est
enfin, après tout cela, l'institution de la monnaie.

Qu'est-ce que la monnaie et quel est son office ? La
monnaie est en quelque sorte, un procédé rapide et
facile de réduire des nombres excessivement disparates et, au premier abord, incomparables, à un commun dénominateur. C'est une sorte d'étalon de mesure universel, placé au centre d'un peuple, et où
sans sortir de chez soi pourtant, chacun peut rapporter et mesurer deux objets quelconques et prononc-
cer à tout moment que deux quantités égales à une
troisième sont égales entre elles. C'est pareillement,
si l'on veut, un établissement où l'on ramène l'infinie
variété des choses à un état neutre et, en quelque
sorte, à une substance unique et partout homogène
dont on n'a plus ensuite qu'à nombrer et peser soit
les morceaux, soit la poussière.

Au fond — Et cela encore, après l'avoir proclamé
en principe aussi hautement que possible, il n'est pas
de jour qu'on ne l'oublie — il faut se souvenir que

la monnaie ne change en rien les termes du problème :
qu'avec elle comme sans elle, le débat pour l'échange
reste absolument le même et que cet échange est un
troc : le troc de la vie et des œuvres de la vie.

Et comment se clôt ce débat ? Partout, toujours,
suivant l'action combinée de l'organisme humain qui
juge, et du milieu qui le presse.

Deux êtres sont aux prises, c'est-à-dire que deux
centres d'attraction agissent l'un sur l'autre, avec
l'ensemble de leurs forces, on serait tenté de dire
dans la proportion de leurs masses. Chez ces deux
êtres, composés de milliers de particules vivantes
qui toutes interviennent, de même que la vie est un
« consensus », de même, en présence de l'action unifiée
des motifs, la décision est une résultante qui garde
en soi, ignorée ou sentie, la trace exacte et proportionnelle de tous les éléments du problème, qu'ils
viennent de l'être ou du milieu, et leur lutte respective aboutit finalement elle-même à une résultante.

Quelle est cette résultante ? Ce que la langue
usuelle et économique appelle accord.

Et quel est l'accord ? Le point où chacun des contractants prononce : « Ce que je reçois vaut pour
moi, et dans les conditions où je suis, ce que je
donne. »

L'équivalence présumée, l'égalité admise des choses
débattues forment la base de la transaction, l'adhésion mutuelle la consacre, la tradition des objets la
consomme.

Dans ces trocs de la vie, toutes les formes de la vie
paraissent. On y échange tour à tour, les unes contre
les autres, toutes les choses qui entretiennent et
réparent la vie : la vie qui se puise au sein du monde
contre la vie qui se puise au sein du monde puis, ce

qui entretient la vie contre ce qui aide les hommes
dans l'emploi de leur vie : la vie puisée dans les
choses contre la vie dépensée dans les choses; puis,
ce qui aide les hommes dans l'emploi de leur vie
contre des aides de même origine et de même usage;
puis encore, la vie sous la forme de mois, d'heures
et de journées contre d'autres mois, d'autres heures
et d'autres journées, ou contre des parcelles de vie
fixées dans des parcelles de matière pour la durée de
ces agrégats de matière ; puis enfin, ce qui nous
apparaît comme des idées revêtues de matière contre
des parcelles de matière façonnées sur le plan des
idées, suivant que prédominent le travail cérébral ou
le travail musculaire : la pensée ou la force. Preuve
nouvelle encore, s'il en était encore besoin, d'une
part du néant économique et de l'indifférence des
choses et de la présence, de l'identité, de l'action
constantes de la vie ; d'autre part de la rectitude théo-
rique du troc social, qui ne doit être que l'échange
du semblable contre le semblable : la vie contre la
vie.

Mais ardent, disons-nous, âpre, passionné à raison
des enjeux, des besoins, de la vue des profits et des
pertes, ce troc est une lutte dont le terme est une
résultante de forces et de faiblesses. Est-il aussi forcément pour l'une des parties, la victoire : celle du
fort, de l'intelligent, du bien pourvu ; pour l'autre,
l'écrasement et la défaite : celle du dénué, du faible,
de l'inhabile ?

Parfois, oui, sans nul doute. Dans l'essence des
choses et même dans la généralité des faits, non !
Pourquoi ? Parceque dans le monde social, à côté de
la division des tâches, règne la diversité infinie des
besoins et des désirs ; parceque dans l'échange des

œuvres de la vie, chaque contendant sacrifie ce dont il a personnellement le moins besoin ou nul besoin, pour recevoir ce qui lui manque, de telle sorte que chacun peut se féliciter, que chacun même se félicite le plus ordinairement de son marché. Laissez la perle à l'oiseau de basse-cour, au joaillier le grain de mil, rien ne vaut; tout est perdu. A se débarrasser de quelques feuillets inutiles, l'ignorant de la fable obtient son ducaton, et le manuscrit dédaigné fait le gain du libraire.

Chaque chose à sa place; « right ware in right place », c'est l'axiome, le but, le ressort et, pour les deux parties, le bienfait commun de l'échange.

IV

LES CONDITIONS DE LA CESSION DE LA VIE.

MÉCANISME DE L'ÉCHANGE — LE CONTRAT (*suite*).

« Right ware in right place ». Certes, si les lois sont les rapports nécessaires qui dérivent de la nature des choses, voilà bien une loi, une vraie et bonne loi; mais quelle est la vraie place des choses?

Oh! nul doute qu'à tout moment donné, il n'existe un rapport certain entre un être et les choses qui l'entourent; que cet être n'ait besoin, pour sa vie, d'un secours déterminé. Nul doute, pour parler avec plus de rigueur encore, qu'à un moment donné et pour un être donné, il n'existe une utilité absolue que sa vie réclame. Cette utilité, le milieu est-il en état de la fournir; l'être en état de l'y puiser? Pas

toujours assurément ; mais ce point n'est qu'un accident et la question n'est pas là pour la science économique. La question scientifique est celle-ci : que
cette utilité absolue, l'être ne la voit, ne la sent on
peut dire jamais et que ce n'est pas elle qui le guide.
L'intérêt, le besoin de sa vie, c'est ailleurs qu'il les
voit et les cherche, sous l'empire de ses passions, de
ses étourderies, de ses erreurs.

Quand donc il dit, à la fin du débat de l'échange :
ce qu'on m'offre « vaut » ce que je donne, il ne s'agit
pas d'une équivalence réelle, d'une équivalence en
soi, mais d'une équivalence telle qu'il la voit ; et
alors, qu'est-ce donc que « la valeur » des choses
dans l'échange social, ce phénomène économique
qui a fait couler tant de flots d'encre et noirci tant de
papier de tant d'explications, de contradictions,
d'hypothèses ?

La valeur est-elle dans les choses ? Est-elle un
rapport réel des choses à l'être humain ? Non ! « l'u-
tilité », l'apport des choses à la vie est une réalité.
Tel a considéré comme sans valeur une alimentation
simple. Il y a puisé, à son insu, contre son attente, le
bien réel de la santé. Tel a lu un jour, par désœu-
vrement et avec ennui, quelques pages de Platon
inspirées jadis par Socrate, ou de Fénelon ou encore
de Bernardin de Saint-Pierre. Malgré l'ennui et le
dédain, qu'il le sente ou l'ignore, son cœur ne s'en
est pas moins épuré, élevé, fortifié.

Mais la valeur ? La valeur n'est en aucune façon
une réalité formelle, ni comme qualité des choses, ni
comme rapport réel des choses à l'être. Elle n'est
même pas une représentation, une image, une forme
adéquate d'un rapport réel, de l'utilité par exemple,
puisque loin de la suivre et d'y correspondre, elle

s'en écarte et gravite à part avec la pleine indépendance de l'ignorance et de l'aveuglement.

Qu'est-elle donc ? Une simple vue de la pensée ?

Elle est l'opération qui, les yeux sur les termes
connus et recueillis d'un problème, résout une équation. Bien des fois nous avons dit : gardons-nous de
l'erreur qui, si souvent et pour de tels dommages,
fait prendre des vues de la pensée pour des entités,
des idées pour des choses ! La valeur est de ce
« monde moral » qui n'a nul pied dans le monde
réel.

En fait, il n'y a point une chose qui s'appelle « la
valeur », des choses qui s'appellent et soient « des
valeurs ». Dans les termes que nous venons de décrire
et tout compté : besoins et chances, forces et faiblesses, ressources, désirs, résistances, perte sur la
vie, gain pour la vie, pour chacun des deux conten-
dants de l'échange il y a une « évaluation ».

Faudrait-il donc faire la preuve qu'il s'agit ici
exclusivement, en effet, d'une opération de la pensée,
d'un acte de son organe? Eh! vraiment, comment
en douter?

Regardons-nous au caractère des éléments du problème, aux forces qui interviennent ? Nous venons
de les voir. Ce que nous avons devant les yeux, est-ce
que ce sont les besoins vrais ? Non, mais les besoins
tels qu'ils sont sentis. Est-ce la quotité réelle des ressources, des chances, des gains, des pertes ? Non,
mais celle seulement qui est aperçue et comptée. Reflets du monde réel mais si différents du monde réel,
qui donc, sinon la pensée où ils passent, les changerait
ainsi, les marquerait ainsi à sa ressemblance? Ils varient à l'infini suivant les hommes, et il n'est pas deux
hommes où ils soient les mêmes ? Qui donc possède

et communique cette empreinte du caractère personnel ? Comment donc s'appellent-ils ? Opinions et sen-
tim.   préjugés et illusions, prévoyance et calculs,
craintes, jugements, raisonnements, espérances. Et
qu'est-ce donc que tout cela sinon les manifestations
les plus expresses de la pensée ?

Enfin, il est encore un témoignage : c'est la forme
même de cette opération qui s'appelle le débat de
l'échange. — Comment s'accomplit-elle ?

Parmi nous, dans nos sociétés européennes, elle
s'accomplit sous la forme de la discussion, de l'attaque et de la défense, de l'examen et de la liberté :
c'est la façon de voir de notre intelligence, le procédé
qui ressort de notre nature. Mais prenez l'Arabe. Une
fois pour toutes, il fixe loyalement le prix de son travail et du produit de son travail. Puis, c'est fini. Sans
plus tenir compte désormais de son temps, du chemin
parcouru, des distances franchies, il vendra le même
prix à Oran et à Constantine, à Tunis et au Caire :
c'est, à son tour, la forme traditionnelle de sa pensée.
Aux Indes, qui fixe les prix ? La coutume. Une récolte
est médiocre ? De hauts prix qui, s'ils étaient demandés
dès le début, restreindraient la consommation, per-
mettraient d'atteindre le bout de l'année. Non ! Les
prix sont maintenus malgré tout, suivis de la consommation accoutumée. Aux derniers mois, ils amènent
la détresse et la mort : autre forme de la pensée.

Il est donc bien vrai de dire que dans l'échange,
c'est le cerveau qui a tout fait et fait tout, la pensée
qui règle et décide ; bien vrai que les termes de
l'échange, mobiles et formes, relèvent de la pensée ;
bien vrai que la valeur est une « évaluation » et n'est
rien qu'une « évaluation ».

Est-ce à dire que cette évaluation si variable, si

personnelle même et partant si flottante au caprice des organisations individuelles, n'offre que des phénomènes sans lien et jetés au hasard? Est-ce à dire qu'elle n'ait pas sa loi?

Oh! non, même quand on ne la considère que par un point isolé, dans l'un de ces contrats qu'on pourrait appeler les combats singuliers de l'échange, on ne peut oublier qu'il n'est point de vie qui ne soit attachée à une parcelle de matière, point de phénomène de la vie qui ne se traduise par des phénomènes du monde de la matière ; qu'imaginer des séries de faits sans lois qui les mènent, ce n'est rien moins, encore une fois, que supposer des effets sans cause, admettre le déraisonnable et l'impossible ; qu'en somme, pour les actions cérébrales comme pour les autres, qu'elles aboutissent à des vues droites ou à des appréciations fautives, tout se résout en des phénomènes physiques et que par conséquent, dans ce monde des êtres organisés, avec son infini dans la variété et la dissemblance, comme dans le monde inorganique avec son absolu dans l'uniformité, pour ce que nous appelons le monde de la pensée comme pour le monde des forces, ce sont des lois fermes et les mêmes lois qui règnent et gouvernent.

Ces lois de l'échange, on a plus d'une fois essayé d'en trouver les termes, d'en donner une formule mathématique. Est-ce donc que l'entreprise aurait en soi quelque chose de chimérique? Non! elle est, au contraire, en pleine conformité avec les droits et le pouvoir ordinaire de la science, comme autorisée par les données de l'expérience. Si l'examen des cas particuliers ne donne qu'un spectacle confus ; si le phénomène isolé ne permet pas toujours de conclure, il n'y a rien là de particulier qui décourage. Deux ob-

servations d'un astre, à deux points différents du ciel,
ne déterminent pas la courbe de son orbite. L'en a-t-il
moins rigoureusement suivie en passant de l'un à
l'autre ?

Ainsi en est-il pour l'échange. La loi existe ; à coup
sûr, tout la suit. Aperçue ou non, le fait élémentaire
lui-même en porte la trace. Qu'on l'entende ou non,
il l'énonce. Pur phénomène du « monde moral »,
soumise à l'erreur, acte uniquement individuel,
« l'évaluation », elle aussi, n'en doit pas moins dire :
« Homo Sum » et se revendiquer de lois qui ne sont
autres que celles de la nature humaine : la recherche
est de droit, le succès plausible.

Si d'ailleurs devant les infiniment petits de l'échange
la pensée peut rester indécise, il n'en va plus de
même quand elle en embrasse les grands traits, les
vues d'ensemble. Là, il semble qu'on sorte des faits
intérieurs et des combinaisons cachées, pour se
trouver en présence de faits tangibles, distants, mesurables. Là, tout prend l'aspect, l'éclat, la consistance des faits généraux, de lois de grands nombres.
Comme des électricités qui se rendent sans faillir à
leurs pôles respectifs, opinions, jugements, passions,
désirs, caprices, façons de voir et de sentir, toutes
les manifestations de l'organisme humain se donnent
rendez-vous, se groupent en grandes masses, en faits
sociaux, se divisent, se rangent, gravitent vers les
deux branches de l'équation, vers les deux pôles de
l'échange : la vie offerte, d'un côté, sous toutes formes ;
sous toutes formes la vie demandée de l'autre. Et
alors, s'étale sous le regard, saisissable pour la statistique et l'Économie politique, le mécanisme de
l'échange, toujours changeant, toujours le même,

immuable dans ses lois, dans sa libration perpétuelle.

Puis, pendant que d'un côté, en quelque sorte à une certaine hauteur, se déroulent ainsi et vont flottants comme des nuages, variés, mobiles dans le débat de l'échange de la vie, tous les enfantements de la pensée humaine, reflets infidèles des choses, au dessous, les choses elles-mêmes, comme des dieux sourds, sans yeux, sans voix, sans cœur, se tiennent droites, rigides, inflexibles et poursuivent leur route sous leurs lois inexorables.

L'homme les consulte-t-il et les comprend-il ? Sait-il voir que sa pensée et leur orbite ne sont plus dans le même angle ? Oh ! qu'il ne dise pas qu'elles l'avertissent ; non ! Mais, en les comprenant, il se redresse, réduit ou agrandit ses industries, les crée ou les supprime, ramène par exemple aux frais de production la limite extrême de ses sacrifices dans l'échange. Ne les entend-il pas ? Elles le broient dans leur courant muet, sans l'entendre, sans le voir, sans le savoir, simplement parce qu'elles sont telles ; parce que la surproduction amène forcément une crise, pour mieux dire est en soi une crise, parce que l'excès de dépense est une ruine, la corruption des mœurs, l'abaissement des âmes une fin sociale, absolument comme un élément chimique en dissout un autre, comme un mouvement en arrête un autre, comme un corps en écrase un autre, comme un arrêt du cœur est la mort.

Tel est, en son entier développement, le mécanisme du commerce de la vie.

Or, à en suivre le fonctionnement, on aperçoit aussitôt dans quelles conditions il est régulier, avoué par les principes du droit, de l'équité, de l'Economie politique, légitime enfin ; et dans quelles conditions il cesse de l'être, conditions aussi simples qu'elles sont impérieuses et précises.

La première, celle qui frappe tout d'abord les yeux, c'est qu'alors que le cédant donne en échange des parcelles véritables de vie, des œuvres vraies de la vie, il faut, et il faut de façon absolue que son contractant apporte et livre aussi réellement des parcelles de vie, des œuvres de la vie en contre-échange ; qu'il ne donne pas pour une œuvre entière et pure de la vie ce qui ne serait qu'en partie de la vie, ou ce qui n'aurait de la vie que l'apparence ; car alors, il recevrait et ne rendrait point, achèterait et ne paierait point, vendrait et ne livrerait point un objet réel de vente.

La seconde condition, qui ressort pareillement de tout ce qui précède, c'est qu'il ne faut pas voir paraître au contrat la violence ou la fraude.

Et qui donc y doit présider ? Une grande chose qui, dans nos sociétés européennes, apparaît comme le bien, le droit et la garantie suprêmes : — La liberté.

V

LES OBJETS DU COMMERCE DE LA VIE.

LA VIE SOUS FORME D'HEURES ET DE JOURNÉES.

Nous avons en main le criterium de la légitimité et du droit. Avançons maintenant dans le monde social et jugeons-en les transactions à sa lumière.

Au premier rang, il en est une qui se distingue entre toutes par le nombre de ses contractants, par l'intérêt que leur sort mérite et inspire, par leur titre de majorité de la population, de l'armée et du corps électoral, par leur nom redoutable de multitudes, par le souci qu'ils suscitent à ce compte, et surtout à notre époque, dans le monde de l'Economie politique et de la politique : c'est celle des hommes qui vivent de leur travail livré au jour le jour, à la mesure du mois, de l'heure et de la journée.

Nous avons fait la remarque que toute séparation entre les travailleurs qui vivent du prix de la vie donnée sous la forme que l'Economie politique appelle « les services » et ceux qui vivent de la fabrication de « produits » où s'incarne leur travail, est absolument artificielle ; que tous les actes, tous les emplois de la vie se fixent forcément dans des phénomènes matériels, sous peine de ne point prendre pied dans les transactions sociales, et que leur reconnaître ou leur refuser, pour les classer, le caractère de durée, en les rapportant simplement à celle de notre propre existence, constitue une distinction dépourvue de valeur scientifique.

Dans ces termes donc, nous nous trouvons en présence d'une très grande division de faits économiques semblables et pareillement d'une très grande classe d'hommes, une, homogène : celle des employeurs ou, pour mieux dire encore, des livreurs de la vie dans le travail.

Elle comprend, en premier lieu, toutes les populations laborieuses, qu'elles se rattachent au travail agricole ou au travail industriel. Il faut y joindre, en second lieu, malgré les traditions et les apparences, les contre-maîtres, ingénieurs et entrepreneurs d'industrie, le personnel des services domestiques, les employés, magistrats, fonctionnaires de toutes attributions et de tous rangs, qu'ils appartiennent à des compagnies, aux départements et communes ou à l'Etat, toutes tâches sociales entre lesquelles les préjugés établissent des distances, entre lesquelles il serait assurément impossible de trouver une différence défendable, au point de vue de l'Economie politique, fût-ce même du côté de leur rémunération. Toutes, en effet, malgré la peine que se sont donnée les jurisconsultes et les lois pour distinguer le mandat, réputé plus relevé, du travail réputé plus humble et pour lui constituer, sous le nom d'honoraire, une rémunération qui le tirât hors de pair, au-dessus de la rémunération d'ouvrier, toutes relèvent, aux yeux de la science et de façon absolument pareille, d'un même régime : celui du travail et du salaire.

Or, ces travailleurs, ces employeurs de vie livrent-ils bien la vraie matière du contrat ? Sont-ils bien propriétaires de ce qu'ils promettent et livrent ? Leur transaction est-elle bien sans reproche et légitime ? Pour juger, prenons-la sous sa forme primordiale et élémentaire, non parcequ'elle est la plus sympathique et la plus éloquente, mais parce qu'elle est la plus décisive : ce sera celle du simple ouvrier manuel.

Que cherchons-nous d'abord ? l'objet du contrat ? L'objet du contrat légitime, c'est, avons-nous dit, la vraie vie consumée dans le labeur humain. Or, cette simple vie qui se livre à mesure qu'elle s'écoule avec le jour et l'heure remplit-elle bien l'objet du contrat ? Eh ! vraiment, voyons donc ce qui se passe.

Des hommes de cette grande classe sociale arrivent au travail. Celui-ci entre à sa manufacture et s'as-

soit devant son métier. Cet autre prend des chevaux
et une charrue à la ferme et gagne la plaine. Cet
autre va s'atteler aux terrassements d'une carrière
ou d'une route. Sur le lieu du travail, rien qui leur
appartienne. Sol et abris, animaux et outils, matériaux et machines, tout est à autrui. Eux, ils n'ont,
comme ils disent, que leurs bras. Ils les apportent et
ne songent jamais à réclamer d'autre prix que celui
de ce qu'ils apportent.

Or, tout à la fin du jour, qui s'est passé pour tous
dans l'activité et la fatigue, au moment où le soleil
qui se trouvait au matin sur la colline disparait à
l'opposite le soir, derrière les bois, après ses quinze
heures de présence impérieuse, des sillons sont tracés,
des mètres d'étoffe façonnés. Des blocs de terre ont été
fouillés, remués, déplacés. Près du métier, le long
de la carrière, au bout du champ, on compte, on mesure, on évalue. Quoi ? Le travail tout seul. On note
les jours passés et les heures. Or, cela est-ce bien la
vie ? Oh ! oui et c'est la vie sous sa forme la plus pure,
sans une trace de mélange avec un élément étranger
quelconque qui puisse la déguiser, la tromper elle-
même ou en tromper d'autres sur ses droits.

Et l'homme, est-il bien propriétaire ? A-t-il plein
droit de propriété ? Eh ! en vérité, qui donc l'aurait
à sa place quand cette vie, on l'a vu la fournir à mesure ; quand on l'a suivie, mesurée à sa fatigue, à sa
peine ; quand cette vie c'était lui ? Nulle part, on
peut le dire, dans nul phénomène du commerce de la
vie, la vie fournie au travail n'apparaît avec un caractère plus net et plus personnel, plus digne de protection et de respect.

Regardons-nous maintenant au mode du contrat de
ces hommes ? Quel est-il ? Comme si c'eût été une

nécessité d'ordre et de discipline pour les vieilles sociétés, les législateurs se sont évertués à le ranger
parmi les contrats de louage, à le qualifier et régler
comme tel. « Louage d'ouvrage » disent les Codes.
Singulier contrat de louage, en vérité, et qualification
bien difficile à défendre quand on serre de près la
vérité des faits économiques.

Que se passe-t-il, en effet, dans le contrat ordinaire de louage ? Il comprend suivant les termes des
lois un « bailleur » et un « preneur » de l'objet loué.
Quels sont le droit et le rôle du bailleur ? Il a dans
le contrat, la situation éminente. Il possède les choses,
stipule la restitution de l'objet loué, en même et semblable état, puis, s'il y a usure de la chose, un
loyer comprenant un intérêt, un amortissement, les
risques enfin et un bénéfice. Et le preneur ? il accepte
et sert le loyer demandé et consenti.

Or, ici, s'il y avait contrat de louage, quel serait le
bailleur ? Quel serait celui des contractants qui four-
nirait l'objet du contrat à savoir le travail ? l'ouvrier
apparemment. Mais est-ce que l'ouvrier stipule et
obtient un intérêt, un amortissement pour tenir lieu
de la restitution, en même et semblable état, de l'objet loué, à savoir la vie, restitution manifestement
impossible ? Non ! C'est le preneur du travail qui
amortit les loyers par lui payés, qui, malgré toutes
les révoltes clairvoyantes des économistes, en dépit de
tous les démentis, de tous les désaveux d'écoles, per-
çoit un intérêt sur les sommes qu'il paie en salaires
et non seulement un intérêt mais un bénéfice.

Et l'ouvrier ? l'ouvrier, lui, ne reçoit que la stricte
représentation de la dépense de vie qu'il a faite dans
le travail. On sait assez que les salaires gravitent au
plus près des besoins les plus élémentaires des salariés.

Est-ce qu'il a, dans le contrat, la situation émi
nente ? Oh ! tout au contraire. C'est à peine s'il y est
une personne, puisqu'il prend place parmi les instruments de travail, et qu'un autre comprend son entretien dans ses frais de production, comme il y comprend celui de ses animaux de service et de ses machines. Il est vrai que l'assimilation cesse, qu'il redevient une personne civile responsable, mais c'est seulement quand il s'agit des risques par lui courus,
dans le travail, et que jusqu'ici il a supportés seul.

Que conclure de tout cela? Qu'il ne s'agit nullement
ici d'un contrat de louage, car ce serait un contrat de
louage à rebours, dont les conditions normales ne
seraient pas seulement faussées mais renversées.

Et quel est donc alors le contrat ? Le contrat est
une vente, une vente de travail, une vente de la vie.
L'ouvrier vend ses jours et ses heures de vie et il les
livre.

Ce contrat est-il régulier ? On peut affirmer qu'il
n'en est pas qui le soit davantage.

Les classes nombreuses qui le pratiquent sont-elles
sans reproche ? Où seraient les abus qui pourraient
les incriminer ? Si la propriété de la vie apportée
ainsi dans le travail est la plus nette, la plus pure, la
plus dépourvue de tout élément étranger, à son tour,
la vente, remarquons-le bien, est, dans les transactions sociales, le procédé essentiel et élémentaire,
auquel tous les modes réguliers doivent pouvoir se
réduire, en soi irréductible, en même temps qu'il est
le plus dégagé de circonstances accessoires susceptibles de déguiser le droit.

La vente de la vie dans le travail est donc visiblement, à double titre, et dans son objet et dans son
mécanisme essentiel, absolument irréprochable.

15.

Serait-ce dans l'application qu'elle mériterait quelque critique ? S'y ferait-elle condamner pour quelque influence abusive, pour le recours à des manœuvres dépassant l'habileté permise ? Aurait-elle quelque épée de Brennus à jeter, elle aussi, dans la balance ? Oh ! non ! loin de là, et déjà nous venons de le voir. Si, dans la grande classe des hommes vivant du salaire ou de rémunérations essentiellement assimilables au salaire, il en est, comme les directeurs et entrepreneurs des travaux, comme les employés et les fonctionnaires, auxquels l'emploi de la vie assure un bénéfice au delà du nécessaire et, avec l'entretien plus ou moins large de la vie présente, cet amortissement particulier qui sous des formes et des noms divers, est la retraite pour le temps de la vieillesse, ce ne sont là que des exceptions limitées en nombre, bornées pareillement quant au chiffre des avantages, consenties par des convenances particulières ou publiques, conquises surtout par une défense meilleure et plus éclairée des droits.

Mais ces avantages, le gros des multitudes les connaît-il donc ? Non !

Mal servies par l'insuffisance de leur clairvoyance et de leur savoir soit technique, soit social, par les conduites intéressées de leurs conseils, desservies, parfois même écrasées par cette acuité des besoins et ce défaut de ressources qui dans leur ensemble, constituent, sur leur bord, ce qu'on appelle la force des choses, elles ne tirent guère de leur vie que ce qu'il leur faut pour maintenir les travailleurs au même point comme nombre et comme forces, pour le profit du domaine du travail national et de ceux qui le dirigent et l'exploitent. Ce n'est pas par elles qu'une épée de vainqueur tombe jamais dans la balance.

Loin donc qu'elles abusent dans le contrat de la vente de la vie, cette vie qui est leur seul bien, sans faute, sans reproche elles ne la vendent d'ordinaire qu'au prix coûtant et parfois même, témoin leurs ruines et leurs brèches, au-dessous du prix coûtant.

Enfin, il est un dernier point qui témoigne de la légitimité de leurs demandes et de leur rémunération.

Nous avons vu que la grande condition, pour la régularité du mécanisme des transactions sociales, est la liberté. C'est avec le libre débat, sur le marché général, que les classes vivant du travail apportent et vendent leur travail à l'heure et à la journée. C'est sous le régime de la liberté qu'elles contractent et que l'on contracte avec elles.

Est donc absolument régulière la vente du travail employé sur le bien d'autrui, sous sa forme élémentaire de force dépensée à mesure et livrée soit à la tâche soit à la mesure du temps.

C'est, sous tous les rapports, au premier rang des transactions légitimes que se place la vente de la vie qui passe, de la vie sous sa forme simple et nue de mois, d'heures et de journées.

VI

LES OBJETS DU COMMERCE DE LA VIE.

LA VIE FIXÉE DANS LES CHOSES.

Dans l'analyse qui vient de passer sous nos yeux, la vie active se dépensant dans le travail s'employait

sous sa forme fugitive de mouvements, d'heures et
de journées, avec des instruments fournis par autrui
et sur le bien d'autrui. Nous avons pu ainsi la saisir
toute nue, sans mélange d'éléments étrangers et,
comme on dit dans les sciences physiques et chimiques, absolument « isolée. » A présent, nous allons reprendre cette même vie active et se dépensant
pour son œuvre, mais agissant par des moyens qui
lui appartiennent, se fixant dans des choses qui lui
demeurent, qui deviennent les objets mêmes sous lesquels elle circule et s'échange dans le commerce de
la vie.

Or, à son propos, nous avons à nous poser les
mêmes questions que pour la première forme de la
vie. Avec elle, est-ce bien de la vie humaine qui
s'échange et rien que de la vie? Le livreur est-il bien
propriétaire? Enfin, à l'égard du livré comme à
l'égard des tiers, le contrat est-il droit et licite? La
transaction est-elle légitime?

Que dans ces œuvres du travail humain, ce soit la
vie humaine qui se dépense et demeure, nous l'avons
vu quand nous avons étudié, dans son détail, le second mouvement de la vie : la vie s'employant sur
les choses. Or, ce qui a été l'œuvre du travail, c'est
précisément, sans changement de substance ou de
forme, ce qui circule et s'échange sur le marché social.

Lorsque Corneille tire d'*Horace* ou de *Cinna* de
quoi réparer à demi l'humble maison patrimoniale où
s'abritent sa pauvreté et son génie; que Rousseau
vend le *Discours sur l'origine de l'inégalité parmi
les hommes* le prix d'un habit, et que ses contemporains lui paient l'*Emile* du prix de l'exil avec la
gloire et de la destruction de son livre par la main

du bourreau ; que Montesquieu enrichit, qui donc ?
son libraire avec les *Lettres persanes*, ce qu'ils apportent à l'échange n'est-ce pas toujours l'œuvre de leur vie même : élévation et chaleur, grâce, finesse, esprit, éloquence revêtues de la belle et ferme langue des grands siècles ?

Quel est donc l'objet de l'échange encore quand Léonard ou Cellini ou Michel-Ange couvrent la toile, coulent la bronze, façonnent l'argile et le marbre, pour notre François Ier, Jules II ou Léon X ; pour Fontainebleau, Florence ou Rome, n'est-ce pas le mystère de l'eucharistie humaine, vraie celle-là, éclatante : le talent, le génie, la vie même s'incorporant à la matière pour parler et survivre ?

Et il en est ainsi pour tout ce qui s'emploie dans le travail.

L'artisan qui fabrique le meuble destiné à l'achat du pauvre, le vigneron qui serre la vis de son pressoir et recueille, pour le porter à la ville, le vin de sa récolte, le boulanger qui passe sa nuit à préparer les trois fournées de pain autour desquelles les ménagères de son quartier vont s'empresser, à la première heure, mettent absolument comme les plus grands génies, leur vie dans leur travail et c'est elle qu'ils apportent tous les jours à échanger contre l'œuvre d'autres vies, différentes peut-être, comme diffèrent les visages des hommes, mais comme eux semblables, en ce que toutes elles ont les traits humains et relèvent de la famille humaine.

Soit ! Voilà qui est admis. Tout cela est bien de la vie, de la vie humaine et personnelle.

Mais, à présent, l'homme est-il bien propriétaire de ce qu'il offre et livre ? De sa vie ? Oh ! oui, sans doute. Mais quoi ! peut-on dire, et tout d'abord, nous

l'avons reconnu, sa vie ici n'est pas seule. Que penser, que dire de cette enveloppe matérielle que,
d'après nos prémisses mêmes, elle revêt pour prendre
corps et passer de main en main? L'enveloppe, ce
n'est plus la vie. Est-ce que cet élément étranger,
jeté partout et toujours avec des proportions diverses
dans le plateau de la balance, ne vicie pas tous les
poids, toutes les valeurs, tous les termes, et ne
frappe pas, par suite, d'illégitimité les contrats d'é-
change? — Examinons.

Lorsque des écrivains, prosateurs ou poètes, pour
exprimer leur pensée à leurs semblables, pratiquent
ce recours aux phénomènes matériels qui forme la
condition inévitable de toute communication entre les
hommes, à quels éléments s'adressent-ils? A des
sons, à des signes, à des mots écrits ou parlés, à
tous les moyens du langage. Or, en empruntant les
mots, est-ce qu'ils les ravissent? Est-ce qu'en s'en
servant, ils en interdisent ou en réduisent en quoi
que ce soit l'usage? Non! Racine laissait intacte pour
Pradon toute la langue de son temps. Voltaire n'enlevait pas un mot à l'éloquence de Patouillet ou de
Nonnotte. Accumulez, doublez même à côté des dépôts immenses de notre Bibliothèque nationale,
toutes les bibliothèques du monde, les dictionnaires
n'auront rien perdu et tous les idiomes resteront
sans une brèche, sans une atteinte, à la disposition
de qui voudra parler ou écrire.

C'est que des signes ne sont pas des entités, des
choses, et que si pour notre milieu, la matière est
limitée, les signes ne sauraient l'être. C'est ici, pour
l'enveloppe de la vie destinée à l'échange, le droit
absolu, la situation privilégiée par excellence.

Est-ce à dire que les autres soient critiquables ? Qu'on en juge !

Un jour, Léonard de Vinci prend ses pinceaux. C'est la Joconde qui va vivre. La voici. Quelle joie pour les arts ! Quel don sans prix pour le musée d'un grand pays ! Or, que lui a-t-il fallu pour son travail ? Un morceau de toile et pour deux écus de couleurs.

A quelque temps de là, voici que Michel-Ange dépose son ciseau, à l'approche du soir. Ce qu'il vient de donner au monde, c'est l'une des figures des tombeaux de Jules II ou des Médicis. Quels sacrifices de toutes parts si plusieurs peuples étaient appelés à se disputer son œuvre ! Quel deuil si elle venait à disparaître ! Or, lui, qu'a-t-il employé pour la produire ? Deux mètres de pierre venus de la montagne voisine.

Comme la matière première, n'est-il pas vrai, s'efface devant la valeur du travail ! Comme l'enveloppe s'anéantit devant la vie, devant le génie qu'elle porte en elle, dont elle est le langage !

Et ce n'est pas tout encore, pourtant. Notons-le bien, quand cette pierre a paru dans l'atelier de Michel-Ange, il l'avait régulièrement achetée du prix d'un travail, c'est-à-dire d'une part infime, mais d'une part de sa vie.

Il l'avait achetée ? Qu'est-ce à dire ? Qu'il avait acquis et ouvert lui-même sa carrière de marbres, qu'il avait payé de ses deniers l'extraction, les ouvriers et le carrier, les outils, les chevaux, les voitures, le transport de la carrière à la ville. Mais quoi ! Lorsque tout a été ainsi remboursé d'échange en échange et de main en main ou compris finalement dans une acquisition dernière, que peut-il donc rester de valeur pour la parcelle de matière originelle qui, avant tout cela, dormait inconnue, invisible, sans maître, dans les entrailles de la terre? Que reste-t-il donc pour les deux mètres de pierre empruntés par Michel-Ange, aux centaines de millions de mètres cubes de la chaîne inépuisable de l'Apennin? Non, absolument rien, on peut bien le dire.

De même pour Léonard. Il s'est servi de couleurs et d'une toile. Mais, lui aussi, il a régulièrement acheté ce qu'il employait. Ouvriers, marchands, préparateurs, tisseurs, cultivateurs qui ont semé, récolté les matières textiles, il a tout payé. Eh! vraiment, après cela, que reste-t-il encore? Il reste quelques grammes de poussières, de corps simples inertes, sans valeur, sans utilité connue, perdus, imperceptibles, impossibles, dans l'infiniment petit, à exprimer par des chiffres comme à saisir par une pensée humaine, en présence de la quantité immense des corps similaires que comprend la masse même de la planète.

Et, remarquons-le bien, il en est ainsi dans tout travail, dans tout échange des œuvres de la vie.

Quand le potier de village a tout payé, outils et ouvriers, extraction et charrois des matières à son usage; qu'il apporte au marché la faïence un peu grossière produit de son travail, ce qu'il vend, c'est l'œuvre de sa vie, sa dépense de vie. Comme pour celle de Michel-Ange, l'argile qui en est le véhicule et le témoignage, ne demande rien pour elle, et soyons en sûrs, n'a rien pour elle.

Quand le boulanger a payé son eau et sa farine, c'est-à-dire le voiturier, le meunier, le cultivateur dont le métier est de provoquer la transformation en céréales des principes utilisables du sol, ce qu'il offre à l'échange, lui aussi, c'est et c'est uniquement l'œuvre de sa vie, c'est sa vie. Et, soyons-en sûrs, par les mêmes raisons constantes, sous les mêmes lois toujours applicables, les substances multiples : azote, phosphates ou carbone, qui, du sol, passent dans les céréales, puis dans le pain du boulanger, ne demandent et ne prennent rien pour elles.

La matière, enveloppe et truchement de la vie humaine, est dans tous ces cas, une quantité ou nulle, ou non-seulement négligeable mais inévaluable dans l'échange et absolument imperceptible.

Quand donc l'homme, dans ce curieux commerce de la vie qui forme tout le jeu du monde social, apporte et vend sa vie incarnée dans les choses, il est bien le réel et indéniable propriétaire de tout ce qu'il promet et livre.

A présent, voyons-nous son contrat? Son contrat, c'est encore et par essence le contrat franc, droit, simple, pénétrable d'un coup d'œil, exempt de toute complication, de toute embûche qui puisse provoquer l'illusion ou profiter de l'obscurité et de l'erreur. C'est la vente, c'est l'achat, et cette vente, cet achat, c'est la simple livraison de la vie contre la vie.

Et sous quel régime tous deux s'opèrent-ils? Encore et toujours sous le régime conforme à notre pensée : le régime de la libre évaluation et du libre débat, sous le régime de la liberté. Qu'on examine en effet, pour le commerce de la vie et des œuvres de la vie, c'est partout sous le régime de la liberté que s'échange parmi nous la vie incarnée dans les choses.

Quel témoignage en faveur du contrat !

Car, supposons qu'en dehors de sa juste demande d'une part de la vie d'autrui en échange d'une part de la sienne, un homme voulût exiger dans l'échange, un prix particulier pour le carbone, l'azote et les phosphates du blé, pour l'argile de la faïence, pour les parcelles de matière enfin, quelles qu'elles soient, gratuitement fournies par le sol de la planète. Eh! quoi! dira son acheteur, dans le libre débat, vous prétendez me vendre ce qui n'est point à vous, ce qui ne vous a rien coûté, prenez garde! Vous n'en avez pas le droit, mais vous n'en avez pas davantage le pouvoir. La silice originelle, l'argile non touchées par le travail sont inépuisables. A défaut des vôtres, j'en prendrai à côté des vôtres.

Pour la même somme de vie enfin, j'aurai ce que vous avez. Donc, point de dupes! Point de fraudes! Ou point de contrat ou bien contrat loyal! Œuvres de la vie contre œuvres de la vie, la vie contre la vie!

Nous pouvons donc conclure et conclure en toute assurance.

Comme la vie que nous avons appelée la vie qui passe, la vie incarnée dans les choses, échangée avec les choses et dans les choses est bien tout entière de la vie.

Comme avec la vie qui passe, avec celle ci, l'homme est bien le réel et indéniable propriétaire de ce qu'il propose à l'échange, de tout ce dont il demande et obtient un prix dans l'échange.

A l'égal de la vie qui passe, de la vie toute simple et toute nue sous sa forme de mouvements et de services, sous sa forme de jours et d'heures, la vie incarnée dans les choses, échangée avec et dans les choses forme l'objet de transactions régulières, de contrats légitimes dans le commerce de la vie.

VII

LES OBJETS DU COMMERCE DE LA VIE.

LA VIE FIXÉE DANS LES CHOSES (*suite*).

Soit ! Entendons-nous dire, l'homme vend, contre des œuvres de la vie d'autrui, des parcelles de sa vie fixée dans les choses. Ces choses, qui portent sa vie, il les vend librement et loyalement. Telles il les possédait, telles il les cède. Tels étaient ses droits, tels, et dans leur intégrité, sont les droits de son acheteur sur elles. A celui-ci désormais, comme à lui avant la vente, de les exercer à son tour.

Oui ; mais nous l'avons vu ici même, ces choses où se fixe la vie se subdivisent en deux grandes classes, l'une comprenant celles où l'homme puise l'entretien de sa vie, l'autre où viennent se placer celles dont il s'empare pour en faire les collaborateurs de son travail, pour s'en aider dans l'emploi de sa vie.

Pour les premières, non, point de débat ! Dans leur rôle simple et passif, elles ne suscitent, pour la pensée ou pour les intérêts, nul contredit, nulle protestation, nulle résistance. Elles contiennent la vie ? C'est qu'on l'y a mise. On la leur reprend ? Oui ; pour le chiffre exact dont on les en a faites dépositaires. Elles changent de main ? Qu'importe qui les détient, les passe, les reprend, les utilise ! Quantités fixes par elles-mêmes, elles peuvent se porter d'un compte à l'autre, avec pleine justice pour les contractants, sans un dommage pour les tiers, sans une atteinte au compte d'ensemble des transactions sociales.

Mais en est-il de même pour les autres, celles dont les hommes se font des aides dans leur travail ?

Il est très vrai que celles-ci, toutes pareilles aux premières en ce qu'elles sont au même titre et au même degré des produits du travail, objets d'échange et de contre-échange, s'en distinguent par des traits bien particuliers.

Vouées, à ce qu'il semble, à un rôle actif dans l'œuvre de la vie, n'apportent-elles pas à l'homme avec elles des pouvoirs très grands, très graves, on est tenté de dire extraordinaires? Sous leur forme d'outils, de machines, d'instruments de travail de toutes sortes à son service, n'ajoutent-elles pas à la minime force humaine des forces extérieures, étrangères, hors de proportion avec elle, qui la doublent, la quadruplent, la décuplent? Aptes à durer sans fatigue, parfois à agir presque sans usure — Quelle supériorité sur l'organisme humain lui-même! — ne le sont-elles pas, du même coup, à reproduire incessamment, sans s'épuiser jamais, le même effort, les mêmes résultats industriels?

Au lieu d'être des quantités fixes, ne sont-elles pas alors des quantités toujours renouvelées et incessamment croissantes?

Devant un concours d'une telle puissance, suivant qu'on le possède ou qu'il manque, n'est-on pas d'avance vainqueur sans lutte ou écrasé sans résistance? Un pareil poids, enfin, jeté du dehors dans la balance n'est-il pas de nature à déranger, sans mesure et sans droit, toutes les proportions des droits dans le monde du travail et de l'échange?

Et, au surplus, est-ce que ce mal est inconnu? Est-ce que ces griefs sont nouveaux, les plaintes contenues ou muettes? Non! Ce sont ces choses mêmes qui mènent, depuis si longtemps, encore aujourd'hui, un bruit croissant, vraisemblablement

destiné à croître encore, sous un nom tour à tour et
suivant les camps maudit ou béni, discuté, honni,
défendu : le nom de « capital. »

Serrons donc de plus près l'examen à propos de
ces choses et demandons-leur de nous dire, en leur
propre et privé nom, d'une réponse spéciale et expresse, si avec elles la prise de possession par la vie
est encore de même caractère que tout à l'heure ; si,
elles aussi, elles sont œuvre de la vie, rien que de
la vie ; si, avec elles aussi, l'homme est bien et au
même degré propriétaire indéniable de tout ce qu'il
livre à l'échange ; enfin, et par dessus tout, si pour
elles aussi, la transaction est sans reproche à l'égard
des intéressés comme des tiers et du corps social,
sans dommage pour aucun ayant droit ; si le contrat
est de tout point légitime.

Que la vie se saisisse des choses avec le même droit
pour y puiser les éléments qui la réparent ou pour y
projeter sa force qui les façonne, les meut, les utilise ;
qu'elle y passe et s'y fixe, au même degré, quand
pour prendre la langue même de l'Economie politique
elle leur demande soit des « produits », soit des
« capitaux », « instruments de travail », cela éclate
au premier coup d'œil.

A Léonard couvrant un morceau de toile d'un chef-
d'œuvre, à Michel-Ange façonnant la pierre, le marbre ou l'argile pour le plaisir de nos yeux et l'élévation de notre pensée, au potier, au menuisier qui
donnent à vingt familles la vaiselle et les meubles des
ménages, au boulanger, au vigneron qui leur préparent le pain et le vin dont ils s'alimentent, substi-
tuez Watt ou Fulton, Arkwright ou Gutenberg, Stephenson, Richard Lenoir et tant d'autres, avec leurs
inventions, leurs métiers, leurs machines, ou bien

l'un de ces grands inconnus, perdus dans la nuit des âges comme la plante originelle du blé, leur rivale et leur image, qui ont découvert, employé les premiers, révélé à leurs semblables au prix de leur reconnaissance et de leur adoration, de leur haine et de la mort peut être, la pioche ou la bêche, les ciseaux ou l'aiguille, le levier ou l'araire, qu'y a-t-il de changé dans le phénomène économique?

Est-ce que dans les deux cas, l'organe de la pensée humaine n'a pas fait son œuvre?

Est-ce que, dans les deux cas, l'être qui seul est une personne n'a pas trouvé devant lui la même matière inerte, indifférente, ouverte et prête pour son empire? Est-ce que des deux parts, ce ne sont pas les mêmes forces émanées du même organisme qui la façonnent, suivant le plan déterminé par la même pensée?

Oui! c'est bien la vie, la vie partout la même, humaine, personnelle, reconnaissable, la vie accusée au dehors dans les choses par les mêmes phénomènes de mouvement et de forme, au dedans de l'organisme par les mêmes destructions de substance vitale, qui sont le témoignage de son effort, la mesure de ses sacrifices.

Après cela, avec elles, l'homme ne serait pas au même degré propriétaire? — Pourquoi?

Est-ce que comme Léonard, comme Michel-Ange, comme le vigneron, le menuisier, le boulanger, comme le potier de village, Gutenberg et Watt, Stephenson et Fulton n'ont pas remboursé dans leur achat final toutes les dépenses échelonnées que représentaient les matières qu'ils mettaient en œuvre? Est-ce que pour eux aussi, il ne faut pas dire : ces dettes acquittées à l'égard du travail, de tout ce qui était

travail, en dehors de leur vie que reste-t-il encore?
N'est-il pas vrai que ce qui reste, au bout de l'analyse de l'économiste comme au fond du creuset du
chimiste, ce sont quelques parcelles de matière :
minerais, hydrogène, oxygène, carbone, fer, bois,
fonte, acier, parts absolument infinitésimales de la
masse terrestre, sans utilité tant qu'inconnues, invisibles, enfouies dans le sein de la terre, elles n'ont pas
été amenées au jour, recueillies, façonnées, marquées de l'empreinte de la vie; sans valeur tant
qu'elles n'ont pas été touchées par le travail?

Si donc nous regardons à la substance des choses,
ici, pour les « capitaux »-instruments de travail
comme pour toutes autres, la matière enveloppe et
véhicule de la vie, disparaît absolument imperceptible et insaisissable dans la valeur de l'œuvre, et la vie
y reste seule présente et maîtresse.

Mais, peut-on dire et va-t-on dire : en dehors de
la substance il y a l'usage et cet usage est un pouvoir considérable et durable. Les choses ici ont un
rôle, un rôle actif, une tâche active.

Un autre rôle! Pourquoi pas d'abord et qu'importe?
Dès qu'elles appartiennent, est-ce qu'il n'appartient
pas en droit au maître de s'en servir suivant ce
qu'elles comportent et pour un usage autant que pour
un autre? Le droit de propriété n'est-il pas précisément celui de se servir intégralement de l'objet de
la propriété?

Ce pouvoir de servir, les choses l'ont-elles? Faudrait-il donc s'en abstenir? De qui le tiennent-elles?
Qui le leur a donné? Le maître, l'initiateur, l'auteur
de la forme et de l'agencement qui les font utiles,
humaines. Comment ne serait-il pas à lui et qui donc,
à son défaut, pourrait l'avoir?

Ce pouvoir est grand de servir à l'homme de collaborateur dans l'emploi de sa vie? Oui, bien grand à coup sûr. Il est très vrai que sans instruments de travail, l'homme est comme un soldat sans armes; quo sans eux, dans la lutte de la vie, il est impuissant; qu'avec eux, vis-à-vis des choses, il triomphe, vis-à-vis de ses rivaux mal armés il l'emporte. Mais, est-ce que celui qu'on admet n'est pas un pouvoir plus grand encore : le pouvoir d'entretenir la vie, de donner la vie?

Nous l'avons vu, entretenir, étendre, accroître la vie est le but, la fin suprême. Employer la vie est le moyen. Comment le but serait-il préconisé, pendant qu'on soumettrait à la critique, au doute, aux obstacles, le moyen de l'atteindre?

D'ailleurs, un rôle actif, est-ce bien sûr? Nous avons déjà rencontré cette illusion sur notre chemin, et un coup d'œil l'a percée à jour.

Oui! le rabot, le marteau, la varlope sont des aides puissants dans le travail ; mais écartez donc la main de l'homme, où est leur travail? Laissez, encore une fois, laissez la machine à vapeur faire mouvoir en l'absence de l'homme les trois cents métiers de la manufacture; laissez les chevaux attelés et soigneusement placés au premier sillon, promener sans conducteur, sur le champ, ou la charrue ou la herse, où sera le travail? Pour mieux dire, où n'allons-nous pas voir apparaître la destruction et le désordre à défaut du travail?

Que conclure? Qu'une différence dans l'usage ne dépossède point l'homme, pas plus qu'une différence dans la substance des choses ; que le rôle actif des choses est pareillement une chimère ; que le mouvement, la force sont partout, mais que l'homme seul travaille. Le ciseau a entaillé le marbre, la prêle l'a poli, Michel-Ange seul a sculpté. Le marteau de fer a rencontré le fer, le rabot s'est promené sur le bois, la charrue avec les bœufs ou le cheval a passé en effet sur la plaine : c'est l'homme, l'homme tout seul, qui a dressé, aplani, forgé, labouré.

Donc, dans l'œuvre de la vie, l'homme est indéniablement propriétaire, comme il est propriétaire des objets où il puise sa vie. Il est propriétaire jusqu'au bout, intégralement, sans réserve, des choses où il a fixé des parts de sa vie par le travail, pour, au moyen d'un nouveau travail, d'un nouvel emploi de sa vie, en tirer des produits nouveaux ou de nouveaux serviteurs de son travail. Comme il est propriétaire des « produits, »-« objets de consommation », aliments de sa vie, il est propriétaire des « capitaux »-« instruments de travail ». Il l'est, pour, s'il le juge à propos, en faire personnellement usage ; il l'est pour, dans le commerce de la vie, en transmettre à son gré l'usage.

Et son contrat pour la cession du capital et de son usage, en quoi, sous quel rapport prêterait-il le flanc à la critique ?

Lui aussi, ce contrat est une vente pure, simple, normale. Le droit existe : sans extension du droit, sans fraude, sans faveur ni dommage ni pour des tiers ni pour l'ensemble du corps social, il y a simplement transmission, déplacement du droit et des choses.

Sous quel régime est-il passé ? Comme les autres, sous le régime admis, reconnu sans reproche : le régime du libre examen, de la libre évaluation, le régime de la liberté. Avec lui enfin, comme avec les autres, la liberté offre, contre tout abus, ses ressources, ses garanties qui sont décisives.

Choses où se puise la vie, choses où la vie s'est incarnée pour servir dans une nouvelle œuvre, « produits » ou « capitaux »-instruments de travail se puisent aux mêmes sources, s'obtiennent par des procédés semblables, ceux-ci sans plus de peine, avec la même peine que les autres.

Au moment de la vente, leur possesseur essaiera-t-il d'élever au-delà de toute mesure ses prétentions ? Voudra-t-il faire comprendre dans son prix de vente, à la charge de son acheteur, une prétendue valeur pour les parcelles élémentaires de matière composant ses instruments de travail, pour la chimère du rôle actif des choses, du mystère de sa fécondité indépendante ? Au nom de ces pouvoirs supposés des « capitaux »-instruments de travail, réclamera-t-il comme un droit, une part des produits futurs prêts à naître ?

Hé ! quoi, ripostera encore une fois l'acheteur en souriant de l'illusion : Vous me demandez un prix pour ce qui n'en a point. Eh ! bien, ces parcelles de matière élémentaire ne manquent pas sur la planète. Vous en avez eu pour rien. J'en aurai pour rien après vous, à côté des vôtres. Quant à vos machines et outils, comment produisent-ils ? Par votre travail ? Demain, quand vous me les aurez cédés, ne sera-ce pas par le mien et le mien tout seul ? Vous avez aujourd'hui pour votre travail votre rémunération ? Pour le mien, à moi la mienne ! Echange droit, franc, égal et loyal, croyez-moi, ou bien point de contrat, point d'échange !

Concluons : — Lorsque l'homme se prépare des instruments de travail et lorsqu'il en fait usage dans son travail ; lorsqu'il en pratique l'échange avec ses semblables, tout ainsi que lorsqu'il prépare et échange des objets utiles pour l'entretien de son existence ; lorsqu'il échange des « capitaux »-instruments de travail comme lorsqu'il échange des « produits » aliments pour la vie, c'est sa vie qu'il emploie, qu'il échange avec les choses ; sa vie qui seule compte et s'échange, rien que sa vie.

Lorsqu'il pratique ces échanges, l'homme doit, dans les deux cas, au même titre et avec droit égal, être tenu pour propriétaire indiscutable, sans réserve comme sans limite, de tout ce qu'il offre et livre.

Comme celui des « produits » le contrat d'échange des « capitaux »-instruments de travail est une vente droite et licite, consentie, acceptée sous le plein régime de la liberté. Il est sans reproche de la part des intéressés comme vis-à-vis des tiers et de l'ensemble du corps social. Il prend rang parmi les transactions absolument légitimes du commerce de la vie.

VIII

LES OBJETS DU COMMERCE DE LA VIE.

LA TERRE ET LES FORCES DU MONDE.

Les choses où jusqu'ici nous avons vu la vie s'incarner par son travail étaient des objets mobiles, « meubles » comme dit la langue du droit, de minuscules fragments détachés de notre habitat terrestre ou pris à quelque profondeur au-dessous de sa surface et circulant ainsi de main en main parmi les hommes.

Mais cette surface elle-même est sous sa puissance. Dans son immobilité, elle est divisible et se divise en effet en une quantité indéfinie de parcelles de toute forme et de toute étendue, et ces « pièces de terre », comme les appelle la langue, se prêtent, à l'égal des choses mobiles, à la prise de possession des hommes.

Avec elles, ce n'est pas la chose qui se déplace et suit la série changeante des propriétaires. C'est la série des propriétaires qui se succèdent et passent à la surface immobile des choses. Qu'importe ! au fond, le phénomène est le même. La propriété des parcelles de la terre s'acquiert, se transmet, se donne, se perd, se vend et s'achète. La terre est un objet immense, relativement colossal, pour les transactions sociales.

Or, comme les choses mobiles, les parcelles de terre sont-elles susceptibles d'une prise de possession régulière? La vie humaine peut-elle, dans les conditions que nous avons définies, s'y fixer dans son œuvre? Avec elles, quand l'homme revendique ou détient, vend ou achète la propriété, est-il bien encore et comme devant, sans restriction, sans réserve, l'indéniable propriétaire de l'objet qui vient figurer à l'échange ?

Enfin, le contrat d'échange est-il, comme les précédents, sans reproche, régulier, légitime?

Que les parcelles de la terre soient constamment l'objet d'un travail des hommes, c'est ce que nous racontent l'histoire de tous les temps, le spectacle de tous les jours. Que la vie des hommes s'y soit enfouie et s'y incarne encore dans son œuvre, à tout moment, sur des proportions immenses, nous l'avons vu à plus d'une page de cette étude. Plus d'une fois, ces vérités ont éclaté sur notre chemin que pour la terre comme pour le reste, l'homme seul travaille; que l'emploi de sa vie y laisse comme partout des marques visibles, personnelles, mesurables; que pour qui l'a vue dans le déploiement primitif de ses forces libres, indépendantes, puis au sortir de ses mains, elle n'est pas reconnaissable. C'était le mot si souvent cité de Michelet qui revenait incessamment, sous toutes les formes, à savoir que l'homme a sur la terre le meilleur des droits : celui de l'avoir faite.

Ainsi donc, le travail humain se fixe bien et réellement dans les parts divisées de la superficie terrestre. Ces parcelles, il n'en crée pas les éléments constitutifs? Non! pas plus qu'il ne créait tout à l'heure ceux des fers, des fontes, du bois, des pierres et de l'argile qui composent ses meubles, ses objets d'art, ses machines. « Rien ne se crée ». Mais il les modifie, les façonne pour l'usage humain, pour l'utilité humaine, absolument comme il faisait tout à l'heure pour les autres objets d'échange, suivant les plans que l'intérêt inspire et que la pensée détermine.

Comme dans tous les autres objets d'échange, nous y retrouvons la vie, l'emploi de la vie et à ce titre, « la terre », elle aussi, est œuvre de vie.

L'homme alors en est-il, dans ces termes, le légitime et entier propriétaire?

Comment ne le serait-il pas? Elle est le produit de sa force guidée par sa pensée. L'œuvre est sienne. Pour mieux dire encore, elle est lui. N'est-il pas maître de garder, d'utiliser, de céder si bon lui semble, cette vie personnelle, par lui dépensée et mise en dépôt dans un objet matériel apte, par son inertie même, à en demeurer le fidèle dépositaire?

Il a défriché cette terre, il l'a débarrassée — au prix de quelles peines! — des plantes inutiles ou

16.

nuisibles, du fourré d'arbustes et d'arbres qui la cou-
vraient, l'obstruaient. Il l'a nivelée, asséchée, ameu-
blie, assainie. Rien que pour l'ouvrir au début, la
fièvre en sortait par tous les pores. Il a bravé, fran-
chi, subi, épuisé les fièvres. C'est par lui qu'elle est
bonne, habitable, féconde. Elle peut maintenant donner tous les ans, en rendant au vingtuple ce qu'on lui
confie, du seigle ou du blé, du lin ou du chanvre, ou
de l'orge et de l'avoine, de quoi nourrir les hommes
et les animaux de la ferme, de quoi façonner ou payer
tous les vêtements, tous les objets indispensables à
la vie de ses occupants, disons de ses travailleurs.

Aurait-on la pensée de la lui prendre telle qu'elle est?
Mais ce serait le plus caractérisé des vols. Telle qu'elle
était ? Oh ! alors, attendez qu'il y ramène tout ce qui
en faisait un amas d'obstacles, un foyer de maladies
et de mort. Attendez qu'il en emporte tout ce qui est
à lui, tout ce qui est sa vie et celle de ses pères. Est-
ce fait ? oui ! Ah ! mais voilà qu'elle est détruite :
Elle n'est plus. Et non seulement ce n'est plus sa
terre, ce n'est plus une terre cultivable, utile. Tranchons le mot ce n'est plus : de la terre.

Non ! dans l'état, il faut le dire, elle est bien à lui.
A lui seul de la posséder, d'en jouir, de l'utiliser par
le travail, d'en faire un objet d'échange !

Il peut la posséder ? Oui ! La parcelle de superficie
terrestre délimitée, marquée, à valeur reconnue, est
en quelque sorte dans son immobilité une énorme
pièce de monnaie aux mains du détenteur.

Il peut en jouir ? oui ! car posséder, c'est user des
choses suivant l'usage, tous les usages qu'elles comportent ; car si elle vaut comme énorme pièce de monnaie, c'est précisément à cause de l'usage qu'on en
peut faire. Il lui est donc loisible, par exemple, de la

faire servir à ses besoins, à ses plaisirs, d'y construire une habitation, d'y établir un parc, des parterres.

Il peut l'utiliser par son travail ? Oui, comme les autres choses qui ont passé sous nos yeux où s'est fixée la vie. Plus même, bien plus que toutes les autres, elle se prête à l'aider dans son travail. Elle est son collaborateur par excellence. Qu'est-ce qu'une parcelle de terre de dix ou vingt hectares ? Une immense machine, au fond toute comparable aux autres machines de construction humaine et en effet de construction humaine, où sous l'action du soleil, de la pluie, des engrais, des substances élémentaires empruntées au sol par des corps organisés qu'on y jette pour semences, de toutes les forces physiques et chimiques du monde, on produit des végétaux de toute espèce. Mais, comme toute machine, celle-là ne fait rien que du désordre sans la présence constante du travail humain.

A son propriétaire de, par un nouveau travail, profiter du travail accompli et tirer de nouveaux fruits de la chose ! A lui, le maître de la vie incarnée dans la chose, de renouveler, ici comme partout, la même œuvre, d'user du même droit, de faire fructifier cette vie, cette œuvre de la vie par un nouvel emploi de sa vie !

Il peut, enfin, faire de sa parcelle de terre un objet d'échange ? Qu'est-ce à dire ? Qu'il lui est loisible, et cela est tout simple, de la céder à autrui. Tels droits il avait sur elle, tels sans un de plus son acheteur après lui les possède. L'immense pièce de monnaie était dans ses mains : elle a passé dans les mains d'un autre. Est-ce qu'il y a la moindre atteinte au total des valeurs ? Il pouvait user à son gré de la surface du sol pour planter ou bâtir. Qu'importe qui bâtit

ou qui plante ! Il pouvait, enfin, par un nouveau travail, par un nouvel emploi de sa vie aidée de toutes
les forces du monde, obtenir de nouvelles œuvres de
la vie. Comment ne lui serait il pas loisible de transmettre ce droit à un autre ? Qu'importe ! faut-il dire
ici encore, qu'importe la main qui utilise ! Où pourraient être l'intérêt, le droit, le préjudice pour les
tiers ou pour le corps social ?

Donc, incontestablement, cette parcelle de terre
cultivable que nous avons sous les yeux, cette terre
qui est œuvre de la vie appartient à celui qui a fourni
la vie. L'homme est bien l'indéniable, l'incommutable
propriétaire et, après le droit de la détenir, d'en
jouir, de l'utiliser par son travail, il a celui de transmettre tous ses droits à un autre qui, lui remboursant
sa dépense de vie, au prix d'une part équivalente de
la sienne, devient à son tour, au même titre, au même
degré, avec le même ensemble de pouvoirs, le propriétaire et maître de l'œuvre de la vie.

Et maintenant, par quel contrat s'opère cet échange
de la terre ? Dans les termes admis. La transaction
encore une fois est une vente, c'est-à-dire, avons-
nous reconnu, le mode de contracter le plus simple,
le plus pur de toute illusion et de toute fraude, le
plus inattaquable.

Et sous quel régime ? Encore une fois, sous le
régime habituel ; celui dont nous avons constaté le
caractère droit, loyal, irréprochable : Le régime de la
libre évaluation et du libre débat ; le régime enfin de
la liberté.

Pour passer de main en main comme tous les objets
d'échange, « la terre, » elle aussi, comparaît sur le
commun marché des valeurs sociales, et elle y comparaît dans les conditions communes. Quand l'homme

la prépare, la « fait » par son travail, par la dépense
de sa vie, elle est soumise à toutes les circonstances,
à toutes les lois du travail. Elle l'est dans l'échange,
comme tous les objets d'échange, aux troubles des
sociétés, à la concurrence, aux modes, aux progrès,
aux caprices des hommes, à toutes les lois, à toutes
les conditions de l'échange. Pour elle, il n'existe ni
privilège ni faveur.

Et, quand on la considère ainsi au point de vue de
l'œuvre de la vie, il est facile de reconnaître qu'avec
elle aussi, le régime du libre débat apporte ses garanties.

Le propriétaire de la parcelle de terre, l'homme
auquel appartient, à titre de producteur originel ou
d'acheteur, l'œuvre de la vie que représente la terre,
voudra-t-il surélever le prix de cette vie, exiger plus
qu'elle ne vaut à l'heure de l'échange ? Ah ! dira
l'acheteur, pour amener à ce degré de culture une
autre parcelle de terre, je dépenserai moins de mes
jours et de mes heures. Les machines aujourd'hui
sont plus nombreuses qu'autrefois, moins chères et
plus parfaites ; les procédés pour le défrichement,
l'engrais, les amendements sont meilleurs et moins
dispendieux. Le champ de l'expérience s'est agrandi,
ne fût-ce que de la vôtre. On a vu s'accroître la
puissance du travail et s'abaisser le prix de la vie.
J'achète au prix actuel de la vie, ou bien sur une
autre « pièce de terre » j'emploierai moi-même ma
vie. Contrat loyal ou point de contrat !

Dans ces termes, il est aisé de conclure : — Oui !
Le contrat d'échange des parcelles de terre œuvres
de la vie est, dans ces termes, un contrat régulier,
sans reproche. La transaction prend place parmi les
transactions légitimes du commerce de la vie,

CINQUIÈME PARTIE

LE COMMERCE DE LA VIE

TRANSACTIONS ILLÉGITIMES.

I

ERREURS ET FRAUDES DANS LE COMMERCE DE LA VIE.

LA TERRE ET LES FORCES DU MONDE (*suite*).

Oui ! tout cela est vrai, rigoureusement et scientifiquement vrai, quand on considère, ainsi qu'il est de droit dans le domaine de la science pure, la parcelle de terre possédée par le propriétaire uniquement comme une œuvre de la vie, et la propriété de cette parcelle comme la propriété de la vie même qui s'y est fixée par le travail.

Mais, à côté de la vie, se trouve, ici comme toujours, un élément étranger, puisque la vie ne peut commencer d'être et se maintenir qu'en prenant pied sur un point déterminé de l'espace et du monde, puisqu'elle ne peut paraître dans le domaine de l'échange qu'à la condition d'y saisir pour enveloppe et pour demeure, pour corps dont elle est l'âme, pour truchement, pour outil, pour arme, pour support visible, une substance ou — ce qui est tout égal — un phénomène de la matière.

Quand Triptolème construit sa charrue, Théodore de Samos son niveau, son équerre, d'autres le rabot, le ciseau, le marteau, l'arc, le javelot, la fronde ; quand, pour reprendre nos exemples, Watt, Arkwright, Stephenson, Papin, Fulton réalisent leurs inventions plus puissantes ; quand le sculpteur ou le peintre demandent celui-là deux mètres de pierre à l'Apennin, celui-ci quelques grammes de poussières à je ne sais quels coins inconnus du sol, tous empruntent à la matière. Mais il était bien permis de soutenir et de dire, au nom de toute l'autorité de la raison et de l'expérience, comme de celle de la géologie et de la chimie, de l'ensemble sans exception des sciences mathématiques et physiques, que ces emprunts de substances absolument négligeables et perdues, par rapport à la masse des substances semblables fournies par la planète, laissaient réellement la vie toute seule dans le contrat d'échange, et n'y pouvaient léser personne par leur présence inerte et sans valeur, ni l'un des contractants, ni les tiers, ni le corps social.

Quand il s'agit de la parcelle de terre originelle, pouvons nous dire qu'il en est de même?

Pour en juger, prenons par la pensée une de ces vastes étendues inexplorées qu'on trouvait autrefois sur le sol de l'Angleterre ou de la Gaule, bien plus tard encore dans l'Amérique du Nord, lorsqu'elle n'avait pour occupants que les tribus indiennes, et qu'on trouve encore aujourd'hui en Afrique, en Australie ou dans l'Amérique du Sud.

Sur l'un de ces espaces, placez un homme ou une famille. Certes, la terre est inclémente, redoutable, semée de difficultés et de dangers de toutes sortes, la vie dure, pénible, faite d'épreuves cruelles. Et cependant, c'est la vie. Sur ces espaces, l'homme trouvera de l'eau pour apaiser sa soif, un creux d'arbre pour s'abriter, du bois pour se chauffer, des racines comestibles, des fruits sauvages pour se nourrir. Les végétaux poussent de toutes parts, puisant — c'est leur privilège — dans la matière inorganique. A côté d'eux, paraissent des races inférieures d'animaux qui bientôt en nourrissent d'autres.

C'est ainsi que des explorateurs ont pu faire, dans la région de la rivière des Amazones, par exemple, des centaines de lieues sans autres ressources qu'un fusil et un couteau de chasse.

Ainsi, sans préparation, sans culture, en dehors de toute dépense de vie préalablement faite en elle, la terre toute seule abrite, nourrit, fournit l'entretien de la vie.

Que s'ensuit-il? Que dans la vente de la terre, la vie dépensée ne paraît pas toute seule, ne compte pas toute seule; qu'à côté d'elle, pour l'accroître et, par conséquent, pour accroître le prix en dehors du prix légitime de la vie, se place un élément étranger, la terre même qui subvient par sa seule force et d'elle même à la vie (1).

Est-il possible de se faire une idée de cette force productive de la terre livrée à elle-même? On a essayé de l'évaluer et, sur une série de données d'une autorité réelle, on est arrivé à ce résultat, que là où un homme avait pu, grâce à elle seule, trouver sa vie, douze cents pouvaient vivre après sa mise en culture. Qu'est-ce à dire? Que si la part de l'élément étranger de la matière est manifestement petite, dans l'échange de la terre, pourtant cette part n'est plus infinitésimale, inévaluable et perdue comme dans les précédents échanges, mais effective et appréciable; qu'avec elle, nous revenons à des mesures saisissables pour la pensée, abordables et aisément abordables pour les chiffres de l'arithmétique humaine.

Dans ces termes, si nous supposons un continent tout entier possédé par parcelles qui correspondent

_____

(1) Cook disait que les sauvages se battent pour ce que la terre produit sans culture.

chacune à son homme ou sa famille, et passant successivement d'un état d'appropriation à un autre, d'un régime de distribution à un autre, quand on vendrait finalement une parcelle de terre, un douzecentième pourrait représenter la part d'action de la matière libre, indépendante et serait ainsi indûment réclamé par le vendeur. Le reste seul serait le prix légitime de la vie, et partant, le seul prix légitime.

Très faible est la réserve à faire. Il est clair pourtant qu'ici et au nom de la science, une réserve est à faire.

Mais est-ce tout? Oh! loin de là!

La surface terrestre est, dans un assez grand nombre de contrées, complètement divisée en un nombre considérable de parcelles. Elle pourrait l'être dans toute son étendue.

Or, quand un homme possède une de ces parcelles, est-ce qu'il a seulement dans les mains ou une énorme pièce de monnaie, comme nous disions toutà l'heure, ou un lieu de plaisance, ou une machine avec l'aide de laquelle, comme de toute autre machine, il obtiendra une série continue de nombreux « produits » au moyen d'une autre série d'actes de travail? Non! il possède en outre et détient en elle un emplacement, une part déterminée de la surface de la planète.

Est-ce que ce droit paraît simple? Est-ce qu'il peut être absolu?

Simple? Absolu? Non!

Cette parcelle, en effet, qu'un homme possède, il faut dire en premier lieu qu'elle est comprise dans un patrimoine plus étendu: elle appartient au domaine d'un peuple. Elle est partie intégrante de son territoire national. Est-ce que, si ce peuple en a be-

soin pour y établir une route, un canal, un édifice
réclamé par l'intérêt public, une forteresse nécessaire
pour sa défense, il devra s'arrêter devant le veto du
droit particulier du propriétaire?

Non, dira-t-il, cet emplacement m'appartient avant
d'appartenir à l'un quelconque de mes citoyens. Je
l'ai défendu du sang des miens avant qu'il fût privativement à personne. Vous, voici le ruisseau qui fait
votre limite. Moi, c'est à ces mers, à ces fleuves, à
ces montagnes que se portent les miennes. Eh! quoi,
auriez-vous jamais le droit de céder votre propriété,
de votre autorité privée, à ce peuple voisin, rival,
ennemi, déplaçant ainsi ma frontière, entamant ma
ligne de défense? Vous vous révoltez? C'est la preuve.
Reprenez, soit! votre vie personnelle, votre travail
enfouis dans cette terre! Ma vie et mon droit vous
dominent, vous maîtrisent, vous dépassent. L'humus
des engrais et des amendements du travail ou le prix
de cet humus est à vous. L'emplacement est à
moi.

Il n'est guère de pays où ce droit supérieur de la
nation sur sa terre n'ait été consacré, sous une forme
ou sous une autre : droit souverain, domaine éminent,
expropriation. Parmi nous en France, c'est sous ce
dernier titre qu'il s'est placé. Seulement, par une
méconnaissance peu excusable de son origine, et en
édictant que l'expropriation s'effectue « pour cause
d'utilité publique », la loi a eu le tort tout à la fois
d'infirmer le principe et d'en fausser dommageable-
ment l'application.

Est-ce que « l'utilité publique » est un principe?
Encore une fois, essayez donc d'y rattacher une part
importante de l'organisation sociale, et soyez sûrs
que vous récolterez bientôt la dépravation avec le dé-

sordre, les violations du droit avec la perte ou l'éclipse
de la notion du droit.

Si c'est « pour cause d'utilité publique » que vous
pratiquez l'expropriation, comment se fait-il donc que
jamais vous n'ayez songé à exproprier des objets mobiliers? Est-ce qu'il y aurait, par hasard, moins
d'intérêt public à ressaisir, des mains d'un possesseur
que l'ignorance ou le fanatisme vont pousser à détruire, un tableau du Corrège ou d'André del Sarto
ou une statue inespérément retrouvée de Phidias ou
de Polyclète, ou le traité perdu de Cicéron sur la
Gloire, ou l'*Esprit des lois* ou le *Contrat social*,
qu'à occuper, pour un chemin vicinal, trois perches
de terre de la Sologne ou des Landes?

Et enfin, est-ce que dans tous les cas, l'exproprié
n'aurait pas pleinement le droit, en réduisant d'autant sa demande d'indemnité, d'enlever avant la décision du jury toute la superficie de sa terre : plantations, récoltes, édifices, en ne laissant que l'espace
nu à la partie expropriante? Est-ce qu'en agissant
ainsi, loin de porter atteinte à l'intérêt public et au
droit, il n'assurerait pas pleine satisfaction au but de
la loi comme à l'intérêt public?

Or, quelle est donc la conclusion qui ressort de tout
cela, nette, décisive, éclatante? C'est que la loi s'est
trompée et nous trompe; que l'utilité publique n'a ici
ni droit, ni pouvoir, ni place. C'est que le droit qui
s'exerce est le droit éminent du peuple sur sa terre,
lequel prime et efface les droits de possession individuelle de ses membres. C'est que le droit du propriétaire frappe et frappe légitimement, sans amba-
ges, sans réserve, tout ce qui vient de ses mains, tout
ce qui, sur sa terre, est l'œuvre de sa vie, mais que
ce qu'il n'a point fait : à savoir la place délimitée sur

la surface terrestre, partie intégrante d'une propriété commune, reste susceptible de reprise de la part de la communauté propriétaire.

En droit, la nation n'indemnise pas; elle paie. Elle n'exproprie pas, elle revendique. Elle ne dépossède pas; elle redemande simplement ce qu'elle possède. En fait, l'expropriation est une ventilation du fonds retournant au peuple, son maître, et de la superficie cultivable revenant au particulier qui l'a formée par son travail.

Ainsi, du chef de ce droit du peuple sur toute parcelle de son territoire, le droit de propriété individuelle de la terre comporte encore une réserve.

Et, remarquons-le bien, on pourrait croire, au premier coup d'œil, qu'il ne s'agit ici que d'un accroissement d'avantages peu important, se rapprochant, par exemple, de ce douze centième dont nous parlions tout à l'heure, ou gardant le rapport entre la mince valeur d'une superficie nue et celle de constructions superficiaires coûteuses. Ah ! comme il s'en faut bien et qu'à l'imaginer on serait loin de compte !

Laissons ces circonstances qui d'elles-mêmes frappent les yeux : à savoir que dans un pays riche et amoureux d'améliorations, les travaux annuels de l'État et des collectivités au-dessous de l'État sont très considérables ; que moitié peut-être de ces dépenses annuelles, qui se mesurent par centaines de millions, passe aux expropriations; que les indemnités fixées par des propriétaires intéressés d'une part à surélever le prix courant des propriétés, d'autre part à grossir le chiffre de dédommagements où chacun d'eux puise à son tour, sont forcément exagérées; et que les excédents sur la valeur vraie constituent, au profit des propriétaires fonciers, une véri-

table loterie dont les billets sont remis à eux seuls,
pendant que les lots sont obligatoirement fournis par
la finance commune ; que, si au nom du vrai principe,
la loi avait établi que tous avantages de position devaient être écartés et les indemnités réduites aux valeurs superficiaires, assurément elle eût abaissé, du
même coup, les bénéfices injustifiés de la propriété
foncière et la charge publique.

Laissons encore ces autres considérations pourtant
frappantes que les grands travaux annuels : ponts,
routes, chemins de fer, boulevards, après avoir pro-
fité aux propriétaires par les indemnités d'expropriation, leur profitent encore en ce que, s'ils servent à la
communauté, ils accroissent d'abord la valeur des
propriétés riveraines ou voisines ; qu'ainsi, comme
un ruisseau qui porte forcément ses eaux vers un
autre, par l'effet seul de la détention de la terre,
toute amélioration, toute augmentation de valeur
descend, d'une pente naturelle, vers la propriété foncière pour, en fait, l'enrichir sans nul doute, mais en
droit aussi pour la compromettre ; et qu'enfin ces bénéfices annuels, dans un grand pays, dépassent certainement et de beaucoup le principal même de la
contribution foncière.

Oui ! Laissons tout cela, car malgré l'importance,
la gravité si l'on veut, ce ne sont là encore que des
considérations secondaires.

Mais ce qui de plus est vrai, ce qu'il importe, au
nom de la science, de proclamer et d'établir, pour le
moment en deux mots brefs, c'est que l'extension de
la propriété sur le fonds même n'avantage pas le propriétaire seulement vis-à-vis de l'Etat et des autres
communautés publiques. C'est que ce simple « droit
à l'emplacement, » avec son apparence inoffensive,

n'a rien moins pour effet que de conférer au propriétaire, vis-à-vis des autres hommes, un pouvoir tout
à fait extraordinaire.

Nous rencontrerons sur notre chemin d'autres
exemples de spoliation inaperçue d'un droit. Nous
n'avons rien moins ici sous les yeux que la confiscation indirecte d'un certain nombre de droits, et du
premier de tous les droits, sur la totalité des hommes.

On sait si c'est une grosse question pour l'Economie politique que celle des objets appropriables.

Elle y est unanimement résolue ou, du moins, une
solution y est unanimement admise.

L'Economie politique, dit-on, de toutes parts ne
s'occupe que des « objets appropriables ». Puis, ces
objets, on en donne la nomenclature. Sont appropriables les objets mobiliers, les plantations, les
mines, le sol. Ne le sont pas, par exemple, l'air, les
forces physiques, puis — nous prenons la phrase
comme on l'a faite — « les routes liquides des mers »,
la chaleur, la lumière du soleil.

Est-il bien sûr que, dans ces exclusions consacrées,
il n'y ait pas seulement un défaut d'examen ? N'est-
ce pas souvent parce que l'observation n'a pas eu la
force de tout embrasser, que la loi ne paraît pas tout
comprendre ? Et ne faut-il pas enfin placer ici encore
une erreur à côté d'une erreur, le sophisme de l'infinitésimal à côté du sophisme déjà signalé de l'éphémère ?

On prend un champ grand comme la main en Gas-
cogne ou en Auvergne et l'on dit : l'atmosphère est
immense et libre. Elle m'échappe avec la chaleur et
la lumière. L'air abonde ; il est sans limite. Pourquoi
en achèterait-on ? Il y en a des millions de fois ce
qu'il en faut pour tous les êtres. Le vent souffle où il
veut. Le soleil luit pour tout le monde.

17.

Oui ! mais dès à présent, quand on vend le penchant d'un coteau planté de vignes, est-ce qu'on ne
fait pas valoir à l'acheteur ce qu'on appelle « l'expo-
sition ? » Est-ce qu'en effet, celui-ci ne comprend pas
à merveille qu'il y a là une valeur parfois très supérieure à un supplément d'étendue ? Dans ce cas, ce
qui se vend et ce qui s'achète librement, nettement,
en connaissance de cause, est-ce que ce n'est pas la
place au soleil, la lumière même et la chaleur du
soleil ? Est-ce que l'appropriation de l'emplacement
ne comprend pas, pour mieux dire ne constitue pas,
de la façon la plus réelle, l'appropriation de cette
part de soleil ?

L'hiver, fatigué, malade, allez demander au midi
de la France un ciel plus doux, une atmosphère plus
clémente ! Croyez-vous que vous aurez à beaucoup
chercher pour trouver dans vos notes d'hôtel, sous
une forme parfaitement concrète et appropriée, éva-
luée sans hésitation aucune en espèces sonnantes,
l'air de Cannes ou de Nice ? Oui ! l'air est libre, mais
pour le respirer, il faut pourtant être là où il souffle
ou sommeille. Or, cette place elle est appropriée. Où
voulez-vous qu'on le respire ?

Étendez cette voie au loin, plus loin encore ! Agran-
dissez cette observation et ces exemples ! Les mers
sont déjà en partie appropriées. Qui ne comprend
que sous une domination où « le trident de Neptune
serait le sceptre du monde », elles pourraient l'être
tout entières ? Dans ce cas « les routes liquides de
l'Océan » se trouveraient transformées en chemins de
péage. A l'aller, au retour des navires, on paierait le
souffle des moussons de l'Inde à leur propriétaire.

Qu'un jour, au lieu de troquer le champ de Gas-
cogne contre le champ d'Auvergne, il s'agit d'échan-

ger notre bien-aimé pays contre le Royaume-Uni ou la Russie, après avoir supputé les maisons, les usines, les machines avec le sol et, — il le faudrait bien, — la valeur des hommes qui le couvrent, croyez-vous que les experts oublieraient dans leur estimation jurée le climat et le soleil de France?

Allez plus loin : supposez que deux puissants monarques, restés seuls après bien des guerres, voulussent échanger l'hémisphère boréal du monde contre l'hémisphère austral, ne pensez-vous pas qu'on plaiderait d'un coté pour la Croix du Sud, et qu'à coup sûr, l'Etoile Polaire, avec ses services aux navigateurs, serait un item de l'autre inventaire?

Voulez-vous aller plus loin encore? Soit ! Supposez que la Terre, emportée en suivant le Soleil dans son déplacement au sein des espaces cosmiques, y rencontre, à des intervalles périodiques, des influences tantôt favorables, tantôt défavorables pour plusieurs années aux récoltes des hommes et que ces retours pussent être l'objet de prévisions précises, ne croit-on pas que le droit d'user des terres se vendrait plus cher pour les périodes privilégiées? Et que serait-ce autre chose en réalité, que vendre et acheter, au moyen de l'emplacement, les forces favorables des espaces cosmiques?

Et enfin, pour revenir au fait commun, à l'exemple banal et de tous les jours, croit-on donc que les forces germinatives, qui donnent au plus chétif tenancier sa récolte annuelle, appartiennent privativement à la mince parcelle que détient son propriétaire et que, lui, il exploite? Non, non ! Ces forces sont absolument des forces générales de la planète et du monde : électricité, magnétisme, lumière, chaleur, météores de l'atmosphère. Et qu'est-ce donc alors que la parcelle? Rien d'autre qu'un emplacement, une sorte de poste établi sur leurs routes pour *in parte quâ* les saisir.

Or, quel est le but précis de tout ceci et quelle en est la conclusion pratique?

La conclusion est que celui qui possède « l'emplacement » possède avec lui tout le reste ; que le droit absolu à « l'emplacement » est, par voie indirecte mais absolument certaine, la saisine et la possession exclusive de tous les autres.

Qu'à l'exemple d'un monarque européen justement décrié pour n'avoir eu que d'inoffensives manies, quelque puissant nabab veuille, un jour, se passer un semblable caprice de théâtre. Oh ! certes, il n'a pas besoin de se soucier des actrices. Il n'a nul droit sur les acteurs. Mais voici l'impresario. Il lui loue toute la salle. C'est « l'emplacement ». Il entre. Le rideau se lève. Est-ce que le spectacle n'est pas pour lui seul ; à lui et à lui seul?

Or, on pressent, on aperçoit à cette heure que « le droit à l'emplacement », quand il s'agit de la superficie terrestre, n'est pas une possession inoffensive pour les autres hommes, mais apporte avec lui, ainsi que nous l'avons dit, un ensemble de pouvoirs extraordinaires.

Une nation puissante vient, la première, planter un drapeau sur un sol inconnu. Ce sol, lui est-il désormais loisible d'en défendre l'accès à main armée? D'autres peuples ont un excès de population. Au lieu d'essaimer, devront-ils laisser cette population souffrir et périr en vue de ces côtes désertes mais interdites?

Un homme naît dans une société dès longtemps organisée. Pas un pouce de terre qui ne soit cadastré, possédé, défendu par un propriétaire. De terre, il n'en a point ; il n'en peut pas avoir. Comment vivra-t-il ? Par le travail ? Pour travailler, il faut au moins une parcelle de matière : à moins qu'un propriétaire ne le veuille, il n'aura pas une parcelle de matière. Des fruits du sol ? Pas un qui ne soit gardé par une main qui le possède : à moins qu'un propriétaire ne le veuillle, il n'aura pas un fruit du sol.

Pour vivre, si petit, si humble qu'on soit, encore faut-il une place où se poser, respirer, dormir. A moins que la loi ne lève son interdit quant au stationnement nocturne sur le domaine public, à moins qu'un propriétaire ne le veuille, il ne peut s'asseoir, se reposer, poser debout ses deux pieds nus sur le moindre coin du sol.

Notons qu'il ne sert de rien, dans ces termes, de dire, avec vérité, qu'il reste des terres inoccupées sur d'autres points du globe, s'il ne peut s'y rendre et y vivre.

Notons qu'il ne sert de rien de dire, avec vérité, qu'il ne reste plus aujourd'hui de premiers occupants, mais que tous les possesseurs de la terre ont loyalement et intégralement payé la terre. Qu'importe ! S'ils ont payé ce qui ne pouvait se vendre ?

La question est celle-ci : — un droit de propriété sur les choses peut-il devenir un droit de vie et de mort sur les hommes ? — par la possession intégrale des choses, le droit de propriété peut-il aboutir à la possession des hommes ?

Tout le monde se rappelle, et nous l'avons cité, le mot fameux : Celui qui arrive au banquet de la vie quand toutes les places sont prises, n'a qu'une chose à faire : en sortir. Le mot est-il scientifique ? Est-il avoué par les saines doctrines de l'Economie politique ?

Tout le monde connaît les expulsions terriennes
exécutées par l'aristocratie anglaise, pour établir des
parcs ou des terrains de chasse. Eh ! bien, quand
une femme souvent citée, membre de cette aristocratie, déportait ainsi trois mille familles, douze à quinze
mille âmes, la population d'une ville, usait-elle d'un
pouvoir exactement, scientifiquement contenu dans le
droit de propriété ? Quand, sans obligation légale, en
place des terres ravies ou reprises, elle leur en donnait d'autres sur la côte, s'honorait-elle d'un sacrifice
dicté par une noble générosité, par les sentiments
d'une commisération touchante ou encore peut-être
par la juste préoccupation du salut éternel, toutes
inspirations dont il fallût la bénir ; mais l'exercice
du droit de propriété, était-ce la déportation, l'expulsion pure et simple, sans souci comme sans charge
de conséquences qui restaient, quelles qu'elles fus-
sent, étrangères au droit ?

Est-il vrai que le droit de propriété sur la terre
comprend l'accaparement des forces physiques et chimiques du globe et, par suite, la main mise réelle
sur les hommes ?

« Le droit à l'emplacement », enfin, peut-il, dans
le droit de propriété, être tenu pour une quantité négligeable, imperceptible et perdue comme la tôle de
Stephenson, l'argile du potier, la toile de Léonard ou
la pierre de Michel-Ange ?

On vient de lire. Après avoir lu, il n'est personne
dont l'opinion ne soit faite.

Oui ! à coup sûr, ici le droit de propriété s'arrête. Il
butte contre cet obstacle, contre sa frontière. Il a touché, il a dépassé la borne. Pour prendre les mots indifférents qui conviennent à cette étude, disons qu'ici
encore, ici par-dessus tout, il comporte une capitale ré-

serve, présentant — nous la reverrons encore et de plus près — les traits impérieux, menaçants d'un interdit.

Eh ! quoi, une réserve pareille ! va-t-on dire.

En vérité, il faudrait lourdement ignorer l'histoire pour ne point savoir que cette faille du droit de propriété, pierre de scandale, n'est pas toujours passée inaperçue et que, pour y parer, les peuples primitifs ou simples, plus près des problèmes, moins aveuglés par les mécanismes compliqués de nos états sociaux devenus de plus pour nous des habitudes, ont essayé mainte formule, depuis les renouvellements périodiques des répartitions de terres chez les Germains ou chez nos ancêtres des Gaules, jusqu'aux redistributions de la Russie moderne, depuis les Jubilés des Juifs jusqu'à nos permanentes communautés de famille du moyen-âge.

Il faudrait encore singulièrement ignorer l'histoire pour ne point savoir que, si le régime de la propriété a varié de peuple à peuple, il n'a pas moins changé chez un même peuple d'âge en âge ; que partant, il participe au premier chef de cette mobilité qui est la loi de toutes les choses humaines. Il faudrait, enfin, beaucoup plus que de l'ignorance pour s'imaginer qu'on a mis la main aujourd'hui sur la forme définitive, éternelle de la propriété.

Les problèmes ont donc été posés. Pour les jeter un temps dans le fameux sommeil d'Epiménide, en outre de quelques circonstances qui passeront sous nos yeux, il n'a pas fallu moins que le morcellement de la propriété terrienne, la longue interdiction de la discussion sous la menace des peines correctionnelles, la toute-puissance dans les Chambres d'une bourgeoisie propriétaire, et enfin, l'apparent mais le decevant succédané du régime industriel.

Il est clair que ces problèmes endormis ne le sont pas pour toujours. Ne seront-ils à demi réveillés que par des violents ou par de malhabiles rêveurs ? Il sera longtemps facile de se refuser à les entendre. Mais comment n'arriverait-il pas un jour où ils se représenteront soutenus, au nom de la science, du droit, de l'ordre vrai et solide, de la justice, de l'intérêt de la propriété même, par des modérés plus forts ? Ce jour-là, il faudra bien les résoudre.

Comment les résoudre ? Le temps ne remonte pas en arrière. Ce qu'on peut prédire, c'est que comme toujours, l'humanité laissera les morts ensevelir leurs morts ; qu'on abandonnera aux vieux âges les solutions des vieux âges ; que les nouveaux voudront avoir la leur et auront la leur.

Pour le moment, cette étude a complètement rempli sa tâche dès qu'elle a formulé les principes et marqué de la croix noire ce qui reste en dehors des principes.

Elle a complètement rempli sa tâche dès qu'elle peut conclure, et, ce qu'au nom des principes, elle conclut avec toute la netteté, avec toute la rigueur possibles, le voici :

Est propriété absolue, objet légitime d'échange contre toute forme de la vie, tout ce qui dans la terre appropriée est œuvre de la vie.

N'est point objet d'absolue propriété, ne saurait être armé du droit d'échange contre les formes de la vie ce qui, dans la terre appropriée, n'est point de la vie à savoir: « l'emplacement » qui est confiscation de la vie ; « l'emplacement » qui n'est pas œuvre de la vie.

II

ERREURS ET FRAUDES DANS LE COMMERCE DE LA VIE.

SPOLIATIONS — PROTECTION DOUANIÈRE.

Vaste est ce domaine des transactions illégitimes du commerce de la vie dont la barrière est franchie, où nous sommes depuis une heure.

Dès ces premiers pas, nous nous y heurtons à un fait social qu'il faut nommer, malgré la répugnance : c'est le vol.

Au seuil des transactions sans reproche, nous avons mentionné le don, quoiqu'il ne soit pas un échange, mais parce qu'il est un mode de la transmission de la propriété des choses. Le vol non plus n'a rien d'un échange. Il n'est qu'un rapt criminel. Mais, lui aussi, comme le don qui en est le contre-pied, il a pour effet de faire passer gratuitement, d'une main dans une autre, la possession et l'usage des choses. A ce titre, il réclame ici sa place. Ce serait, d'ailleurs, une étrange illusion de ne le voir que dans ces faits, à tout prendre exceptionnels, qui émeuvent l'opinion et occupent les tribunaux correctionnels ou les cours d'assises. Il est de tous les temps et a tenu, dans tous les temps et dans toutes les sociétés, une place considérable.

Pendant des siècles, n'a-t-il pas constitué pour les peuples un moyen habituel de vivre? On attendait une époque favorable, souvent celle de la moisson. Celui qui se croyait le plus fort se jetait sur un autre. L'était-il en effet? Il enlevait le bétail et les récoltes, parfois une partie de la population pour s'en faire des

esclaves, sauf à devenir la proie d'un autre plus fort
à son tour. Dans les temps modernes, les razzias que
nous avons eues sous les yeux, entre tribus demeu-
rées à demi-sauvages, n'étaient pas d'une autre nature. Trouverait-on des traits bien différents à
nombre de prises de possession de territoires que
pratiquent des peuples civilisés, pour en faire de
fructueuses ou fastueuses dépendances des métro-
poles; et à nombre de guerres contemporaines ac-
compagnées de pillages, de tributs de guerre, de
translation, avec les terres, de la propriété même des
hommes?

Mais, ce ne sont plus là des faits qui ressortissent
à l'Economie politique. Non! Il est en outre entendu
que la violence est réprouvée; entendu que dans la
vie sociale, la loi seule règne à l'appui du droit, le
droit avec la loi, la liberté d'êtres intelligents réglant
tout sous cette égide.

Est-il besoin de dire qu'il ne s'ensuit pas — il s'en
faut — la disparition du fait reprochable? — La force
a été proscrite. Soit! elle s'efface. Mais l'intelligence
elle-même est une force et elle a tous les effets de la
force. Il y a plus, l'édit de proscription lui profite en
lui laissant le champ libre, à l'abri qu'elle se trouve
désormais des contrepoids menaçants ou des revanches de sa rivale.

La loi prescrit, défend, menace. Qu'importe! Elle
n'est pas partout : on passe. Elle se tait : c'est qu'elle
autorise. Elle n'a pas prévu? bien! elle couvre. Puis
enfin, aujourd'hui qu'on sait comment on la fait, eh!
bien, on la fait; on la fait faire.

En réalité, les noms, les formes ont changé bien
plus que les résultats.

Pour celui qui doit être dérobé, vaincu, asservi, le

changement de forme est une mince consolation en même temps qu'une piètre réforme. Quant à la forme même, à part certains irrévérents, trop amoureux du mot net pour atteindre jamais à la juste correction du langage, personne n'a plus recours à l'appellation devenue presque malséante, ayant été révolutionnaire. Celle de « spoliation » lui succède, sans avoir à renouer la chaîne des temps, et l'Economie politique la poursuit avec sincérité, parfois avec éloquence, en de longs chapitres. Or, de même que le mot dans les livres, la chose s'étale partout dans les faits. Partout, on l'y trouve sous deux espèces : faits de la vie privée ; faits de la vie publique.

Pour les premiers, rien de moins mystérieux. On sait si notre temps a été fécond en transactions d'échange « irrégulières » ; si jamais on s'est montré plus empressé et plus habile à obtenir davantage de la vie d'autrui, en ne livrant que peu ou point de la sienne. Les fraudes commerciales, financières, industrielles sont notoires, communes, infiniment diverses. Plus d'une fois, l'Economie politique et la politique avaient reproché à notre pays son infériorité en matière d'initiative individuelle. En pré ence de ces témoignages, force leur a bien été de reconnaitre qu'il avait fait ses preuves et que s'il avait failli, ce n'était pas par insuffisance d'esprit inventif ou d'ardeur, d'astuce ou de hardiesse, mais plutôt, mais uniquement peut-être du côté de la bonne application et du choix de la route, du droit et des mobiles.

Il semble qu'ici le jugement est facile : — Deux industriels sont en présence. L'un fabrique des habits, l'autre des chaussures. Tous deux emploient celui-ci de mauvais cuir, celui-là du drap de moindre qualité. Qu'arrive-t-il? Oh ! sans doute, les objets durant

moitié moins, ils en vendent chacun le double. Mais
d'une part, la concurrence réduit les bénéfices, sous le
régime des malfaçons, au même taux qu'avec la fabrication loyale ; d'autre part et à ne considérer que ce
compte de contractants, chacun perd à l'usage dans
ce qu'il achète ce qu'il gagne dans ce qu'il vend.

Mais ce n'est pas tout. Loin de là !

N'est-il pas vrai que dans notre exemple, la durée
des produits étant moitié moindre, il y a dans le
corps social, avec la mauvaise fabrication, double
emploi de main d'œuvre ? Or, s'il est une chose constante, c'est qu'à toute époque et toutes choses égales,
la production annuelle d'un peuple roule, avec une
extrême précision, sur le chiffre annuel de journées
de travail que peuvent fournir ses travailleurs (1).

Que s'ensuit-il ? Qu'avec la fabrication déloyale, la
production annuelle, partant le bien-être, partant les
objets d'échange, partant ceux obtenus par l'échange,
partant la vie obtenue pour la vie dépensée se réduisent, à la mesure même de la perte sèche subie sur la
main-d'œuvre.

Ainsi la probité est, pour la prospérité d'un peuple,
un élément essentiel, on peut dire décisif, non pas
pour le discours ou pour la morale et par métaphore,
mais dans le sens le plus précis et le plus positif.

L'improbité individuelle, étendue à la masse, est
faillite quotidienne, cause de ruine. La déloyauté, la

---

(1) On n'a pas donné assez d'attention, même dans le monde
économiste, à cette phrase d'Adam Smith, la première précisément
de son grand traité : « chaque nation a, dans son travail annuel, un
fonds d'où sortent toutes les choses d'agrément ou de nécessité qu'elle
consomme annuellement, et qui sont toujours, ou le produit immédiat de ce travail, ou les achats qu'elle fait avec ce produit chez les
autres nations » — (Trad. de Roucher).

fraude sont le gaspillage du travail de tous au détriment de tous, le gaspillage de la vie.

Dans les faits publics, institutions, charges, offices, mêmes tentatives pour fausser la droite marche des transactions, mêmes fraudes inspirées naturellement par le même esprit, non plus redoutables ni plus pernicieuses pour l'intérêt public, mais plus apparentes et plus saisissables par l'importance de leur masse.

Entre tous ces faits, il en est un qui se détache au premier rang et réclame une place exceptionnelle, motivée tout à la fois par des discussions anciennes et nouvelles engagées autour de lui, par le bruit qu'il a mené et qu'il mène, et aussi par les dommages qu'on lui doit et lui devra encore. — La justification la plus ordinaire de la renommée n'est-elle pas dans le mal que l'on fait aux hommes?

Cet abus public est le parti qu'ont adopté certains peuples, tantôt par une vue fausse des faits, tantôt et plus encore sous la pression d'intérêts particuliers puissants, d'établir, à leurs frontières, des droits frappant les produits étrangers analogues ou semblables aux produits agricoles ou industriels de certains de leurs nationaux. C'est, on le reconnaît, le régime qui s'est appelé et s'appelle encore parmi nous le « système protecteur. »

Or, sans plus d'informations et de débats, nous n'avons à le juger ici qu'au point de vue de nos principes, à la lumière de l'idée de la vie. Deux mots y suffisent.

Et, d'abord, à quelle époque et dans quelles conditions ce régime a-t-il pris naissance? Circonstance singulière et qu'il faut relever, les peuples ont souvent commencé par l'idée contraire. Souvent, dans les premières périodes de leur existence, on a vu

leurs gouvernants ou maîtres, guidés par des calculs
intéressés ou parfois par des sentiments paternels,
se préoccuper par dessus tout de la vie, du bien-être,
de la santé et de la propagation de ceux qui leur
étaient précieux à double titre, comme sujets et soldats et comme contribuables, et, dans cette visée,
aller jusqu'à interdire ou grever de droits la sortie
des produits de l'intérieur. Quelle était la tendance
alors? De réserver aux nationaux, sans préjudice
des importations possibles, la production nationale,
aux indigènes les objets nécessaires à la vie.

A quel moment et sous l'empire de quels mobiles
les peuples passent-ils à l'opposite, à l'expulsion totale ou partielle des produits étrangers, à l'encoura-
gement même de la sortie des produits nationaux,
point culminant du système? Du moment où le régime industriel a pris son essor ; où par suite, produire est devenu la préoccupation générale ; où chaque citoyen, se voyant vivre de son métier et de ses
affaires, ne s'est plus envisagé que sous ce jour, en
même temps que devenu tout puissant à son tour
dans l'ordre politique, à la place et sur les ruines des
anciens pouvoirs, il s'est trouvé tout à la fois chargé
de concevoir les idées de gouvernement et maître de
faire prévaloir celles qu'il avait conçues ; du moment
enfin où le « producteur » a été tout et le « consommateur » rien. N'est-il pas vrai que pour nous, cette
origine est déjà significative ?

Au fond, l'établissement de droits de douane aux
frontières, frappant les produits étrangers qui doivent
trouver des similaires dans l'industrie nationale, peut
se proposer plusieurs buts et déterminer plusieurs
sortes de résultats.

Lesquels? D'abord, réserver expressément aux na-

tionaux le « marché national », le « travail national »;
donner même à ce dernier les moyens de lutter avec
avantage sur les marchés extérieurs ; faire vivre des
industries nationales qui, livrées à leurs seules forces,
plieraient devant la concurrence étrangère ; quelquefois enfin, assurer nettement et de propos délibéré,
à une classe de citoyens, des bénéfices exceptionnels.

On veut réserver aux nationaux le marché national ? — En réalité, qu'est-ce que cela signifie ? Rien,
sinon ceci qu'au dehors, par suite de conditions différentes et plus avantageuses, on peut produire avec
moins de travail humain et, partant, livrer à l'échange
à moindre prix ; que, par exemple, on y trouvera la
houille ou le fer presque à fleur du sol, par gros filons
et d'extraction facile, tandis que les mines de l'intérieur sont profondes, maigres, d'exploitation dispen-
dieuse ; rien sinon que là le soleil mûrit tout seul,
sur la plaine, les fruits qu'on n'obtient sous un climat plus froid qu'au prix de cultures artificielles et
coûteuses ; qu'ainsi, l'homme de l'intérieur peut avoir
au dehors, par exemple, moyennant cent journées de
son travail, ce qui ne saurait lui être livré sur son
propre marché qu'au prix de cent vingt jours de travail.

Eh ! quoi, la question n'est-elle pas jugée ? A prendre toujours au marché cher, un consommateur ne
va-t-il pas à la détresse, un industriel à la ruine, et
le total des ruines et des détresses particulières ne
forme-t-il pas la ruine et la détresse publiques ? Un
pays, encore une fois, ne possède rien autre chose
que « le montant annuel de ses journées de travail »,
que la somme annuelle de vie de ses travailleurs. Eh !
bien, prendra-t-il au dehors avec moins de jours de

travail, ou au dedans avec un sacrifice de plus de jours de travail? De quel côté est l'économie de vie? De quel côté est l'avantage de la vie? Que proclame, que prescrit la loi de la vie?

Mais, pourtant, ne faut-il pas faire vivre certaines industries nationales hors d'état de soutenir la concurrence étrangère, qui s'anéantiraient, avec toutes leurs sources de travail, devant la concurrence étrangère? — Nous avons vu cette illusion et nous ne pouvons plus être de ceux qu'elle égare. Le travail, l'emploi de la vie sur les choses n'est qu'un moyen. Le but, la fin dernière et souveraine est l'entretien et l'extension de la vie puisée dans les choses. Là est la perte, la dépense, le sacrifice, le prix dont on achète la vie, ce que nous payons « à la fortune ». Ici, au contraire, est le gain, la colonne de recette, la vraie voie, la vie même. Non! nous ne saurions confondre la médaille et le revers, la proie et l'ombre, ériger en système, admettre pour règle, nous laisser imposer pour loi de rechercher plus de peine pour moins de profit, plus de travail pour moins de produit, plus de dépense de vie pour moins de vie.

On veut assurer à certaines classes de citoyens des bénéfices exceptionnels?

Oui, en effet, quelque invraisemblable que cette idée puisse paraître, on a vu des gouvernements guidés par des vues politiques, et par exemple, pour entourer un trône d'une aristocratie terrienne, on a vu des classes de citoyens dépourvus même de cette excuse des visées politiques, mais mues tout crûment par la basse âpreté du gain, pratiquer tantôt effrontément, tantôt avec hypocrisie et mensonge, cette étrange économie politique. Mais, pour le coup et dans ces termes, elle a pourtant réveillé et réveil-

lera encore le sentiment public, impatient des inégalités et des privilèges. Promoteurs et bénéficiaires
ont payé et paieront encore d'une impérissable impo-
pularité, sans compter les représailles, leurs théories
et leurs gains injustifiables.

Au résumé, au point de vue de la vie d'un peuple,
la réserve du marché national à l'industrie nationale
est un mauvais calcul, une sottise; le maintien d'industries impuissantes devant la concurrence étrangère : une générosité qui ne peut durer que parcequ'on l'ignore, un sacrifice de l'orgueil, une chimère
de la crainte, l'erreur grossière de la perte prise pour
le gain, la méprise bouffonne du comptable qui porte
ses pertes à la colonne des profits et les profits à la
colonnes des pertes ; le privilège enfin des bénéfices
une exaction légale, un échange inégal de la vie:
partout une déperdition de vie.

Et, dans cet échange, pouvons-nous dire que le
vendeur est propriétaire de ce qu'il livre, qu'il devient
le loyal propriétaire de ce qu'il reçoit?

Ni l'un ni l'autre. Il n'est pas propriétaire de ce
qu'il livre, car qu'apporte-t-il réellement à l'échange?
Un produit qui lui a coûté, par exemple, cent vingt
journées de travail. Et comment le présente-t-il au
marché? Comme valant cent quarante jours de travail. Il n'est pas loyal propriétaire de ce qu'il reçoit,
car de par la loi et sciemment, il reçoit vingt jours de
vie de plus qu'il ne donne.

Enfin, est-il même besoin de dire qu'ici et d'un
bout à l'autre, manque la condition souveraine sans
laquelle il n'est pas de contrat légitime : la liberté.

La liberté ici, d'un bout a l'autre, la loi la confis-
que, la violente, la fausse, l'enchaîne. C'est elle qui,
sur la demande des intéressés, dit à la masse spoliée

du peuple: Quoi que tu veuilles et fasses, tu n'achèteras pas le produit là où tu l'aurais pour cent journées
de travail. Tu l'achèteras là où tu le paieras cent quarante jours de travail, savoir en plus vingt journées
pour rembourser au travailleur son excédent de travail, perdu pour tout le monde et qui ne profite à
personne, puis vingt autres journées de bénéfice gratuit que tu livreras sur ta vie à ce voisin que je protège et parceque je le protège.

Le droit c'était la liberté sous l'égide de la loi. La
loi ici, c'est l'absence de liberté de par la loi.

L'institution appelée le « système protecteur » est
contraire au droit de la vie. Elle constitue un régime
« irrégulier » d'échange et ses contrats sont illégitimes.

III

ERREURS ET FRAUDES DANS LE COMMERCE DE LA VIE.

LA MONNAIE.

L'échange, nous l'avons vu, se décompose en deux
moments: une opération d'appréciation, puis une
opération libératoire. La valeur, avons nous dit encore, n'est pas une qualité réelle des choses. Elle
n'est pas dans les choses. Dans la réalité, il n'y a pas
des valeurs au même sens qu'il y a des étendues, des
longueurs, des largeurs, des surfaces, de la chaleur,
de la lumière ou de la pensée. Il n'y a même pas de
valeurs, à titre de rapports réels entre les besoins de
l'homme et les choses. Il n'y a que des « évaluations ».

L'évaluation, cette première opération de l'échange, pourrait-elle alors n'être, dans toute sa teneur, qu'une simple opération de la pensée, ne consister, comme nombre d'autres pensées, qu'en une série de mouvements du cerveau, leur organe ? La pensée pourrait-elle, dans cet acte comme dans cent autres, ne s'appuyer, pour qualifier les choses, que sur des phénomènes de son ordre, des idées, des coefficients, des chiffres abstraits ou des formes analogues, purs aides-mémoires, instruments et adjuvants du mécanisme cérébral ? Rien dans la raison n'y répugne. L'évaluation resterait dans ce cas jusqu'au bout, ce qu'elle est en premier lieu et par essence : un acte intérieur, appartenant uniquement au monde des idées, au « monde moral, » une simple opération d'arithmétique ne reposant, à tous ses degrés, que sur des nombres, n'accusant à la fin son résultat que par des nombres.

Et l'opération libératoire ? Dans une société élémentaire où tout est élémentaire comme elle, quand l'évaluation a prononcé, l'échange immédiat des objets libère : c'est le troc. Mais il est clair que dans une société avancée, le troc est loin de suffire ; que dans la plupart des cas, les objets de l'échange ne s'équivalent en aucune façon ; que dans le moment, il n'y a souvent tradition d'objets que d'un côté et que la tradition, ou unilatérale ou inégale, n'est qu'une ébauche d'opération ou un paiement partiel qui ne libère pas.

La libération pourrait-elle consister, elle aussi, en une simple opération d'arithmétique et de comptabilité, en un mécanisme, en une sorte de « clearing » créditant, débitant qui de droit à quelque registre des comptes sociaux, avec remise à la main demeurée

totalement ou partiellement vide, pour le montant ou
le solde de sa créance, de titres reconnus, acceptés,
publics qui ne seraient eux-mêmes que des formes
comptables? On peut apercevoir, du premier coup
d'œil, nombre de difficultés d'organisation, de garantie, nombre de dangers, de nécessités, d'illusions,
de tentations publiques, d'ingérences gouvernemen-
tales. Au fond, le problème ne semble pas pouvoir
être tenu pour chimérique, la donnée pour contradictoire et impossible.

A cet égard, quels seront les partis de l'avenir?
Laissons à l'avenir sa tâche et faisons la nôtre. La
nôtre est de juger, et de juger de notre point de vue:
celui de l'idée de la vie, ce qui existe. Or, ce qui
existe, qu'est-ce? Pour les deux opérations, le recours à ce qu'on appelle la monnaie, l'emploi de la
monnaie.

Il y a des siècles que la monnaie fonctionne. Il
n'y en a certainement pas un où, nulle part, elle ait
fonctionné sans trouble. Il y a plus de deux mille ans
qu'Aristote dans sa *Politique* en a donné la théorie;
plus de deux mille ans que la définition en est faite
et fixée, acceptée au fond sans changement et cela
de plein et universel accord. On peut affirmer qu'il
n'y a pas une année où, autour du poteau portant la
définition en lettres d'or, au pied de la chaire où se
professe la théorie et du haut de cette chaire, au
bruit des acclamations des orthodoxes fidèles, la définition n'ait été méconnue, la théorie violée; où des
phénomènes économiques outrageusement contraires
n'aient été tolérés, préconisés, défendus, pratiqués,
revêtus de prétendus principes, non seulement par les
intéressés : gouvernements et gens d'affaires, mais
par la science économique elle-même, oublieuse, in-

conséquente ou conquise, avec l'appui semblable, et cette fois bien extraordinaire, du même accord perpétuel et universel.

Qu'est-ce donc que la monnaie? Quelles sont la théorie droite et la définition vraie de la monnaie? Quel en est l'usage correct? Quelles sont les erreurs, les illusions et, s'il en est, les fraudes en matière de monnaie?

La théorie de la monnaie! Oh! elle est absolument irréprochable et elle réalise les conditions de la conformité la plus parfaite avec notre donnée, la donnée de l'idée de la vie.

Ecartant les purs mécanismes de l'arithmétique et des nombres, poussant au-delà des régularisations par écritures comptables, des titres sur papier, des énonciations idéales, pour prendre pied de plus près sur le terrain doublement solide et du monde réel et des principes, elle commence par poser celui-ci que le semblable ne se mesure que par le semblable; que le semblable ne se paie que par le semblable et, pour prendre le langage courant, ce qui a de la valeur par ce qui a de la valeur.

Qu'est-ce à dire? Que pour paraître dans l'échange la monnaie doit être, pour sa part, un objet d'échange; que les objets d'échange, étant tous des « produits », autrement dit encore des « marchandises », la monnaie doit être au même degré un « produit » et une « marchandise »; que l'échange comprenant deux moments : « l'évaluation » et la libération par tradition, dans l'évaluation la marchandise choisie comme monnaie devra fournir, en place des numérations purement idéales, des mesures concrètes se prêtant à toutes les opérations de la pensée, les suivant pas à pas, leur donnant corps, d'une part

dans la pensée même, chiffre pour chiffre ; d'autre
part dans le domaine réel des transactions sociales ;
et que dans le second moment de l'échange : la libération par tradition, cette même marchandise choisie
comme monnaie devra fournir, en toute circonstance,
des parties d'elle-même s'équilibrant forcément, au
point de vue de la valeur, avec le montant ou le solde
des objets d'échange, c'est-à-dire dans les termes de
l'évaluation et formant ainsi la « libération » par le
procédé le moins contestable : celui de la tradition
immédiate de l'absolue équivalence.

Transposée dans les termes de notre donnée de
« la vie », cette théorie de la monnaie s'y encadre
sans réserve, la confirmant hautement dans son ensemble par un témoignage de détail, comme on atteste l'exactitude du mètre en la vérifiant sur une de
ses divisions décimales, en même temps que, pour sa
part, au rayonnement que possède toujours une idée
générale, elle y reçoit elle-même, avec plus de lumière, un énoncé plus net et plus vif.

Dans l'échange, dit notre donnée, tout est œuvre
de la vie. Des deux parts tout est de la vie. Rien ne
doit s'échanger qui ne soit de la vie.

Or, il y a, disons-nous, deux moments dans
l'échange : l'évaluation et la libération.

L'évaluation, c'est évaluation de la vie. Comment
se fera-t-elle ? Par un objet servant, sous le nom de
monnaie, de commune mesure. Soit ! le semblable ne
se peut mesurer que par le semblable. Pour servir à
l'évaluation, la monnaie devra donc être produit du
travail, œuvre de la vie. Elle devra être de la vie.

Se libérer, c'est payer des œuvres de la vie. C'est
payer de la vie. Comment la libération se fera-t-elle ?
Par un objet possédant, sous le nom de monnaie, la

force libératoire? Soit! le semblable ne se peut payer que par le semblable. Pour cette phase encore de la transaction, la monnaie devra donc être œuvre de la vie. Elle devra être de la vie; et la libération est, avec elle, l'absolue terminaison de l'échange par la tradition immédiate et réputée équivalente d'œuvres de la vie contre œuvres de la vie: la vie contre la vie.

Telle est, des deux parts et dans notre donnée, la théorie certaine de la monnaie vraie.

Passons-nous aux faits eux-mêmes? En fait, l'or, l'argent, dans leurs monnaies droites, y sont exactement conformes. Sont-ils donc œuvres de la vie? Sont-ils donc de la vie? Oui, absolument comme le sont tous les autres objets de l'échange. Comme eux, ils sont des produits, des marchandises. Comme eux, de la même façon, avec une pareille équivalence, ils représentent du travail, une dépense de vie. Qu'est-ce que vaut la journée du chercheur d'or, du mineur, du fondeur, de tous les ouvriers des hôtels des monnaies? Pas moins, pas plus que la journée courante des autres industries. Que vaut le kilogramme d'or ou d'argent? La somme moyenne des travaux faits, de la vie dépensée pour l'apporter à l'échange (1). Que vaut à son tour la monnaie? Ce que valent l'or et l'argent qui la composent. Dans la pièce de cinq francs, il y a pour cinq francs d'argent. Dans la pièce de vingt francs, il y a pour vingt francs d'or.

Ainsi, en théorie comme en fait, en fait comme en théorie, avec la monnaie vraie, nous avons devant

_____

(1) On a dit, sous une forme piquante et assez vraie, qu'on enfouit dans une mine autant d'or qu'on en tire.

nous, comme avec tous les autres objets réguliers d'échange, la vie, toujours la vie et la vie toujours la même.

Or, avec elle, l'homme est-il bien propriétaire de ce qu'il livre ? Eh.! vraiment, comment ne le serait-il pas comme en tout échange, puisque, comme dans tout échange, ce qu'il apporte à l'échange, c'est de la vie, sa vie ?

Le contrat est-il loyal, légitime ? Eh ! vraiment, comment ne le serait-il pas ? Quelle est l'opération ? Une vente et une vente comme toute autre. Appeler acheteur, celui qui donne de la monnaie pour du drap, vendeur celui qui donne du drap pour de la monnaie, n'est qu'une habitude commerciale. Donner de la monnaie pour du drap ou du drap pour de la monnaie, des deux parts, en toute rigueur des faits économiques, c'est toujours acheter et c'est vendre. Or, qu'avons-nous vu ? Que la transaction élémentaire de « la vente » constitue l'échange dans sa forme la plus pure et la plus correcte.

Et sous quel régime la transaction monétaire s'opère-t-elle ? Sans contrainte, sans édiction de gouvernement, car l'intervention des gouvernements n'est ici qu'un constat, sous le régime de l'équivalence reconnue, de l'acceptation mutuelle : sous le régime de la liberté.

Ainsi, d'un bout à l'autre, l'échange monétaire est d'une régularité parfaite. Il prend place parmi les contrats les plus légitimes, offrant par là même un criterium où peuvent venir s'éprouver, se reconnaître, se briser, s'évanouir toutes les erreurs, les illusions, les fraudes en matière de monnaie. — Or, nombreuses, nombreuses et graves ont été et sont encore ces erreurs.

Et d'abord, il convient de signaler, ne fût-ce qu'en passant vite pour bien des motifs, cette circonstance qu'on regarde comme toute naturelle et qui n'en est pas moins tout à fait extraordinaire, que dans tous les Etats, on accroît la quantité de monnaie annuellement, régulièrement, constamment et sans limite.

En vérité, faut-il dire, dans la théorie même de la monnaie, qu'est-ce qu'une mesure qui ne reste pas fixe un moment? Que dirait-on d'un mètre qui planté en terre, pousserait d'année en année et deviendrait successivement un mètre dix, vingt, cinquante centimètres et deux mètres, ou sur lequel on pratiquerait l'opération contraire? Qu'est-ce qu'une pesée où l'on jette constamment des poids nouveaux dans la balance? Au point de vue du prix et à tout moment donné, l'ensemble des marchandises s'équilibre franc pour franc avec la quantité de monnaie qui se place en regard et s'offre pour elles. Que devient le prix alors si, par l'augmentation de la quantité de monnaie, chaque sorte de marchandise a successivement devant elle, au lieu d'un franc, un franc vingt, puis un franc cinquante centimes, puis deux francs?

Qu'est-ce que cette dépréciation inexorablement croissante de la monnaie publique qui organise, à titre officiel et d'un cœur tranquille, la ruine lente du créancier, la faillite invisible et légale du débiteur, l'extinction graduelle des dettes d'Etat par le mystère infaillible des banqueroutes infinitésimales ; qui sacrifie, à l'aveugle, les salaires, toujours les derniers à suivre l'augmentation du prix des choses, qui met enfin une société dans l'impossibilité absolue de se rendre compte de l'état de ses fabrications et de ses consommations, d'une insuffisance industrielle ou d'une surproduction, de sa marche, de ses arrêts ou

de ses progrès, et suscitera, par exemple, l'applaudissement général sous la menace d'une crise, les
malédictions du peuple ou du commerce là où ne devraient éclater que les bénédictions du bien-être ?

A la politique d'assurer et de maintenir le respect
des principes, l'équivalence dans les échanges, les
conditions loyales de l'établissement des prix ! Aux
financiers, s'il est possible, d'y consentir ! Aux victimes, si elles le peuvent, de défendre leurs intérêts et
leurs droits ! Aux économistes, s'ils le veulent, de se
rappeler et de rappeler, à propos de ce point et de
ceux qui vont suivre, ce mot de l'un d'entre eux pris
parmi les plus clairvoyants et les plus sages : qu'il
est sans doute, pour les sociétés humaines, des
épreuves terribles : les disettes, les épidémies, les in-
vasions, les guerres ; mais qu'il en est — péril ignoré
malgré l'histoire ! — qui dépassent encore les disettes, les épidémies et les guerres, à savoir les
erreurs et les troubles en matière de monnaie !

Autre fait économique : autre entorse manifeste à
la théorie de la monnaie.

Un gouvernement émet de la monnaie de billon.
Qu'est-ce que la monnaie de billon ? Une monnaie qui
vaut moins, notablement moins comme marchandise
que comme monnaie. Eh ! quoi, est-il dérogation plus
expresse et plus flagrante à la définition admise ?
Cette monnaie, le public la réclame ? Le service oui ;
non pas l'erreur. Elle est utile ? Toute erreur se paie ;
celle-ci comme une autre et après les autres. Elle
est acceptée ? Oui, sous la foi de l'ignorance et de
l'autorité publique. Le public sait ? On n'a trompé
personne ? A la bonne heure ! la violation est con-
fessée.

Somme toute, que fait un gouvernement quand

prenant sur le marché pour dix millions de métal, il
en fait pour trente millions de monnaie de billon ?
D'une part, il déprécie d'autant la monnaie ancienne
dans les mains de ses possesseurs; d'autre part, il
place dans les siennes un pouvoir d'achat triple de
son droit.

Et maintenant, cette monnaie est-elle un produit
du travail ? Est-elle œuvre de la vie ? Est-elle enfin
de la vie ? Pour un tiers de sa valeur, oui ; non pour
le reste.

Le Gouvernement est-il propriétaire de ce qu'il en
achète ? Pour un tiers, oui ; non pour le reste, car
pour ce reste en contre-échange, il n'a rien, absolument rien donné.

Le contrat est-il loyal et légitime ? Comment le
serait-il quand l'évaluation est fausse, la libération
incomplète et partant nulle ; quand on n'a payé qu'un
tiers du prix ; quand dans l'échange, l'équivalence
manque de toutes parts ; quand en place du libre
débat, apparaît et règle seul le régime de l'autorité
publique ?

Au nom des principes, au nom de la théorie admise
de la monnaie, au nom de l'idée de la vie, la monnaie
de billon doit être tenue pour un fait monétaire irrégulier ; ses contrats pour illégitimes.

IV

ERREURS ET FRAUDES DANS LE COMMERCE DE LA VIE.
LA MONNAIE (*suite*) — MONNAIE FIDUCIAIRE.

Dans cette mine profonde d'erreurs et de fraudes
où il nous faut descendre, le mécanisme de la mon-

naie est un des filons privilégiés. Impossible de relever toutes celles qu'il recèle. Bornons-nous à quelques-unes des mieux signalées à l'intérêt de ce temps.

Parmi les idées les plus singulières qui aient pu germer dans une cervelle de réformateur, de financier ou d'économiste, il faut assurément compter celle de « monnayer », les choses qui ne sont pas monnaie. Tout étrange qu'elle soit, elle n'en a pas moins à citer, faut-il dire à son actif, d'anciens et immenses essais, non sans ruines quoique demeurés sans fruit pour l'expérience des hommes; plus près de nous, parmi nous, des préjugés persistants, des théories d'appareil orthodoxe qui ne sont que d'inconscientes apostasies, des plaidoyers qui ressemblent à des gageures et, enfin, d'imposants fonctionnements partiels réalisés dans de très grandes institutions publiques.

Et d'abord, on a parlé — c'est le mot même — de « mobiliser » de « monnayer » la terre.

La terre! — et c'est la première réflexion qui s'offre à la pensée — pourquoi la terre? Pourquoi la terre toute seule, à l'exclusion de tout le reste? Si ce monnayage est possible, pourquoi des réserves, des limitations, des privilèges? Pourquoi ne pas l'appliquer à titre universel? Universel, au moins, c'est la preuve qu'on a foi dans l'idée. C'est la répudiation inquiétante des restrictions timorées; la constitution, la proclamation franche d'un « système ». C'est par-dessus tout, un très nécessaire et très grand bien: par l'égalité la justice.

Oui, c'est l'égalité et la justice; mais qu'arrive-t-il? Il arrive que tout étant « monnayé », tout parait sur le marché à l'état de monnaie, avec tous les droits et pouvoirs d'achat de la monnaie. Il arrive qu'au lieu d'avoir en face des choses demandées et offertes cinq à six milliards de monnaie, avec lesquels elles s'équilibrent, elles ont désormais devant elles cinquante et cent milliards de titres monétaires avec lesquels il leur faut s'équilibrer. Il arrive — on pressent avec quelle crise effroyable — que les prix de tous les objets d'échange, résultantes inévitables de cette libration, s'élèvent pas à pas, ruine à ruine, classe à classe de la population, dans une proportion égale et partant colossale. Il arrive que toutes choses paraissant au marché par leurs titres, leurs signes monétaires, quand après la période de bouleversement, réapparaît l'état relativement stable, elles ne se mesurent plus que par les masses respectives de leurs signes. La société est changée. Par l'universalité des titres et des signes, elle est revenue violemment, artificiellement — on voit encore au prix de quels mécomptes et de quelles souffrances — au troc universel.

Il arrive enfin — et ce résultat s'affirme avec la plus absolue certitude — que, puisque la monnaie était une marchandise choisie entre toutes pour servir de mesure commune, tout désormais étant monnaie, en réalité rien n'est plus monnaie. Il n'y a plus de mesure. Il n'y a plus de monnaie.

Ce n'est pas là sans nul doute l'objectif. Ce n'est là ni ce qu'on entrevoit, ni ce qu'on veut. Soit ! Tenons-le pour abandonné puisqu'on l'abandonne.

Non ! ce qu'on préconise, ce qu'on ambitionne, ce qu'on fait luire aux yeux des intéressés comme une amélioration importante, un don gratuit, une source de richesse, un secours pour le travail, c'est un « monnayage » partiel. C'est en particulier, nous

l'avons dit, la « mobilisation » et le « monnayage »
de la terre.

Qu'est-ce donc alors que la mobilisation, le monnayage de la terre ?

Ah ! s'il s'agissait, par quelque simplification de
mécanisme, de faciliter pour le propriétaire foncier la
division, la vente totale ou partielle, ou l'engagement
par nantissement des parcelles de sa terre, à coup
sûr, il ne serait pas difficile de trouver des procédés
plus expéditifs et moins dispendieux que les procédés, disons mieux que les procédures en usage.
L'entreprise serait tout ensemble pratique et utile.
Qu'on la tente ! Mais, mobiliser la terre ! Est-ce que
la terre se mobilise ? Mais la transformer suivant des
distinctions et des termes d'école de « capital fixe »
en « capital circulant » ! Est-ce que la terre circule ?

Non ! Tout ce qu'on fait, et il est impossible de
rien faire qui soit autre, c'est en représentation d'engagements souscrits, avec assignation, si l'on veut,
sur des parcelles offertes en gage, d'émettre et de
remettre aux mains des propriétaires, pendant qu'ils
gardent parfaitement leurs terres sous la semelle de
leurs souliers, des bons portant au besoin des énonciations monétaires, ayant valeur et pouvoir monétaires, qui eux sont en effet mobiles, prennent place
à ce compte parmi les valeurs que la finance appelle
« mobilières », qui seuls circulent.

Voilà proprement ce que c'est que la mobilisation
de la terre. Voilà pourtant ce qu'on entend par la
transformation de la terre de « capital fixe » en « capital circulant ». Voilà, au fond et dans toute sa nu-
dité, ce qu'on entend par « monnayer » la terre.
N'est-ce pas que c'est d'abord, après tant de grands
mots, après « une clameur si haute », une pure pi-

perie de paroles? Autrefois, on a parlé de mettre en madrigaux toute l'Histoire romaine Va-t-on mettre en jeux de mots toute l'Économie politique? Oui ! Il y a là une illusion immense, et qui serait risible si en même temps elle n'était redoutable, caractère tout autre, par malheur, et d'autre conséquence.

Et, en effet, supposons le rêve réalisé. Supposons qu'on a dans ces termes « monnayé » la terre. Qu'a-t-on fait?

On a mis aux mains de la propriété un énorme pouvoir d'achat. Quelle provocation aux dépenses prématurées, aux consommations vaines! Après elles, quelles ruines ! Quel trouble sur tout le marché de l'échange! Même avec une prétendue sagesse, on a jeté des milliards de valeurs monétaires nouvelles à côté des milliards de la monnaie ancienne ? Quelle dépréciation de la monnaie! Quel emportement de tous les prix ! Quelles souffrances encore partout et quels désastres ! Au fond, faut-il caractériser d'un mot l'idée de mobiliser la terre? Eh ! bien, ce n'est rien moins, et sur de bien plus colossales proportions encore, que le renouvellement des assignats, de par les mains, on ne peut dire au profit des propriétaires. Est-ce qu'on sera tenté par l'aventure?

A présent, jugerons-nous ces erreurs, ces illusions, ces chimères, de notre point de vue : celui de l'idée de la vie?

Eh! quoi, dit-elle, qui donc a changé le marché de l'échange? Tout à l'heure, il y avait ici, dans l'actif social, la terre puis la monnaie. La terre la voici ! Elle produit. On y travaille. La monnaie, la voilà! Elle circule, se vend et achète. Qu'est-ce donc et d'où vient cette masse nouvelle de titres monétaires qui s'est placée à côté d'elles? La terre, c'était et c'est de la vie. Comme valeur, elle est tout entière faite de vie humaine. La monnaie, c'est de la vie encore. Car que représentent ses cinq à six milliards? Deux milliards peut-être de journées de réel travail.]

Mais ces ñouveaux titres monétaires, est-ce qu'ils sont de la vie? Oh! rien que pour une part infime. Le papier, le dessin, l'impression, le tirage voilà ce qu'ils représentent de travail, d'œuvre de la vie.

Ah! dit-on, la terre est derrière qui les double, les gage, les supporte en leur donnant assignation sur ses parcelles, et la terre, vous l'avez dit, est bien de la vie. Sur ses parcelles? Non! Cela n'est pas vrai. S'il s'agissait de ventes réelles, de transmissions de la propriété de la terre, quel cataclysme! Oublie-t-on que si la terre a sa valeur actuelle, c'est qu'il ne s'en présente annuellement à la vente qu'une proportion réduite; que jeter d'un coup par les titres toutes les terres sur le marché, ce serait — et partiellement ne l'a-t-on pas vu? — avilir, abîmer, anéantir le prix de la terre, pour la ruine de la propriété et du pays même? Non! Ce qui seul double la terre, c'est l'engagement souscrit, chose éventuelle, valeur à venir, rien d'actuel et de réel, rien qui soit de la vie.

Et alors, dans ces termes, est-ce que celui qui achète au moyen de ces titres monétaires est propriétaire de ce qu'il livre? Du travail, oui. De la valeur inscrite, non! car elle n'est pas de la vie.

Devient-il bien propriétaire de ce qu'il achète? Non encore, car ce qu'il a reçu au marché de l'échange, ce sont des produits du travail, des œuvres formelles de la vie et il n'a pas payé ce qu'il achetait car en contre-échange, sinon pour une faible part, il n'a pas donné de travail; il n'a pas donné de la vie.

Enfin, la transaction est-elle régulière ? Non ! loin de là. Car encore une fois, le contrat essentiel, c'est l'échange. Or, il n'y a pas échange puisqu'il n'y a pas paiement libératoire : la vie n'a pas payé la vie.

L'opération connue sous les noms de « mobilisation de la terre » de « monnâyage de la terre » est donc, au premier chef, un phénomène économique irrégulier, désavoué par les vrais principes de l'Économie politique. Les contrats qu'elle peut enfanter sont illégitimes.

Mais ce n'est pas fini. Tout à l'heure, en parlant, au début, du monnayage des choses, nous disions qu'il en existait des réalisations partielles importantes dans de grandes institutions publiques. Qu'est-ce donc que peuvent bien être ces réalisations de chimères? Comment donc ont pu naître et vivre ces fonctionnements imposants d'illusions avérées; et qu'est-ce enfin que ces grandes institutions publiques qui les enfantent, les régissent, forcément enfermées, sous nos yeux, dans ce dilemme d'en être dupes ou complices, victimes ou bénéficiaires?

En lisant quelques-unes des lignes qui précèdent, l'une d'elles déjà a pu venir à la pensée, mais sauf à y revenir un jour, ce n'est pas d'elle que nous voulons évoquer aujourd'hui le souvenir. Nous parlons ici de la « monnaie fiduciaire » et, puisque le billet de banque constitue en France, à l'heure présente, toute la monnaie fiduciaire, nous parlons du billet de banque. Qu'est-ce alors que la « monnaie fiduciaire » et qu'est-ce que le billet de banque ?

Ce que c'est ? Nous venons de voir l'idée de « monnayer » les choses dans l'hypothèse d'une application universelle, puis dans l'hypothèse d'une application

partielle et précise à la terre. Eh! bien, c'est vainement qu'on s'entourerait d'équivoques et de sophismes,
d'arguties et de raisons d'utilité commerciale ou publique, au fond, sauf des différences secondaires qui
ne laissent d'aucun côté à l'illusion une part moindre
ou pire, l'émission du billet de banque est absolument le même phénomène économique et de finance,
de chimère et d'aventure.

Le billet de banque! Dans les mêmes termes que
pour la terre, avec les mêmes erreurs et fraudes, les
mêmes violations de la théorie de la monnaie, les
mêmes procédés, la même habitude puérile de prendre des mots pour des actes et des figures pour des
réalités formelles, avec la même illusion, la même
vanité de l'effort, les mêmes risques, disons les mêmes
désastres, le billet de banque est l'application de l'idée
de monnayer les choses au billet à ordre, à l'effet de
commerce. En deux mots : c'est le monnayage de
l'effet de commerce.

Ce sont les mêmes procédés? Et en effet, dans les
deux cas le procédé sur lequel tout roule, essentiel,
unique, c'est tout simplement d'émettre, en représentation d'un objet qui n'est pas monnaie, un titre de
papier réputé monnaie et faisant en plein office de
monnaie.

Mêmes illusions? Mêmes chimères? Entre cela :
marquer d'une empreinte loyale un métal qui vaut
par lui-même, et ceci : écrire MILLE FRANCS sur un
papier sans valeur, est-ce qu'il y a une circonstance
commune? On monnaie en effet dans le premier cas.
Est-ce qu'on peut dire « monnayer » dans l'autre? Encore une fois, est-ce que des métaphores vont servir
d'assises à des théories économiques, à des faits
graves, à d'énormes transactions, à des institutions

puissantes, et la science va-t-elle se prendre aux burlesques amusements de langage de l'estaminet ou du carrefour?

Même vanité de l'effort! Nous disions : Est-ce qu'on mobilise la terre? Est-ce que la terre circule? Mais quoi! Est-ce que l'effet de commerce circule? Non! les banques l'enfouissent en portefeuille jusqu'au jour où l'échéance le fera reparaître à leur profit pour un paiement réel.

L'effet de commerce est doublé d'un gage! Est-ce que le billet de banque mobilise les « marchandises » qui le gagent? Non! Les voilà devenues, sous la main du livré, maisons, routes, chemins de fer, usines, outils, machines, dans l'atelier et sur la plaine.

Le titre de la terre circulait seul au-dessus de la terre engagée peut-être, mais dans tous les cas immobile aux mains de ses possesseurs. Le billet de banque, titre monétaire de l'effet de commerce, circule seul au-dessus de l'effet en portefeuille et des objets valables sans lien avec lui, libres, indépendants de lui, fixés chacun à sa destinée, employés dans le travail, attachés chacun à son usage.

Même entorse à la théorie de la monnaie! La monnaie est une marchandise choisie pour mesure commune et valant autant comme marchandise que comme monnaie. Est-ce que la monnaie fiduciaire est une marchandise? Est-ce que le billet de banque vaut autant comme marchandise que comme monnaie? Sa valeur comme monnaie lisez : mille francs. Sa valeur en papier, pesez. C'est au plus un dixième de centime. Jugé par la théorie vraie de la monnaie, le billet de banque n'est qu'un billon infinitésimal, un billon au millionième (1).

(1) Voir notre publication : *Le Billet de Banque fausse monnaie*, Lib. Guillaumin.

Mêmes fraudes, fraudes ici immensément profitables à l'institution qui fonctionne !

Quand une banque émet son papier, que fait-elle ? Presque sans charges, sans autres frais que de simples débours de papier, d'impression, de tirage, elle se donne, lance, maintient dans le public, sous l'appui de la foi, il faudrait dire de la crédulité publique, une masse de papier réputé monnaie égale à la différence entre sa circulation et sa réelle et personnelle encaisse métallique, c'est-à-dire par exemple à un milliard, et, ce milliard qui ne lui coûte rien, elle le met en œuvre, le fait fructifier à son compte.

En cela que fait-elle encore ? Ah ! elle prouve, haut la main, que si les gouvernements sont besogneux, oublieux, indifférents, ignorants ou inattentifs, parfois complices intéressés ; si les propriétaires fonciers sont ardents et avisés, épris d'une émulation intelligente pour la saisine du bien commun, la finance est bien autrement qu'eux tous, puissante et habile ; qu'elle tient et exploite, depuis bientôt cent ans, non seulement en paix mais avec l'applaudissement universel, ce que ces derniers demandent et demanderont encore longtemps en vain après elle et près d'elle ; qu'en leur présence et à leur adresse enfin, elle aurait le droit de s'approprier, avec quelque orgueil, à propos du monnayage des choses, ce mot empreint d'une si modeste mais si légitime assurance de l'architecte antique : ce que dit celui-ci, je le ferai. — Je l'ai fait.

Oui ! tout cela est vrai ; mais si c'est aux mêmes profits pour les banques, c'est aux mêmes risques, au prix des mêmes désastres pour un peuple.

Nous avons vu quels seraient les effets, dans le monde de l'échange, des milliards des titres à prove-

nir du monnayage de la terre. Il n'y a pas deux Eco-
nomies politiques. Il n'y a pas deux sortes d'effets
pour une même cause. Tout semblables sont ceux du
milliard de billets faisant en plein office de monnaie
qu'une banque lance et maintient dans le milieu social.

Nous l'avons dit vingt fois, au-dessous de nos erreurs, les choses poursuivent imperturbablement leur
marche, pesant de leur poids aveugle, implacable,
portant leurs coups sans colère mais sans pitié, sans
souci de nos opinions, de nos illusions, de notre
bonne foi, de notre innocente ignorance; sans nul
souci des édits d'autorité publique pas, plus que de
l'applaudissement public ou de la foi publique.

Pour elles, un milliard de titres monétaires est-il
lancé dans la circulation? Il compte pour un milliard.
Ses titres sont-ils extrêmement mobiles et, par leur
mobilité, accomplissent-ils dans l'échange deux fois,
trois fois plus d'opérations que la monnaie vraie? Ils
comptent pour deux milliards, trois milliards de monnaie. Mais ils sont à nos yeux et nous les appelons
une monnaie purement fiduciaire! Qu'importent les
noms, les intentions, les réserves! Sont-ils réputés
monnaie? Sont-ils donnés, acceptés, circulent-ils
comme monnaie? Font-ils office et pleinement office
de monnaie? Oui! eh bien, c'est tout un et l'effet
est le même.

L'effet est le même; c'est-à-dire qu'ils déprécient
dans une proportion exacte, irrésistible, toute la monnaie. C'est-à-dire qu'ils faussent toute mesure, toute
évaluation et toute opération libératoire. C'est-à-dire
qu'ils déterminent la hausse des prix de tous les objets
d'échange. C'est à dire qu'avec la cherté qui gagne de
proche en proche, ils jettent de classe en classe la même

banqueroute des gouvernements qui doivent, des institutions qui doivent, des particuliers qui doivent, la même atteinte aux droits des créanciers, le même malaise prolongé, sourd, incompris mais cruel ou mortel, surtout pour ceux qui ne savent pas voir, conjurer, se défendre, en somme pour le grand nombre, pour les pauvres classes laborieuses toujours trompées et sacrifiées, en face des habiles, habiles encore à trouver des occasions de gain dans les hasards de la ruine commune.

Voilà ce que c'est : système, procédés, résultats, conséquences, que le « monnayage » de l'effet de commerce par le billet de banque. Voilà : théorie et pratique, ce que c'est que le billet de banque.

À présent, voulons-nous le soumettre à son tour à notre pierre de touche, à l'épreuve de l'idée de la vie ? Le billet de banque est-il œuvre de la vie ? Est-il de la vie ?

Ah ! encore une fois, la monnaie vraie qui avant lui paraissait seule dans l'échange, celle-là était bien de la vie, valant autant comme travail, comme dépense et œuvre de vie que comme monnaie. Elle était toute de la vie.

Avec elle, quand un homme recevait et gardait dans ses mains des parcelles de monnaie, qu'est-ce que cela voulait dire ? Cela voulait dire qu'il avait lui-même, en un temps antérieur, travaillé, dépensé sa vie ; que comme il avait momentanément laissé les produits de son travail au sein du milieu social de l'échange, la société lui avait remis, pour consacrer son droit, des sortes de reconnaissances valables à toujours contre elle.

Et plus tard, quand abandonnant cette « monnaie, » il puisait dans le milieu social de l'échange, qu'est-ce que cela voulait dire ? Cela voulait dire qu'il usait de son droit de reprise, qu'il y redemandait à titre égal des œuvres de vie pour la valeur de sa vie ancienne, en y replaçant, valeur pour valeur, ses reconnaissances qui étaient elles-mêmes la représentation, valeur pour valeur, du travail et de la vie.

Mais est-ce que le billet de banque est, comme la monnaie, du travail pour sa valeur écrite ? Est-ce qu'il dit vrai quand il dit qu'il vaut mille francs ? Est-ce que pour cette valeur, il est œuvre de la vie ? Est-ce qu'il est de la vie ? Non ! Sauf une part infime, infinitésimale de sa valeur courante, il n'est qu'un chiffre nominal, mensonge, foi trompée, œuvre vide de la vie promise. Il n'a rien, absolument rien qui relève du travail, qui soit du travail et de la vie.

Et alors, avec le billet de banque, quand on l'émet, qu'on le passe, qu'on en achète, dans le milieu social, des objets d'échange, qu'arrive-t-il donc ?

Au moment où on l'émet, il arrive qu'on se donne une reconnaissance valable revêtue d'un caractère public, pour un apport qu'on n'a point fait au milieu social.

Et quand au moyen du billet de banque on achète, sur le marché social, des objets d'échange, qu'arrive-t-il ? Il arrive qu'on réclame à ce milieu de l'échange ce qu'on ne lui a pas donné ; qu'on y prend sans y avoir mis ; qu'on pratique l'échange d'un bout à l'autre sans rien donner en contre-échange. Il ne s'agit plus d'une reprise mais d'un prélèvement gratuit et sans droit.

Somme toute, le billet de banque n'est point de la vie (1). Il puise dans le trésor de la vie commune, aux dépens de la vie commune.

(1) Pour reprendre notre criterium décisif dans sa rude donnée

La main qui émet le billet le lance dans le public pour sa valeur, est-elle propriétaire de ce qu'elle livre ? En vérité, la réponse éclate.

Et quel est avec lui le régime de l'échange? Est-ce la transaction droite par excellence ? est-ce la vente ? Non ! avec le billet, l'évaluation est faussée, la libération mensongère.

Est-ce le régime de l'équivalence ? Non ! avec le billet, à tous les termes de l'échange, il ne s'opère qu'un troc à valeurs immensément inégales.

Est-ce enfin le régime par dessus tout nécessaire, celui de la liberté ? Non ! Mais celui du privilège, de la convention et de l'autorité publique.

Au nom de l'idée de la vie, que conclure ? Qu'à tous égards et à tous les points de vue, le « monnayage de l'effet de commerce, » l'émission de la monnaie fiduciaire, autrement dit du billet de banque, en représentation de l'effet de commerce, sont des phénomènes économiques irréguliers, des actes financiers illégitimes.

V

ERREURS ET FRAUDES DANS LE COMMERCE DE LA VIE.

ENCORE LA MONNAIE FIDUCIAIRE — LE CRÉDIT.

Nous ne sommes pas au bout des illusions, des chimères, des fraudes dans les transactions collectives de l'échange. Particulièrement, nous n'avons

physiologique, disons: Le Billet de Banque n'est point du travail, n'est point de la vie : Où sont avec lui les destructions vitales du travail? Où est l'urée?

pas tout dit encore à propos de la monnaie fiduciaire, à propos du billet de banque.

Et en effet, le billet de banque n'est pas seulement ce qu'on appelle à notre époque un « monnayage » de l'effet de commerce. Il est aussi ce que, pareillement dans le langage de notre époque, on appelle un « instrument de crédit » : il faut donc l'envisager sous ce nouveau jour.

Chose assez singulière, malgré l'état d'avancement relatif de l'Economie politique, rien n'est commun dans ses livres comme de mêler la monnaie au crédit, le crédit à la monnaie. Ne serait-ce pas par l'influence même de la « monnaie fiduciaire, » car où n'est-il pas de règle de la présenter, soit pratiquement soit ex-professo, comme un des éléments du « crédit » ? O pouvoir éternel des mots ! Et cependant, monnaie vraie, monnaie fiduciaire, crédit sont trois phénomènes absolument distincts par leur nature, leurs caractères, leur but, leur rôle ; indépendants, car ils peuvent exister séparément les uns des autres ; impossibles à confondre et cela non pas seulement en théorie mais en fait.

Nous avons vu ce qu'est la monnaie vraie : marchandise servant de mesure commune pour toutes les marchandises, valant autant comme marchandise que comme monnaie et possédant par conséquent en soi la force libératoire.

Nous avons vu ce que c'est que la monnaie fiduciaire : ensemble de titres n'ayant rien de la monnaie mais faisant en plein office de monnaie ; en soi, sans valeur et par conséquent hors d'état en soi de servir de mesure commune ou d'exercer avec droit un pouvoir libératoire.

Et maintenant, qu'est-ce que le phénomène nou-

veau que nous abordons à son tour? Qu'est-ce que le
crédit ?

Oh ! Un phénomène bien simple ; un des modes
très simples de l'échange. La vente est le premier ;
le crédit est le second.

Qu'est-ce que la vente? L'échange des œuvres de
la vie dans l'espace et dans un même moment du
temps.

Qu'est-ce le crédit ? L'échange des œuvres de la
vie dans le temps, c'est-à-dire en deux moments successifs du temps.

Avec la vente, deux objets placés sur deux points
différents de l'espace échangent respectivement, dans
le même moment du temps, le point qu'ils occupent.
A un jour donné, vingt pièces de soie se trouvant à
Lyon s'échangent contre quarante pièces de vin se
trouvant à Mâcon. Respectivement, les deux livraisons se libèrent. Il va sans dire que la monnaie droite,
puisqu'elle est marchandise comme toute autre, peut
aussi bien que la soie ou le vin constituer, pour tout
ou partie, l'un des objets d'échange.

Avec le crédit, deux objets s'échangent sur ces
mêmes points de l'espace, mais dans deux moments
différents du temps. Le négociant de Lyon vend vingt
pièces de soie le 1er juillet. On le paie de sa livraison
à Lyon même, mais seulement le 1er octobre, au
moyen de l'envoi des quarante pièces de vin. Il va
sans dire que, dans ce cas comme dans le premier, la
monnaie-marchandise peut, en place de toute autre
marchandise, et pour tout ou partie, constituer l'une
ou l'autre des livraisons de l'échange.

Eh ! bien, voilà le crédit, et voilà tout le crédit. Le
voilà dans sa forme essentielle, nécessaire et définie
et, quels que soient les mécanismes de finance, les

complications, les apparences spontanées ou cher-
chées, jamais il ne peut, sans cesser d'être le crédit,
ne pas comporter cela ; jamais, sans cesser d'être le
crédit, il ne peut comporter autre chose.

Notons cette circonstance essentielle qui ressort
sans explications du fait même qu'avec le crédit,
puisqu'il s'agit d'un échange dans le temps, à deux
moments successifs du temps, la main qui livre reste
forcément vide pendant tout l'intervalle. Le négociant
de Lyon n'a plus rien dans les mains depuis le
1er juillet jusqu'au 1er octobre. Il n'a plus rien, pas un
atome de la marchandise, précisément parce qu'ainsi
que le dit la langue, « il a fait crédit ». Il n'a plus
rien qu'un écrit, qu'un papier par lequel son acheteur se reconnaît son débiteur et s'engage à le remplir au moyen de sa propre livraison au 1er octobre,
engagement qui à coup sûr, n'est pas lui-même une
marchandise.

Notons encore, il le faut quoique cette remarque
naisse également sans explications des faits mêmes et
de la raison toute seule, que le crédit, comme la
vente, ne s'opère que sur des objets réels, au moyen
de choses réellement et, chacune pour sa date, ac-
tuellement existantes — On ne peut échanger que ce
qui existe — La livraison réelle de la maison de Lyon
au 1er juillet constitue l'acheteur réellement débiteur
à cette date. Sa reconnaissance, simple promesse et
annonce de marchandises non encore fabriquées
peut-être, loin d'être libératoire est un engagement
de se libérer, et sa libération ne s'effectue que par
sa propre livraison de marchandises réelles et lors
actuelles, au 1er octobre.

Nous avons reconnu ce qu'étaient et la monnaie
vraie et la monnaie fiduciaire ; voilà à présent, ce

qu'est le crédit. On voit si la monnaie vraie, la monnaie fiduciaire, le crédit sont trois phénomènes absolument distincts, séparés, nettement séparables en doctrine; si en principe, la monnaie vraie est une chose, la monnaie fiduciaire une autre, le crédit une autre encore.

Distincts en théorie, ils ne l'ont pas été moins en fait, et ils ne le sont pas moins encore tous les jours. Et en effet, la monnaie droite, il est à peine besoin de le dire, agit dans la plupart des échanges sans qu'il y ait crédit, et n'est-il pas vrai qu'il y a souvent crédit sans intervention de monnaie? Enfin, est-ce que toutes ces monnaies qui ont pour caractère commun de n'être pas de la monnaie, de n'avoir aucun droit au nom de monnaie : la « monnaie fiduciaire », le « papier-monnaie », la monnaie obtenue par le « monnayage » des choses, relèvent forcément du crédit, ont forcément le crédit pour origine et pour but?

Loin de là. — Certains Etats ont été au régime du papier-monnaie; d'autres le sont encore. Est-ce que ces Etats ont jamais destiné leur papier à des opérations de crédit? La première République française en « monnayant » les biens nationaux, a émis d'abord pour quatre cents millions d'assignats, successivement portés à trois, puis cinq, puis vingt, puis quarante-cinq milliards, est-ce qu'elle a jamais destiné, employé ces émissions de monnaie fiduciaire à des opérations de crédit?

Ainsi, il est donc vrai, en théorie comme en pratique, en pratique comme en théorie, l'émission de la monnaie de papier, des titres monétaires, de la monnaie obtenue par le monnayage de ce qui n'était pas monnaie, est un fait économique. Son emploi à l'usage particulier du crédit, et non à tout autre usage en est un autre.

Une banque émet de la « monnaie fiduciaire » en représentation d'effets de commerce : c'est une opération définie et nous l'avons vue et jugée au point de vue des principes comme d'après les résultats. Cette même banque prête la monnaie fiduciaire par elle émise, l'emploie comme instrument de crédit, y prend sa base, son droit, son prestige, ses ressources pour se constituer en institution de crédit : c'est une autre opération distincte, nouvelle, non abordée encore et que nous avons à juger à son tour.

Or, en dépit des opinions reçues, de la foi publique, de l'approbation qui couvre les banques, des privilèges concédés par l'autorité publique, de l'intérêt prétendu de l'État, du commerce, de l'industrie, non, il ne paraît pas que cet emploi des titres monétaires émis par une banque puisse l'absoudre de l'hérésie commise. Allons plus avant, en dépit de l'opinion, au risque de soulever un très sincère et très vif mouvement de surprise, il nous paraît que l'emploi fait ainsi par une banque de ses émissions de papier est pire même, au point de vue des dommages, que l'emploi donné par les États à leur papier-monnaie.

Que font les États? La « monnaie » qu'ils ont ainsi fabriquée, ils l'emploient au service de leur dette, au paiement de leurs administrations, à leurs énormes acquisitions de toute sorte. Dans leurs mains, à proprement parler, elle est l'équivalent d'un impôt extraordinaire, d'une immense émission de billon presque sans valeur, leur remettant dans le moment un pouvoir d'achat inopiné, gratuit, toujours considérable.

Certes, cet impôt est lourd ; ce pouvoir d'achat cruel à subir. On en mesure aisément les conséquences ; nous les avons décrites. Cependant, une fois payé cet impôt exceptionnel, une fois satisfait ce pouvoir d'achat passager, si l'émission a été bornée, si surtout elle s'est arrêtée vite, pour visiblement n'y plus revenir, un certain « modus vivendi » se rétablit. Après de grandes souffrances, production et consommation, profits et salaires, prix des objets d'échange, tout se reproportionne, se renivelle et remarche comme devant dans les conditions modifiées.

Mais que fait une banque ? Oh ! des choses bien différentes et en soi bien extraordinaires.

Elle prête ! Qu'est-ce que prêter ? C'est remettre, en donnant terme, des marchandises ou de la monnaie qui est encore une marchandise ; car en somme, dans le milieu social de l'échange, il a y cela et rien que cela.

Est-ce que la banque remet ou des marchandises ou de la monnaie ? Non ! Ce qu'elle prête c'est un papier qu'elle fait et qui n'est ni l'un ni l'autre.

Elle est une institution de crédit ! Qu'est-ce que le crédit ? L'échange en deux moments successifs du temps ? Or, que fait cette banque ? Au même moment elle remet son billet réputé valeur. Au même moment elle encaisse l'effet de commerce valeur à trois mois et dont elle se complète à l'instant la valeur par trois mois d'escompte. Où est le crédit ?

Avec le crédit, échange à deux moments successifs du temps, la main qui prête reste forcément vide pendant tout l'intervalle. De quoi et à quel moment la main de la banque qui prête est-elle vide ?

Avec le crédit, on n'échange dans le temps et chacune à sa date que des choses lors réelles et actuelles. Est-ce que la libération s'effectue par la promesse de livrer? Non, et le mot l'emporte, mais uniquement par la livraison réelle. Avec la banque, qu'arrive-t-il? Du côté du prêteur, du côté de l'emprunteur, nulle trace de choses réelles. L'effet de commerce est une promesse; le billet de banque une promesse (1) et les deux promesses, dans le même moment, s'échangent et se libèrent. Est-il possible d'imaginer une opération plus antagonique de toutes parts aux données du crédit?

Avec le crédit, au début une chose est présente. L'autre peut même n'être pas encore: on l'attend. Pour qu'elle paraisse à son tour, il faut qu'une fabrication s'exécute; que trois mois s'écoulent jour à jour; que ce qui était l'avenir soit à son tour devenu le présent. La banque d'émission ne reconnaît pas cette loi de la durée. Elle s'y dérobe, la renie. Pour elle, il n'y a plus d'avenir et elle entend amener l'avenir à ses pieds dès l'heure présente. Qu'est-ce que l'effet qu'elle encaisse? Une valeur à trois mois, qui ne sera valeur réelle que dans trois mois. Elle le touche du doigt, le transforme en billet et d'un coup d'autorité et de foi publique, sous forme de billet, le voilà dans ses mains et pour tous devenu valeur actuelle. Est-il prétention plus étrange, chimère plus vaine que celle-ci: d'une valeur qui n'est pas encore faire une valeur actuelle?

Et dans quelles conditions la banque d'émission accomplit-elle cette opération toute d'imagination et de prestige? A son bénéfice. La suppression prétendue de l'attente, elle la vend. Ces trois mois qu'elle

---

(1) Libellé du Billet de Banque: *il sera payé en espèces, à vue, au porteur, mille francs.*

est censée faire disparaître du cours du temps, elle les fait payer : c'est l'escompte.

Ce n'est pas tout encore. Cette banque prête sa monnaie fictive. On la lui rapporte, elle la reprête pour la recevoir et la prêter encore, suivant la longueur des échéances, quatre, six, huit fois au cours de l'année.

Quelle différence avec les gouvernements ! Ceux-ci du moins ne puisaient qu'une fois la valeur de leur papier-monnaie dans le milieu social. Avec un milliard de ses billets, une banque fera au cours de l'année quatre et cinq milliards d'escompte. Son milliard fiduciaire qui n'est ni marchandise ni monnaie, qui n'est rien de ce qui compte normalement dans l'opération du crédit, compte, paraît, figure, agit dans l'année comme quatre et cinq milliards.

Et mesure-t-on bien la portée de ces prêts successifs sortant sans fin les uns des autres? Mesure-t-on bien la portée surtout de cette transformation de valeurs futures en valeurs actuelles?

Oh ! sans nul doute et encore une fois, la tentative est vaine, la prétention insensée. C'est là une opération toute de surface, un simple mécanisme d'écritures. Oui ! cela est vrai ; mais on y croit, mais on agit comme on croit et alors il arrive, ce qui arrive toujours, qu'au dessous des opérations de surface, des mécanismes comptables, les choses qui ne se soucient ni des illusions ni des apparences, ni des prétentions ni des endos de l'autorité publique ou de la créance publique, les choses poursuivent inexorablement leur cours, tirent en fait les conséquences de leurs justes et implacables syllogismes.

Vous avez, en place d'une valeur à trois mois, remis un titre réputé valeur actuelle ? Qu'est-ce à dire ?

C'est qu'un homme, celu que voilà, qui n'aurait eu que dans trois mois un pouvoir donné d'achat, le possède aujourd'hui ; que le possédant il l'exerce ; qu'exercer ce pouvoir c'est faire des choses deux emplois possibles et le plus ordinairement les partager entre deux emplois possibles : d'une part, les immobiliser en constructions de maisons, d'usines, d'outils, de machines ; d'autre part, les consommer sous forme de produits.

Or, dans une société riche, renouvelez cette opération cent fois, mille fois, cent mille fois, des millions de fois jusqu'à concurrence d'un milliard, n'est-il pas vrai que voilà cette société tout entière qui, en fait et par l'usage réel des choses, se met en avance de trois mois sur sa capitalisation possible, en avance de trois mois sur sa consommation possible?

Mais, ce n'est pas fini ; cette banque a prêté, elle reprête et son milliard enfante l'escompte de quatre à cinq milliards. Elle reprête encore et chaque série nouvelle de prêts renouvelle les mêmes phénomènes. Plus elle prête plus on achète, plus elle remet de valeurs actuelles en échange de valeurs à terme, plus on anticipe sur les achats normaux des choses actuelles, plus on en surconsomme, plus on en surimmobilise et plus on a de ressources pour engager de nouvelles affaires, souscrire et présenter à l'escompte de nouveaux effets de commerce qui en font naître d'autres à leur tour.

Ce qu'elle a fait un an, la même banque le recommence l'année d'après, puis l'année suivante encore. Ce que la société a fait un an grâce à cette banque, grâce à cette banque elle le recommence l'année d'après, puis l'année suivante encore.

A ce jeu, il est clair qu'une société va vite. Après

s'être mis en avance d'un mois, de trois mois, de six mois, on se met en avance d'une année, de deux ans, de plus encore. Qu'on suppose un homme, une famille auxquels on remettrait, par une anticipation funeste, des parts successives de leur revenu. C'est exactement l'image de la société à laquelle une banque remet par anticipation des pouvoirs d'achat actuels. Au début et pendant longtemps même, la consommation qui s'active et anime les transactions du commerce, la production qui s'exalte sous la pression des demandes, donnent l'illusion d'une ère de prospérité. Puis, il arrive un moment où il faut bien reconnaître que les revenus annuels d'une société, œuvres de la vie, sont, à toute époque donnée, plus fixes qu'on ne l'imagine ; que la réalité résiste et qu'elle est la plus forte ; que les choses parlent dans leur dur langage qu'on ne peut se refuser à comprendre, accusant l'erreur par le malaise, la violation des principes par des ruines.

Il faut se restreindre, s'arrêter : on se restreint et on s'arrête — C'est ce qu'on appelle la crise.

Nous montrions tout à l'heure ce qu'il faut attendre du « monnayage » de l'effet de commerce en monnaie fiduciaire, en billet de banque. On vient de voir à présent ce qu'enfante la chimère de la prise de possession de l'avenir, la prétention des banques-institutions de crédit de transformer une valeur à venir en valeur actuelle. Toutes deux hérésies en matière de crédit, les deux erreurs se cumulent.

Quoi qu'en disent les illusions, les résistances intéressées, les diversions habiles qui s'en prennent des crises à la politique ou à la presse, à des exportations imprudentes ou à des insuffisances de récoltes, il ne faut guère chercher ailleurs l'origine de ces tourmentes périodiques qui désolent le commerce et l'industrie et dont la périodicité même, comme les caractères, comme les intervalles de prospérité fiévreuse et visiblement artificielle, en dévoilent pour qui veut voir les causes purement économiques, toujours maintenues les mêmes, rétablies les mêmes et qui, toujours renouvelées, renouvellent, à peu près dans les mêmes périodes, la série nécessaire de leurs effets.

Telles sont en matière de crédit, pour n'employer que le langage placide et indifférent de la science, les erreurs, avec leurs graves conséquences, provenant des banques qui émettent de la « monnaie fiduciaire », les erreurs économiques provenant du billet de banque.

Après cela, il ne serait pas vrai et il ne serait pas juste de croire que les banques seules professent et pratiquent d'aussi singulières illusions en matière de crédit.

Il ne serait pas vrai particulièrement, et il ne serait pas juste de croire qu'elles professent seules cette erreur que les nations peuvent, en matière de crédit, disposer de l'avenir.

Tout au contraire, c'est là une opinion très générale en France et dans le reste de l'Europe. Parmi nous, il n'est guère de livre d'Economie politique traitant du crédit, d'homme d'Etat, d'orateur, de travail accueilli par les plus sérieux recueils où l'on ne trouve admises ou défendues — nous en avons ici les mains pleines — des thèses comme celles-ci : « Il est bon de rejeter une partie de nos dépenses sur l'avenir. »; « dans l'intérêt du présent, il faut emprunter à l'avenir, charger l'avenir » ; « ne convient-il donc pas au moins de partager les charges entre le présent et

l'avenir » ? « Alors que nous laisserons à celui-ci un
tel trésor d'améliorations accomplies à nos frais et
dont il profitera sans nulle peine, n'est-il pas juste de
les faire payer en partie par les générations futures »?

Notons-le en passant, ce n'est pas un des traits les
moins curieux peut-être de notre temps que ce quasi-
regret de tant léguer à nos neveux, et que ce désir
naïf d'hériter tout au moins un peu de ces commodes
successeurs auxquels on cèdera malgré soi un pareil
héritage. Par malheur, la réalité ne se prête ni à la
satisfaction de ce regret, ni à cette revanche d'une
inspiration si médiocrement paternelle.

On oublie que c'est un pur sophisme de croire que
tout est possible pour le tout, qui l'est pour certaines
de ses parties ; que si dans une nation, deux citoyens
peuvent se prêter l'un à l'autre, c'est précisément
parcequ'ils sont deux, mais qu'une nation qui est
une ne peut pas dans son ensemble se prêter à elle-
même et réaliser par elle-même et sur elle-même le
phénomène du crédit. On oublie qu'une opération de
crédit est particulièrement impossible lorsqu'il s'agit
d'un pays comme le nôtre qui, loin d'emprunter à
l'étranger pour ses travaux, prête d'ordinaire et de
façon très large aux entreprises étrangères. On oublie qu'on laisse forcément après soi ce qui est, mais
qu'il faut renoncer hélas ! à prendre ce qui n'est pas
encore. On oublie enfin, que ce qu'il faut voir, compter, suivre, ce sont non les piperies des mécanismes
et les illusions, mais les choses, uniquement les
choses — Or, que disent les choses ?

Qu'on ne peut pas emprunter à l'avenir parceque
pour faire il faut avoir et qu'on ne fait rien qu'avec
ce que l'on a ; que tous nos travaux sont apparemment réalisés avec des bois, des fers, des fontes, des

machines, des outils, des matériaux, des engins de
toute sorte qui sont nôtres et qui sont actuels; que
pour emprunter à l'avenir, d'après le dire impérieux
des choses, il ne faudrait rien moins que ceci : mettre la main sur les engins et les matériaux de l'avenir,
construire des ponts, des routes, des chemins de fer
avec les bois, les pierres, les fers de l'avenir.

Une réflexion dernière, s'il en était encore besoin,
semble absolument décisive. Eh! vraiment, si l'on
peut emprunter à l'avenir, pourquoi donc s'arrêter
en si beau chemin et se borner à l'avenir de l'époque
prochaine? Certes, n'est-il pas vrai que dans cinq
cents ans, dans mille ans, le monde aura réalisé une
masse colossale d'améliorations nouvelles et envia-
bles : ponts, édifices, ports, canaux, chemins de fer
que nous pouvons concevoir, souhaiter, projeter,
édifier même aujourd'hui en rêve, chacune à sa place?
Mais pourquoi ne les faisons nous pas? Tout simplement parceque les choses qui seront ne sont pas ; que
tout naît du travail et que les journées et la vie de
travail ne viennent et ne viendront qu'avec ces phénomènes astronomiques immuables qui s'appellent
la rotation de la terre et les jours; parce que les machines, les matériaux qui naissent du travail, nous
ne les avons pas.

Pas plus que nous ne pouvons emprunter à l'avenir,
nous ne pouvons, en tant que nation, charger l'avenir,
rejeter les charges sur l'avenir.

Pourquoi? Parceque encore une fois ce qui compte,
c'est le travail et que tout ce qui est, fruit du travail,
a été et est aujourd'hui forcément et de façon complète payé par le travail, par une dépense de notre
vie et de celle de nos pères. On ne construit pas avec
les matériaux de l'avenir? Non! Mais il faut ajouter

— puisqu'il le faut — que ne fussent-ils que d'hier
ou de l'heure dernière, on ne construit qu'avec ceux
du passé. Leur journée n'est pas payée ? Eh ! qu'importe ! La vie est tout, l'œuvre est là ; donc la vie s'y
est mise. On ne peut échanger, prêter que ce qui
existe, disions-nous tout-à-l'heure. Disons à présent
qu'on n'emploie que ce qui existe.

Si donc étendre la main sur le labeur des générations à venir, si disposer de l'avenir et le mettre à
contribution, l'appeler à son aide est un souhait d'insensé, le charger, rejeter sur lui une partie de nos
dettes est un pur rêve de prodigue, un prospectus de
financier, un expédient d'homme d'État, partout une
illusion, une chimère.

Ici, est-ce au moins le terme des illusions du crédit ?
Eh ! bien, non, pas encore. Eh ! quoi, n'a-t-on pas
pensé qu'il doublait la richesse d'un pays ; qu'il
« créait » des valeurs ; qu'à côté de l'objet prêté, l'engagement de rembourser formait un objet nouveau ;
qu'à côté et au-dessus des entreprises, leurs valeurs
mobilières se déroulaient sur une ligne parallèle, formant une seconde série de « valeurs » à leur tour ?

En vérité, l'erreur est par trop grossière et ne mérite pas deux mots. Non, encore une fois le crédit
n'est qu'un échange ; il n'opère qu'un déplacement
des objets d'échange.

Est-ce à dire qu'il soit stérile ? Oh ! non, car sa
devise, nous l'avons vu, n'est rien moins que le
grand et fécond axiome : « chaque chose à sa place ».
Avec lui et par lui, chaque travailleur se trouve en-
touré de ses moyens de travail, amené dans le milieu favorable pour son travail. Chaque instrument
de travail accourt et se fixe sous la main précise apte
à en tirer le meilleur parti. Il ne façonne pas les

choses en instruments de travail ; non, mais il les
distribue. Il n'enfante pas les œuvres de la vie ;
non ! mais en les plaçant chacune à la portée de la vie
la plus digne, la plus habile, la plus active, il met
l'ensemble de la vie d'un peuple à même de donner
toute sa force et de se dépenser de la manière la plus
féconde en nouvelles œuvres de vie.

Enfin, il est encore une dernière illusion du crédit
ou du moins une illusion que nous voulons signaler
la dernière : c'est de croire qu'à un revenu donné
correspond toujours ce qu'on appelle usuellement, ce
que la langue encore si imparfaite de l'Économie politique appelle souvent elle-même : un « capital » et
ce à quoi il conviendrait au moins de réserver, suivant notre vieille langue, le nom de « principal ».
C'est de croire — et en fait les preuves abondent :
caisses de l'armée, des chemins vicinaux ; des écoles
et collèges ; propositions de double amortissement
émanées d'un ministre même des finances — que
parce qu'on est en possession d'un revenu on a aussi,
par voie de conséquence, la possession et la disposition du principal et qu'on peut fonder une entreprise,
« créer », comme on dit, des titres pour le total.

Certes, cette illusion en matière de crédit n'approche pas, pour la gravité des conséquences, des
erreurs précédentes, particulièrement de la double
erreur du billet de banque, parcequ'en fait, la force
des choses la détrompe ou l'arrête au bout d'un pas.
Mais en tant qu'erreur sans base, sans motifs, sans
excuses même apparentes, elle semble bien réaliser
le point culminant du rêve en matière de crédit.

Quand en effet on émet le billet de banque, il
semble avoir pour support l'effet de commerce de
même somme en portefeuille, qu'on fausse, qu'on dé-

nature mais qui est là et qui vaudra. Quand on rêve,
pour l'ensemble d'un peuple, d'emprunter dans son
sein à l'avenir, de charger dans son sein l'avenir, on
se prend à des générations qui certainement vont
naître et l'on ne fait qu'appliquer là où il est inap-
plicable un procédé qui entre particuliers, entre
peuples, entre gouvernements et peuples se réalise.
Quand on croit au doublement des richesses par les
valeurs mobilières circulant au-dessus des choses,
on voit mal, mais on les voit.

Ici, rien de pareil, les choses, ces éternelles maîtresses auxquelles il faut toujours revenir, donnent
sur un point un revenu annuel, encore ne le donnent-
elles que jour à jour. Est-ce qu'elles en donnent aussi
le principal ? En aucune façon. Comment donc y
croire ? Parce qu'on le suppose. Pourquoi ? Sous l'inspiration de certains procédés d'évaluations adminis-
tratives qui trompent, sous l'empire surtout de l'habitude de voir un « principal » donner toujours un
revenu et qui fait admettre la réciproque.

Au fond, il n'y a rien, rien qu'une opération
arithmétique que la pratique — qu'on le voie ou
l'ignore — se charge à tout moment de démentir, et
tout revient à dire : avec un principal de dix millions à quatre pour cent on a un revenu de quatre
cent mille francs, donc avec un revenu de quatre
cent mille francs on a un principal de dix millions :
et l'on agit, on dépense ; on émet et l'on fonde.

« Numeri regunt mundum » ! C'est ici le bout du
crédit et il semble bien en effet que c'est le comble
en matière d'illusions de crédit.

Ah ! ce n'est pas avec l'idée de la vie pour flambeau et pour guide qu'on risquerait de tomber dans
de si singulières méprises.

Lui présente-t-on le papier de la monnaie fiduciaire, du billet de banque ? Non, dit-elle, rien encore une fois, rien ne vaut que la vie et dans l'échange, il ne doit paraître que la vie. Est-ce que ce papier a coûté son prix en travail ? Ce chiffre de valeur qu'il énonce, est-ce qu'il le représente ? Est-ce qu'il l'a représenté jamais en dépense de vie ? Est-ce qu'à tous les points des transactions où s'échangent contre lui des œuvres de la vie, il ne constitue pas un échange énormément inégal ? Est-ce qu'il n'aide pas, à tous les degrés de l'échange, à saisir une œuvre de pleine vie contre ce qui n'est pas œuvre de la vie ?

Faire d'une valeur future une valeur actuelle ! dit-elle encore ; rapprocher l'avenir, étendre la main sur l'avenir, du fond fragile du moment présent saisir l'avenir, livrer aujourd'hui l'avenir ! quels rêves ! Oui, les jours passés sont tombés dans le gouffre qui ne les rend plus. Leur dépouille, leur œuvre reste là épandue sur la terre. Le jour présent passe. Il passe en s'épuisant heure à heure dans la sienne. Mais les autres est-ce qu'ils ne viennent pas un à un, amenant chacun à son rang sa pluie et son soleil, le vent et la vague, la germination et la maturité, les pensées et les forces, les événements inconnus, incertains, cachés dans l'ombre avec tout ce qu'ils recèlent et qui n'est pas né encore ? Est-ce qu'il ne faut pas les attendre ?

Faire d'une valeur à venir une valeur actuelle ! Ah ! vraiment, quand on a dévoilé et maudit les désastres causés par les banques, on n'a pas tout fait et les banques, après qu'on les a combattues, méritent bien qu'on les raille.

Or, quand elles émettent le billet valeur actuelle en place de l'effet de commerce à trois mois, se supposant ainsi, avec tout leur public crédule, à trois mois en avant dans la durée, sait-on à qui elles res-semblent? Trait pour trait, à ces journaux de bas étage qui imprimés le samedi, prennent la date du lundi pour paraître le dimanche.

Or, malgré les antidates, l'impatience, la crédu-lité, la satisfaction étourdie du public, pour ce journal d'aventure imprimé le samedi, où sont les événements de lundi, du dimanche? Dans l'avenir inconnu qui les recèle et les apporte de son pas tranquille — que rien ne presse.

Malgré le billet actuel, en dépit de la créance publique et du gain des banques, où sont donc les marchandises qui le solderont dans trois mois? En cours de fabrication, encore ensevelies dans les jours qui viennent, avec la vie qui les fera naître.

Désastres à part, ne faut-il pas dire que c'est des deux côtés une bouffonnerie égale et n'est-ce donc pas justice qu'après avoir été incriminée dans la main des banques, cette frauduleuse pratique y soit aussi flagellée et bafouée par l'idée de la vie?

Emprunter à l'avenir! dit encore celle-ci : même chimère! Nourrira-t-on aujourd'hui la vie du pain de la moisson prochaine et du vin qui n'aura reçu que dans dix ans les rayons du soleil?

Rejeter ses dettes sur l'avenir, charger l'avenir! Mêmes raisons, même illusion, même impuissance. Non! telle est la vie physiologique, telle est aussi la vie pour l'Économie politique : partout elle regarde et marche en avant. Celle-là, le père la transmet au fils et n'en saurait rien reprendre. Avec celle-ci, le travail, l'héritage font comme la flamme même de la vie : ils descendent, jamais ne remontent. N'aimât-on pas ceux qui suivent, il faut leur léguer parce qu'on ne pourrait ni tout dissiper ni tout détruire, et l'ordre du monde qui commande de les pourvoir ne permet ni de les dépouiller ni de leur nuire.

D'un revenu faire naître un principal! dit-elle enfin. Ah! dupes de leur impatience, comme les hommes le sont aussi des formes de leur pensée! Est-ce que des chiffres, est-ce qu'une opération de mécanisme cérébral sont des choses et laissent après soi des objets réels? Est-ce qu'aligner une multiplication sur un papier est produire? Et le jeu de quelques formules d'algèbre équivaudrait-il à celui d'une machine à vapeur munie de sa houille et de ses matières premières et, sous la main des hommes, façonnant le fer ou l'étoffe?

Que s'il ne s'agit, en somme, que de faire servir de pures formules mathématiques à l'emprunt, à la saisine de choses réelles, comment ne pas voir que le stock de celles-ci s'anéantirait vite dans un épuisement que celles-là ne sauraient connaître?

Non! en matière de crédit comme en toute autre, pas de vie qui ne doive prendre place sur un point de l'espace. Pas de vie qui pour être, ne doive s'incarner, à un moment donné du temps dans une parcelle de matière. Pas de vie qui puisse compter, paraître à l'échange sinon incarnée dans une parcelle de matière. Point de vie qui ne vienne pas à pas, jour à jour, sans endurer ni hâte ni violence et il n'est pas parmi les hommes, il n'est nullement part de maître de l'heure.

Nous disions que dans la réalité, il n'existe pas des mouvements mais des choses qui se meuvent. De même il n'y a point de vie mais des choses qui chacune en son rang, en son temps marqué que rien ne dévie et qu'il faut attendre, commencent, tombent, disparaissent ; mais des soleils qui se lèvent et se couchent, des événements qui surgissent, s'entassent, s'ensevelissent les uns sous les autres ; puis, en face, des êtres qui souffrant de la vie à mesure, faisant emploi de leur vie à mesure, passent un moment sous le regard des événements et des soleils.

Partout, les choses sont maîtresses. Savoir les appeler, les entendre, les voir, ne voir qu'elles sera toujours le flambeau pour les questions de crédit comme pour les autres questions de l'Economie politique et cette leçon est au fond de l'idée de la vie.

Erreur et fraude en tant que « monnayage » de l'effet de commerce, le billet des banques d'émission est encore erreur et fraude en tant qu' « instrument de crédit ». L'émission du billet est une opération de finance irrégulière, désavouée par les vrais principes de l'Économie politique, une transaction illégitime.

VI

ERREURS ET FRAUDES DANS LE COMMERCE DE LA VIE.

LOCATION — PRÊT A INTÉRÊT.

Nous abordons à cette heure une question qui est certainement la question capitale de cette étude.

Controversée dans tous les temps et chez tous les peuples, attaquée tout ensemble et défendue dans les camps les plus divers, partout mal attaquée autant que mal défendue, elle a été et demeure jusqu'à nos jours un écueil redoutable. Loin qu'elle soit close, il est permis de croire que de son sein, sortiront encore, un jour ou l'autre, des luttes plus graves que jamais.

Ce côté des faits n'est pas ici de notre ressort et la théorie est, pour le moment, notre seul objet. C'est donc théoriquement qu'il nous faut l'envisager. — Or, la question est celle-ci.

Le prêt à titre onéreux est-il ou non conforme aux vrais principes de l'Économie politique ? Est-il avoué ou désavoué par la théorie de l'idée de la vie?

Quelles sont d'abord les transactions objets du litige ? Toutes celles qui sont comprises sous les noms de location ou loyer, fermage ou rente, crédit, escompte, revenu, intérêt. Il ne faut que réfléchir un moment pour reconnaître que tirer un fermage de la terre, un loyer des manufactures, des maisons, des machines, prêter de l'argent à intérêt sont absolument le même fait économique. — Voilà donc marqué et circonscrit le terrain du débat.

Mais dans ces transactions, quelle est exactement la part disputée au prêteur-propriétaire ? Est-ce l'obligation qu'il impose de rendre l'objet prêté ? Non, car cela c'est le prêt même. Il est clair que sous peine de mettre à néant l'opération essentielle du prêt, l'objet prêté doit être restitué de façon ou d'autre, mais loyalement, mais intégralement, soit lui-même en même et semblable état, si par nature il en est susceptible, soit dans le cas contraire, par la remise d'une valeur égale, ou encore par le service d'un amortissement qui l'équivale, au terme du prêt.

L'emprunteur doit-il supporter l'entretien ? C'est la conséquence. Sans entretien, pas de restitution fidèle.

Doit-il acquitter l'impôt, le coût de la garde et des soins, couvrir le risque, l'assurance ? Point de débat encore. Quand l'objet est dans les mains de l'emprunteur, comment serait-il possible qu'on laissât l'impôt et les frais de garde à la charge du prêteur ? Comment admettre que l'objet prêté pérît dans les mains de l'emprunteur, pour le compte du prêteur ?

Mais, est-ce là tout ce que reçoit le prêteur ? Oh ! non ! Tout en conservant sans réserve la propriété des terres, maisons, manufactures, monnaie, machines, le propriétaire, le banquier, le prêteur enfin vit sur le loyer, l'intérêt, la rente, le fermage, s'enrichit même au moyen des loyers, de l'intérêt, des fermages. — Eh ! bien, la question est là. Ce qui dans le loyer, l'intérêt, en dehors de la restitution, de l'impôt et des charges, de l'entretien et de la couverture du risque, forme « bénéfice » au profit du prêteur, voilà le point unique et précis du débat.

Or, sur quels motifs s'établit-il ? Quels sont, au dire de ses défenseurs, son principe, sa raison d'être, les causes de justice, d'Économie politique ou de droit qui le justifient ? — Les voici :

Oh ! d'abord, dit-on, ce qu'on prête est un produit du travail : manufacture, maison, machine, terre arable qui n'est rien moins qu'une admirable machine, un instrument de travail. Or, n'est-il pas vrai que tout travail a droit à rémunération ? Rente, loyer, intérêt, sont la juste rémunération du travail qui a fait ce qu'elles sont, c'est-à-dire utilisables pour les hommes, la manufacture et la maison, les machines et la terre.

Il y a là une confusion, parlons plus net : un sophisme où il est absolument étrange que soient tombés des esprits distingués et sincères, et qui, pour avoir été répétés cent fois et sous cent formes, n'en sont pas moins des plus inexplicables.

La maison, la manufacture, les machines, la terre

dans les conditions dites sont des produits du travail, des œuvres de la vie. Sans aucun doute et qui le conteste ?

Le travailleur qui les a faites a droit à la rémunération de son travail, de la part de sa vie qu'il y a dépensée ? Il faudrait avoir perdu le sens pour y contredire.

Eh ! bien mais, cette rémunération, est-ce qu'elle ne lui est pas acquise ? Est-ce qu'il ne l'a point ? La maison a coûté six mille journées de travail, la manufacture cent mille journées de travail, les machines, la pièce de terre dix mille journées de travail. Elles les valent. Le travailleur les garde-t-il ? Dans les mains il a son prix. Les offre-t-il sur le marché de l'échange ? Il en tire ce qu'elles lui ont coûté : six mille, cent mille, dix mille journées de travail. Voilà la rémunération de son travail. Voilà le salaire et l'équivalent de sa dépense de vie.

Mais, au moyen d'autres journées d'intelligence, de soins et d'efforts appliqués sur la terre, en mettant en activité les manufactures et les machines, un autre homme obtient d'autres produits : des soieries, des toiles, des céréales. Oh ! il est clair que ceci n'est plus le premier travail, mais un nouveau travail absolument distinct du premier, par les jours, les heures, les forces humaines qui l'ont fourni.

Le premier a été ; qui ne le reconnaît ? Mais son maître disparaît, s'efface. Le second est et vient à son tour. Le premier a donné ses produits, le second donne les siens. Le premier a sa rémunération. N'est-il pas vrai qu'il faut dire : au second d'avoir la sienne ? N'est-il pas vrai qu'il est impossible d'accorder au premier travail celle-ci outre la première, sans bouleverser et confondre les périodes et les droits, les jours et les forces ; impossible à propos de celle-ci, de faire intervenir le premier travailleur, de formuler des prétentions au nom du premier travailleur, de parler du premier travailleur, du premier ouvrier de la vie ?

Or, le premier travailleur, c'est le prêteur. Sur ce point, pour lui, tout est dit. Si l'intérêt du prêt se réclame du droit du travail, il est sans droit.

Mais, reprend-on, le prêteur n'a pas seulement fait la manufacture, les machines, la terre ; il les a conservées et les conserve. Il a mis en réserve des provisions qu'il remet aux emprunteurs, au même titre, avec elles. Or, est-ce que le penchant auquel bien peu résistent n'est pas, au lieu d'épargner, de dépenser pour jouir ou vivre ? Que s'ensuit-il ? Qu'en dehors du premier travail, l'épargne est à son tour un effort ; que cet effort, travail et dépense de vie comme tout effort, a droit à une rémunération comme tout travail, et que puisque l'épargne est continue par nature, elle constitue un effort, un travail pareillement continus réclamant une rémunération spéciale comme eux et comme elle, continue comme eux et comme elle.

Nous avons, on s'en souvient, déjà rencontré sur notre chemin, cette seconde étrange erreur, aussi étrange que la première, qu'on ne sait s'il faut appeler illusion ou sophisme.

Eh ! quoi, faut-il donc redire, de véritables jeux de mots vont-ils, d'un bout à l'autre, décider des problèmes de l'Economie politique ? Parce que par un caprice ou l'attrait d'une image, la langue usuelle permet de les désigner d'un même mot, des phénomènes impossibles même à rapprocher vont-ils scientifiquement se confondre ? « L'effort » qui dans le cœur des hommes maîtrise les désirs ou la colère aura-t-il, pour l'Economie politique ou pour le droit, sous les yeux de la physiologie, rien de commun avec celui du bûcheron s'évertuant contre son chêne ? Allons-nous mettre en pendant et classer côte à côte dans l'herbier humain, comme des faits semblables, la continence de Scipion et le sillon de Cincinnatus à sa charrue, Samson peinant à sa meule et la clémence d'Auguste ?

Oublions-nous la définition du travail, par essence emploi de la force, emploi de la vie humaine sur les choses, au prix constant, formel, inévitable, d'une destruction accusée de substance vitale ?

Non ! Il est trop clair que s'abstenir n'est pas agir ; que ne pas dépenser n'est pas gagner; que ne pas consommer n'est pas produire. L'homme qui range vingt mille francs d'écus d'économie, pour n'y plus toucher de dix ans, n'en fait ni plus ni moins qu'il les mette dans son secrétaire ou dans celui d'un autre. Que trois mille gerbes restent en meules sur la plaine, pour les ventes de l'an prochain, ou à titre de prêt dans un magasin de la ville voisine, ni dans un cas ni dans l'autre, elles ne coûteront au propriétaire une heure de soin, de garde, ou de veille. L'épargne, nous l'avons déjà dit, mais il faut bien le répéter puisqu'on y revient toujours, l'épargne n'est donc pas un travail spécial. Elle n'est aucune sorte de travail.

Et alors, qu'est-ce à dire ? Qu'en soi, elle n'appelle à aucun titre, dans aucune mesure, une rémunération de travail et que partant, si l'intérêt, la rente, le loyer, le fermage, le prêt à intérêt enfin n'ont d'autre droit à invoquer à leur appui que celui du travail de l'épargne, de ce chef encore ils sont sans droit.

Soit ! Répliquent les avocats du prêt à intérêt, car la liste des arguments est longue à leur prétoire, admettons que l'épargne ne soit pas un travail qui s'ajoute à celui de la « production » même. Toujours est-il que celui-ci existe. Nierez-vous qu'il donne au producteur la propriété du produit et avec ce droit de propriété, le droit exclusif d'employer son temps, ses forces sur ce droit qui lui appartient et n'appartient qu'à lui, pour en tirer d'autres produits au moyen d'un nouveau travail ? Non ! N'est-ce pas ? Eh ! bien, quand le prêteur, en possession de ce second droit, le cède pour un temps à un autre, est-ce qu'il n'abandonne pas un droit qui est sien, une part réelle de son avoir ? Est-ce qu'il ne renonce pas à un véritable et fructueux placement de son travail et aux profits qui en dérivent, et n'est-il pas visible que cette renonciation enfante pour lui un autre droit corrélatif : le droit à une compensation proportionnelle ?

Non ! Pas davantage. Pourquoi ? Parce qu'en réalité, il n'a rien sacrifié de son temps, de ses heures, de sa peine, rien donné de sa vie.

Et en effet, reste-t-il oisif ? C'est son droit. Mais enfin il n'agit point. Il lui plaît de faire de son temps un temps de repos, de ses heures des heures d'études solitaires et personnelles, de ses forces des ressources à dépenser dans l'amusement et la jouissance. Il n'a enfin rien donné au travail : comment aurait-il droit à une rémunération de travail ?

Ou bien persistant dans le travail, au lieu d'employer son temps, ses forces, sa peine sur le produit prêté, il les a portés sur un autre, pour de cet autre tirer d'autres produits au moyen d'un nouveau travail. Mais alors, dans ces autres produits de sa vie, sa rémunération légitime la voilà et la voilà tout entière !

Ni dans un cas ni dans l'autre, il n'a rien perdu, rien abandonné de son temps, de ses forces, de sa pensée. Dans la transaction intervenue, sa somme possible de travail lui est restée tout entière. Comment y aurait-il une compensation exigible, possible pour qui n'a rien perdu ?

Oh ! Mais, reprend-on aussitôt, vous oubliez. Vous oubliez un point par-dessus tout capital. Eh ! quoi donc ? L'usage du produit prêté, l'usage de la chose.

Sans nul doute, le prêteur n'a rien cédé, rien sacrifié, rien perdu de lui-même, mais n'est-il pas dit qu'il avait seul le droit d'user du produit pour en tirer d'autres produits par un autre travail ? N'est-il pas vrai que ce droit exclusif d'usage, il l'a réellement cédé et transporté à un autre ; que ce droit, il ne l'a plus pendant le prêt ; qu'au moyen du prêt, cet autre en est en possession et en use ? Est-ce que ce droit d'usage ne vaut pas, n'est pas une valeur ? Est-ce que cette valeur, qui passe d'une main dans une autre sur le marché de l'échange, ne vaut pas, comme toute valeur dans l'échange, un contre-échange ?

L'usage de la chose ! Le droit à l'usage de la chose ! Voilà, en effet, l'argument capital, la pierre d'angle de la théorie du prêt à intérêt. — Eh ! bien, soit ! Examinons.

Ici, il faut distinguer. On se rappelle que les choses objets d'échange qui toutes, nous l'avons vu, sont également « produits » du travail, se sont divisées sous nos yeux en deux classes, suivant les divisions physiologiques elles-mêmes de la vie, suivant ce que nous avons appelé les deux mouvements de la vie :

premièrement, choses où se puise la vie, secondement, choses sur lesquelles s'emploie et se dépense la vie, et pour prendre les termes usuels, d'une part, en « objets de consommation », d'autre part, en « instruments de travail ».

Or, en ce qui concerne d'abord les premières, qu'est-ce que l'usage ?

L'usage ! Qu'on interroge, expérimente, examine, on verra que pour elles, l'usage est partout et toujours la destruction de la chose en tant que produit du travail et, pour prendre le mot de la langue économique, sa « consommation » : consommer du pain, du vin, des fruits, c'est en tant que vin, fruits et pain, les faire disparaître, les anéantir. Ainsi de tout le reste.

Notons qu'il importe peu, pour le phénomène économique, que la consommation soit lente ou soudaine. Nous l'avons dit, « rien n'est petit, rien n'est grand ». Rien en soi n'est lent ou soudain, durable ou rapide. Qu'est-ce donc, par exemple, que la maison louée ? Un objet de consommation qu'on met cent ans à « consommer ». Et que font d'elle alors les locataires ? En laissant de côté comme ne changeant rien au problème la progression croissante de la destruction, on peut dire que chacun d'eux qui l'occupe dix ans, l'use et, si l'on veut, la « consomme » pour un dixième. Pour cette première classe de produits, voilà l'usage.

Or, dans ces termes, qu'est-ce donc que doit le locataire ? A prix librement débattu — nous verrons cette question de la liberté tout à l'heure — il doit, n'est-il pas vrai, payer sa part d'usage, sa part de destruction, de la « consommation » de l'objet prêté. Mais quoi ! Cela, c'est l'assurance contre les risques. C'est la garde, l'entretien, le coût de la réfection, l'amortissement, le paiement par parties échelonnées du prix total. Qu'est-ce à dire ? Que tout cela est payé par le locataire, mais que c'est la moindre part du loyer et la portion non contestée.

Cette part, elle couvre tout l'usage. Qu'est-ce alors que vient faire, au delà et en dehors, le reste et la plus grosse part du loyer, à savoir le bénéfice sur lequel vit et s'enrichit le prêteur-propriétaire ?

Puisque l'usage est couvert tout entier par ailleurs, est-ce que ce bénéfice relève de l'usage? Est-ce qu'il peut représenter le droit d'usage? Est-ce qu'à son propos, il est permis de parler de l'usage ? Non! de ce chef encore, l'intérêt, le prêt à intérêt est forclos et sans droit.

A présent, abordons-nous la seconde classe des choses objets d'échange, celles qui sont, non plus des objets de consommation mais des instruments de travail, des œuvres de la vie au moyen desquelles on produit d'autres œuvres avec une nouvelle dépense de vie ? Pour elles à leur tour, quel est l'usage?

Pour celles-ci, l'usage est de les « user », c'est-à-dire de les détruire à mesure et, en les usant et détruisant, de les faire servir à donner de nouveaux produits au moyen de l'application d'un nouveau travail.

Quels sont alors à propos de cet usage, les droits du prêteur, les obligations du locataire à l'égard du prêteur? Eh! mais absolument les mêmes que tout-à-l'heure: l'entretien, l'impôt, la couverture des risques et charges, le paiement intégral échelonné, l'amortissement pour la réfection ou le remplacement total. Est-ce qu'il peut y en avoir d'autres? Est-ce qu'il est possible d'en concevoir d'autres?

Or, est-ce que tout cela n'est pas fait? Est-ce que

tout cela n'est pas intégralement couvert par le loyer, le revenu, le fermage ?

Voilà donc encore ici pour l'usage. En dernière analyse, l'usage des choses, c'est et ce ne peut-être que l'usure des choses. L'usure des choses intégralement couverte, que peut-il y avoir en dehors, du chef de l'usage ? Comment justifier l'intérêt-bénéfice par l'usage ?

Mais on ne s'arrête pas ; on insiste. L'emprunteur, dit-on, n'a pas seulement « usé » la chose, il l'a « utilisée » d'une façon spéciale. Dans ses mains, elle a doublé, triplé, décuplé son pouvoir de produire. « L'instrument de travail » — la langue en témoigne — entre pour une proportion notable, parfois on peut dire immense, dans les résultats du travail. Or, à qui l'instrument de travail ? Au prêteur. Comment donc n'aurait-il pas le droit de réclamer, sous le titre de loyer, une juste participation dans le produit de ce travail qui revient, pour une large part, à son instrument de travail ?

L'usage des choses, donner un droit ! Les choses participer au travail ! Oh ! vraiment, ici prenons garde, car le terrain est singulièrement brûlant, le sophisme périlleux, la méprise terrible, non pas seulement pour les droits de la logique, mais pour le droit social et la paix publique.

Que le prêteur ait des droits sur sa chose, les droits personnels qu'il tient de son travail, rien de plus net, rien de moins contestable. Ces droits nous les avons définis et, qui mieux est, proclamés. Mais en dehors de ceux-ci, les choses lui donneraient d'autres droits ? Elles lui donneraient le droit de participer dans les produits de leur travail ? Que de sophismes !

Les choses donner des droits ! Est-ce que les choses

onl dès droits ?. Pour avoir des droits, est-ce qu'elles sont dès personnes ? Est-ce que l'homme n'est pas seul une personne ? Or, comment tiendrait-on des droits de ce qui n'en a point et n'en peut avoir ? En dehors de ses droits personnels reconnus, proclamés, respectés, comment le prêteur aurait-il alors des droits au nom des objets prêtés, du chef des choses ?

- Il participerait au produit du travail de l'emprunteur, du chef de la participation des choses louées à ce travail ! Eh! quoi, à part la métaphore toujours grosse de tant d'erreurs et de dangers, inertes et passives par essence, est-ce que les choses travaillent?

Encore une fois, car il faut toujours le redire, laissez donc la machine à vapeur se mouvoir et mouvoir toute l'usine en dehors de toute direction humaine, abandonnez au bord du champ les bœufs, les chevaux tout attelés à leur charrue; récolterez-vous autre chose que le néant, le désordre, la destruction? Laissez sur la plaine dix ans, cent ans la pioche et la bêche. Au bout de dix ans, cent ans, aurez-vous un décimètre de fossé creusé, une motte de terre étalée au soleil?

Mais l'homme paraît et avec lui, tout s'anime. Le travail est le façonnement des choses sur un plan déterminé. Ce plan, c'est lui qui le conçoit et l'apporte. Dans quel but? Pour préparer une utilité qui est l'utilité humaine. Lui seul — et comment concevoir le contraire — est propre à réaliser l'utilité humaine.

Inintelligentes, inertes, aveugles, indifférentes la matière et les forces du monde se meuvent et meuvent Encore une fois et toujours, l'homme seul travaille. Les forces qu'il emprunte sont au bout de son bras, le prolongement de son bras : son bras seul travaille. La vapeur se distend, la marée descend ou monte, le

cours d'eau se précipite et porte, le vent souffle, la
pesanteur agit, les nuages apportent l'électricité ou la
pluie; dénué ou pourvu, l'homme seul absolument
travaille.

Dès lors, que conclure ?

En premier lieu, qu'à préciser les faits d'une façon
sérieuse, exacte, seule digne de la science, il n'y a
point de participation des choses au travail ; en second lieu, que n'y ayant pas de participation des
choses au travail, il ne peut y avoir pour personne
de droit de participation dans les produits du chef des
choses, du chef de l'usage des choses; qu'ainsi le
prêteur, de par les choses louées, au nom et du droit
de l'usage des choses louées, ne peut en dehors de
ses premiers droits personnels et reconnus, avoir de
droit à une participation dans les produits que l'emprunteur, armé des choses louées, obtient au moyen
d'un travail qui est à lui et uniquement à lui, qui est
l'emploi de sa vie, de sa seule vie.

A qui le travail? faut-il dire. Eh ! bien, à celui-là
et à celui-là seul le droit du travail, la rémunération
et le produit du travail ! (1).

On se récrie. Ah ! laissons, nous dit-on, laissons
tous ces chefs de réclamation du travail spécial de
l'épargne, de la privation du prêteur, de l'usage des
choses, de la participation des choses au travail. Prenons donc la question terre à terre et peut-être sous
un jour plus simple et plus vif !

Comment ! voici le prêteur. Voyez donc ce qu'il
fait ! En abandonnant pour un temps à un autre l'usage
d'un produit qu'il possède, il donne à cet autre le

---

(1) Pour reprendre toujours notre criterium un peu brutal mais
topique : A qui la destruction vitale? A qui l'urée?

moyen de doubler, de quadrupler sans plus de peine et souvent avec une moindre peine, le produit de son travail. Eh! quoi, est-ce qu'il ne lui rend pas service?

Est-ce que ce n'est pas là un service? « Service contre service », c'est tout l'échange, dit l'axiome de l'Économie politique. Est-ce qu'un service n'est pas toujours une valeur échangeable contre une autre valeur? Ce service comme tout service n'a-t-il pas droit à son salaire?

Hélas! nous voici encore en présence d'une de ces confusions du langage, qui coûtent toujours si cher quand les sciences, faute de s'être fait une langue spéciale, sont condamnées à recourir à la langue usuelle, avec les figures, les diversités de sens, les analogies, les à peu près où semblent s'être joués, pendant des siècles, l'esprit et la grâce, mais aussi la frivolité et l'imagination des peuples.

Celle-ci, nous l'avons déjà rencontrée tout à l'heure à propos de l'épargne et elle tâche vainement de revivre.

Oui, encore une fois, l'Économie politique établit et proclame que les produits s'échangent contre les produits et, ce qui est le même fait et le même sens, que les services s'échangent contre les services. Oui, à côté d'elle, la langue usuelle (2) parle d'obliger, de « rendre service ». Est-ce que c'est le même sens et le même fait encore?

(1) Notons que pour être tout à fait exact, il faudrait dire : la langue usuelle française, car d'autres idiomes ne provoqueraient pas également à la même confusion.

Avis utile qu'il peut être parfois périlleux de chercher des arguments dans des hasards de langage! Justification nouvelle du mot piquant et juste de Montaigne que « la plupart des occasions des troubles du monde sont grammairiennes »,

Jo répare votre maison pendant que vous rentrez ma récolte, Lafayette et Rochambeau combattent aux côtés de Washington, pour l'indépendance américaine. L'Angleterre nourrit l'Inde pendant une famine ; voilà des services.

Athènes a rendu service à Philippe en demeurant inattentive aux efforts patriotiques de son touchant, de son admirable Démosthènes ; la Pologne à ses copartageants en manquant de prévoyance et de force pour arrêter ses divisions intestines ; Grouchy au Duc de fer en fermant l'oreille au canon de Waterloo. Est-ce que c'est la même chose ?

On a chanté, que n'a-t-on pas chanté en France ? on a chanté, avec plus d'esprit que de chagrin patriotique, sous Louis XIV :

Villeroy, Villeroy
A fort bien servi le Roi
Guillaume, Guillaume, Guillaume !

Bartholo rend les meilleurs services à la cause d'Almaviva en gardant et en gardant si mal Rosine. Est-ce que c'est la même chose ?

Suffit-il qu'un mot paraisse dans la conversation figurée des hommes pour qu'avec lui, apparaisse quelque phénomène même essentiel dont il a tenu la désignation de leurs poétiques inadvertances ? Non, non ! ce qu'il faut, c'est que l'Économie politique se rappelle qu'elle est une science ; c'est que l'Économie politique se rappelle qu'elle est la science du travail, des produits du travail et de l'échange des produits du travail ; que pour elle, loin de toutes les illusions décevantes, des jeux de mots, des images, le mot de « service » signifie prestation de travail et ne peut avoir d'autre sens que prestation de travail ; que dans son domaine, les « services » sont prestations de travail; qu'il n'est point de services qui, sous peine de cesser d'être, ne doivent être prestations de travail et que rien enfin, sur le marché social, ne peut être objet de vente, d'achat, d'évaluation, d'échange, qui ne soit « prestation de travail ».

Or, dans ces termes le débat est court, disons mieux : il est clos.

Le prêteur agit-il ? Non ! il s'abstient d'agir et c'est un autre qui agit seul. De sa part il n'y a pas service. Fournit-il une prestation de travail ? Non ! il ne fait que passer un instrument de travail et pour mieux dire encore que laisser prendre un instrument de travail à un autre, à celui qui travaille. De sa part il n'y a pas service parce qu'il n'y a pas travail.

Il n'y a pas service et rien ne vaut que le service-prestation de travail ? Qu'on ne parle donc plus de valeur au profit du prêteur !

Il n'y a pas de service et rien dans l'échange n'appelle contre-échange, rémunération et salaire que le service-prestation de travail ? Qu'on ne parle donc plus de rémunération, de salaire pour un « service » du prêteur !

Ainsi tombent les uns sur les autres les fondements et les défenses du prêt à titre onéreux, sous toutes ses formes et tous ses noms de loyer, fermage, rente, crédit, revenu, intérêt de l'argent.

Motifs tirés des droits du travail, de l'épargne, de la privation du prêteur, de l'usage, du travail et du droit des choses, des prétentions d'un service rendu s'évanouissent tour à tour.

VII

ERREURS ET FRAUDES DANS LE COMMERCE DE LA VIE.

PRÊT A INTÉRÊT (suite).

A présent, appliquons-nous à ce débat le criterium qui nous a guidés jusqu'ici ? Oui, fût-ce au prix de quelques redites formant d'ailleurs un résumé rapide, il faut frapper de ce dernier coup l'illusion commune, la complicité de la loi, les sincères mais fausses théories de l'Economie politique elle-même.

Eh! bien donc, reprenons à propos du prêt à intérêt, nos trois questions accoutumées, — avec lui, ce qui s'échange est-il de la vie? — le contrat est-il droit et loyal? — est-il passé sous le régime de la liberté?

Dans la transaction du prêt, le prêteur livre-t-il de sa vie? Deux mots suffisent, car nous l'avons vu à mesure.

Regardons-nous au travail du prêteur? Oui, l'objet prêté est œuvre de sa vie. Mais quoi! cet objet il le garde. Quoique loué, il peut le vendre, il le vend, en tire le prix de son travail. De ce chef, le prêteur ne livre rien de sa vie.

Il a épargné?. L'épargne n'est pas un travail, une dépense de vie.

Il se prive en passant pour un temps à d'autres mains le produit de son travail? Non! il ne livre pas de sa vie, car elle lui reste sans atteinte, qu'il veuille la consacrer au repos ou à une autre œuvre de la vie.

Il renonce à l'usage de la chose prêtée? Mais quoi!

cet usage n'est pas du travail ou du moins ne relève pas de son travail. Quelle est la vie qui, en se donnant heure à heure, tire de la chose prêtée de nouvelles œuvres de la vie? A côté de la vie du prêteur libre, reposée ou portée ailleurs à sa guise, et dont par conséquent il ne peut livrer un jour, c'est et c'est uniquement la vie de l'emprunteur.

Le prêteur a rendu service. Non! car au sens vrai des principes ce l'Economie politique, le service est de la vie et le prêteur ne fait point œuvre de vie : à aucun titre le prêteur, dans l'opération du prêt, ne livre de sa vie.

A présent, la transaction de prêteur à emprunteur constitue-t-elle en soi une transaction d'échange droite et loyale? Ce qui précède est un préjugé grave. Examinons pourtant.

L'objet loué peut, nous l'avons vu, être une œuvre de la vie où se puise la vie, ou une œuvre de la vie sur laquelle se dépense la vie.

S'agit-il d'un instrument de travail? Il a coûté dix mille journées de vie et, tout s'usant rien que par la durée, il durera vingt ans. En échange d'un an de cette durée, que doit loyalement le locataire pour couvrir le prêteur de l'œuvre de sa vie? Cinq cents journées de travail.

Est-ce d'une maison qu'il s'agit? Elle aussi, se détruit rien que par la durée. Or, elle a coûté six mille journées de vie et durera soixante ans. Pour un an, que doit loyalement le locataire à la vie du prêteur? En dehors des charges, cent journées de sa vie. Sauf les effets de la concurrence et les fluctuations du marché qui sont hors de cause, n'est-il pas vrai que voilà le droit du prêteur et l'obligation de l'emprunteur dans un contrat loyal ?

‹ Mais, est-ce ainsi que les choses se passent ? Oh! non.

L'emprunteur, le locataire s'acquitte du loyer et, remarquons-le bien, s'acquitte au comptant à mesure de la livraison de la jouissance — car le paiement à trois mois est du comptant — en bonnes espèces sonnantes, en vrai et réel travail, en parts bien comptées de sa vie. En retour, quel est son droit ? N'est-ce pas la livraison de la consommation qu'il paie ?

Quand on paie le droit de consommer un fruit à sa table, un fagot, une bûche à son foyer, qu'arrive-t-il? Le prix et l'objet de consommation changent respectivement de main. Celle qui avait le droit de consommer le perd et le livre moyennant le prix. Celle qui avait le prix l'abandonne à son tour, reçoit le droit et en use. Le fruit représente une consommation de deux minutes : il disparaît dans ce laps de temps au profit du livré. Le fagot, la bûche représentent le chauffage de deux heures : au même profit, ils disparaissent en deux heures et le livreur n'a plus rien dans les mains que le prix, valeur de l'objet livré.

Mais quoi ! Lorsque le locataire paie un an de loyer de cette maison qui doit durer soixante ans, lui livre-t-on la consommation de la maison pour une année ? Non ! car en sus du prix fourni par les loyers, la maison, au bout des soixante ans, la voilà tout entière non-seulement entretenue sur le loyer, mais sur le loyer rebâtie de fond en comble, et la voilà aux mains inactives et enrichies du propriétaire — Qu'est-ce que cela veut dire ?

Cela veut dire que le locataire a payé pour impôt et pour risques, pour entretien et pour amortissement, pour grosses réparations et pour réfection totale, et qu'en plus, il a servi un bénéfice au propriétaire.

Cela veut dire que le propriétaire dont toute la dépense de vie ne s'élevait au début qu'à six mille journées de travail, qui n'avait dans les mains et ne pouvait avoir que la valeur de six mille journées de travail, a, au cours dés soixante ans, vécu, placé, amorti, bénéficié sur les loyers servis par le locataire, pour une somme de journées de vie double, triple et quadruple de la valeur de l'immeuble, et qu'au bout des soixante ans, il a encore intégralement sa maison valant les six mille journées de travail.

Cela veut dire encore que le locataire, l'emprunteur a toujours livré sur sa vie et que le propriétaire prêteur n'a rien livré de la sienne ; que vainement ferait-on remarquer que le locataire de la maison fût mort sans abri peut-être ; qu'il a vécu grâce à l'abri : il n'en résulte pas moins du régime de la location que le propriétaire n'a rien donné et la preuve, c'est qu'il a toujours. Cela veut dire enfin, que nous avons devant nous un échange où il n'y a pas de contre-échange.

Nous avons parlé d'actes unilatéraux déplaçant les valeurs, comme le don et le vol. C'est ici un acte unilatéral. Or qu'est-ce, — il faut bien le demander, — que cet acte unilatéral et comment qualifier un contrat d'échange où il n'y a pas de contre-échange? A coup sûr, ce n'est là qu'un contrat sans cause, partant nul aux termes mêmes de la loi civile. Ce n'est pas un contrat droit et loyal.

En troisième lieu enfin, nous demandons-nous — question capitale — si ce contrat se réalise sous les conditions du libre débat, sous le régime de la iberté ?

La liberté! oh ! c'est là un argument souvent invoqué par les défenseurs du prêt à intérêt sous toutes ses formes.

Quoi ! disent-ils, voilà deux hommes tous deux majeurs, jouissant de leurs facultés, meilleurs juges que personne et en tout cas seuls juges de leurs intérêts. Or, après examen, ils estiment tous deux de leur intérêt de passer un contrat de prêt rémunéré. Vous le critiquez? Il leur convient. L'une des parties vous paraît avoir trop d'avantages ? Il leur convient. De quel droit viendriez-vous vous interposer et le leur interdire ? C'est la liberté. Laissez et respectez la liberté des contrats ! — Il faut voir.

Et d'abord, disons qu'à part même les contrats entachés de dol, il est des transactions léonines; qu'il est pour la liberté plus d'un genre d'entraves et d'atteintes ; que volonté n'est pas liberté et qu'à supposer qu'on n'en connaisse pas, on imagine aisément des engagements souscrits volontairement sans que la volonté soit libre pour les souscrire. Pour tout cela, n'est-il pas vrai que la loi même prévoit, qualifie, dispose, défend, autorise? Est-ce que sa prévoyance constitue une entrave à la liberté? Non, elle en est une protection réelle.

Notre Code interdit d'engager ses services sinon pour un temps déterminé. Pourquoi? Parce que sans lui, sous le coup des privations, du manque de travail, de l'extrême misère et du désespoir d'en sortir, nombre d'hommes vendraient leur liberté pour assurer les premiers besoins de la vie; parce que sans lui, demain comme aux périodes critiques du moyen-âge, nous aurions des serfs volontaires sur le sol de France ; parce que sans lui, nous reverrions établie fonctionnant, grandissant sous nos yeux, parmi nous,

quoi donc? Rien moins que l'institution de l'esclavage.

Est-ce que cette prévoyance de la loi est blâma-
ble? Est-ce qu'elle est vaine ? Comment faut-il la
nommer ? Atteinte à la liberté ou protection de la
liberté ?

Eh ! bien donc, c'est sans préjugé, sans opinion
préconçue mais sous le jour de ces souvenirs qu'il
nous faut juger à son tour le contrat du prêt à intérêt,
sous toutes formes, au point de vue de la liberté.

Nous sommes dans le domaine de la vie. Au point
de vue physiologique, comment atteint-on la vie ?
Directement, en frappant la personne : la vie est
brisée et détruite ; indirectement, en s'emparant autour de la personne des choses où se puise la vie :
sevrée de ses sources, elle s'éteint.

Dans les deux cas, le résultat est le même : on a
frappé et anéanti la vie.

Nous sommes dans le domaine de l'Économie politique. Au point de vue économique, quelles sont les
conditions du maintien de la vie ? Pas de vie, avons-
nous dit, sans un point de l'espace, sans un lot de
matière où se reposer, s'alimenter, agir. Il faut donc
qu'elle ait la liberté de s'employer autour d'elle sur
les choses, pour les rendre propres à la vie ; qu'elle
ait la liberté d'employer pour son entretien ces produits de son travail.

Or, comment atteint-on cette liberté ? Directement,
en asservissant la personne ; indirectement, en mettant la main autour de la personne sur les instruments
de travail servant à la vie et sur les produits où se
puise la vie.

Ainsi, asservir, c'est frapper la liberté en face.

Se saisir des choses, de la totalité des choses, c'est prendre la liberté à revers, mais c'est la prendre.

Le résultat est tout. Or, dans les deux cas, le résultat est le même. L'homme enchaîné perd la disposition de son travail, des produits de son travail. L'homme écarté de la possession des choses est obligé de venir s'incliner devant le propriétaire exclusif des choses et de subir sa loi, pour obtenir soit l'autorisation de placer son travail dans les choses, soit le prix de son travail.

Dans les deux cas, c'est la dépendance. Mitigées ou non, masquées ou non, avouées ou non, partielles ou intégrales, c'est la diminution ou la confiscation de la liberté. — Tranchons le mot : c'est l'esclavage.

Or, dans quel sens agit le phénomène économique désigné par les noms divers de location, rente, fermage, crédit, prêt à intérêt ?

Pour le bien marquer, il est un procédé simple à prendre. Comparons les conditions sociales, d'un côté avec l'existence du prêt à intérêt, de l'autre en l'absence du prêt à intérêt !

Dans ce dernier cas, c'est-à-dire avec le prêt sans intérêt, quel serait le régime de l'échange ?

Dans les conditions actuelles de notre état social, la propriété des choses est concentrée tout entière dans certaines mains, car de même qu'on a dit autrefois : nulle terre sans seigneur, on peut dire aujourd'hui : point d'objet sans maître, sans propriétaire. La population se divise donc en deux classes qui sont en présence : d'un côté, ceux qui possèdent la totalité des choses ; de l'autre, ceux qui ne possèdent rien des choses.

Or, avec le régime du prêt sans intérêt, que feraient ceux qui ne possèdent point ? Comme aujourd'hui ils offriraient leur travail, l'emploi de leur vie pour obtenir en échange les moyens de vivre : soit des objets de consommation, soit des instruments de travail.

Et ceux qui possèdent la totalité des choses, que feraient-ils des choses ? Ils les prêteraient et il les vendraient. Les prêteraient-ils donc malgré la suppression du loyer et de l'Intérêt ? Oui, s'ils n'en avaient pas l'emploi pour leur consommation ou leur propre travail. Pourquoi ? Parce que toute chose se détruit par sa propre durée. La maison inoccupée, la terre non cultivée, non entretenue d'engrais périclitent. Le prêt sans intérêt, mais avec la couverture des risques et de l'entretien, la restitution en même et semblable état, assure sans frais et d'une façon indéfinie la conservation si onéreuse des choses au profit du propriétaire. On place sans intérêt aux banques de dépôt : l'emprunteur serait banque de dépôt.

Ceux qui possèdent les choses les vendraient, c'est-à-dire les échangeraient ? Oui, si leur travail ne suffisait pas à les faire vivre ou s'ils voulaient vivre un temps sans travail. Encore une fois, terres, maisons sont, dans les mains de leurs possesseurs, de colossales pièces de monnaie au moyen desquelles on se procure, sur le marché social, tout ce que réclame la vie.

Quelles seraient les conséquences de ce régime ? — Que le prêt et la restitution du prêt s'opéreraient à conditions égales. L'entretien, l'assurance à la charge du locataire ne sont que la condition même de la restitution intégrale de l'objet prêté. La restitution étant équivalente au prêt, l'échange serait normal et loyal : Travail pour travail, vie pour vie, équivalent de vie pour équivalent de vie.

Point de récrimination de la part du prêteur-propriétaire contre le locataire : il en recevrait en valeur
de travail ce qu'il avait en valeur de travail. Point
de grief de la part du locataire contre le propriétaire :
il n'aurait remis en valeur, œuvre de vie, que ce qu'il
aurait reçu en valeur de travail, en œuvres de la
vie.

Dans le régime de l'absence de l'intérêt, le droit
du propriétaire, l'obligation du locataire sont limitées.
La maison représentait six mille journées de travail.
Pour l'avoir usée en y trouvant abri, le locataire,
qu'il s'appelle légion ou personne individuelle, donne
le nombre ferme de six mille journées de travail. Sa
dette est d'une valeur, non plus sans limite et sans
terme, mais définie.

Il n'a engagé ses services que pour un temps déterminé.

Voilà, en ce qui concerne le prêt même, quelles
seraient les conséquences du régime du prêt sans
intérêt.

Quelles seraient-elles à présent, en ce qui concerne
la propriété et l'échange des choses ?

Le propriétaire des choses retiendrait-il pour son
travail toutes celles en sa possession ? Point de prêt,
point d'échange. Le cas, qu'il convient pourtant de
signaler en passant, reste en dehors de la question
présente.

En posséderait-il plus qu'il n'en pourrait utiliser
dans son travail ? Il convertirait en objets durables.
Il constituerait des dépôts : il prêterait comme nous
venons de le dire. Voudrait-il vivre un temps sans
se livrer au travail ? Il le pourrait en échangeant, à
mesure, des parcelles de son avoir contre des objets
consommables. Mais, comme le temps passe vite!

Comme vite s'épuiserait son trésor! Comme vite s'évanouirait dans ses mains la possibilité de la vie oisive! Comme il faudrait vite revenir à la vie de travail!

En même temps et par là même, n'est-il pas vrai que les choses reparaîtraient avec infiniment plus de fréquence sur le marché social; que plus abordables en ce que leur prix ne comprendrait plus l'intérêt, elles s'offriraient plus souvent à la main du travailleur; que la balance se déplacerait; que le centre de gravité de l'échange se reporterait du côté de celui qui n'a point?· Il traiterait presque d'égal à égal : ce serait ainsi d'un côté l'effacement de la domination, de l'autre l'avènement de l'indépendance.

Quelles sont, au contraire, les conséquences économiques de l'intérêt en matière de prêt, les conséquences du régime du prêt à intérêt? Ici, nous n'avons plus à prévoir, à conclure. Non! le régime, c'est la réalité et nous l'avons sous les yeux. Eh! bien, quant à la possession des choses, les voici :

Au lieu de vendre, on loue. C'est l'avantage. A moins qu'il ne s'agisse d'échanger pour un objet de meilleur loyer, il faut un accident pour qu'on vende.

Dès qu'une famille a concentré dans ses mains une somme de loyers qui suffit à la faire vivre, elle n'a plus besoin de travailler ni de vendre. Pour elle, la vie du travail disparaît. Grâce à la perpétuité de l'intérêt, c'est la propriété éternelle avec l'oisiveté éternelle.

En regard, est celui qui n'a point. De ce côté, quelle faiblesse! quelle impuissance!

L'immobilisation des choses dans les mêmes mains lui arrache l'espoir du salut par la possession des choses. Plus rarement elles paraissent sur le marché

social, puis il semble qu'elles se sont éloignées hors
de sa portée. En le privant de travail et de pain, en
le sevrant de l'accès des choses où s'emploie la vie,
où se puise la vie, la propriété éternelle peut, si elle
le veut — elle n'a qu'à le vouloir — le frapper dans
sa vie, lui ôter la vie. Il faut qu'il compose et en
effet, il compose. A elle donc, dans d'autres ordres
de faits que les nôtres, de le contraindre, si elle le
veut — elle n'a qu'à le vouloir — de le menacer, de
le punir, de lui imposer des votes, des croyances!

A elle forcément, dans l'ordre économique, de dic-
ter les conditions, les lois du travail! Et en effet, elle
n'y a pas failli. L'Économie politique a constaté cent
fois que les salaires se tiennent au plus près des premiers besoins des hommes.

S'il ne peut acheter, dit-on, il peut louer. Oui; on
lui loue. Mais ici, quelles autres conséquences du
prêt actuel à intérêt!

On lui loue : c'est-à-dire que pendant qu'un autre
reçoit toujours sans rien livrer, il paie toujours sans
rien avoir. C'est le prix d'achat éternel aux prises et
vainement aux prises avec la propriété éternelle.

On lui loue : c'est-à-dire que son loyer même reconstituant à mesure la propriété aux mains du propriétaire, son temps est indéterminé, son effort ingrat,
inutile, sa tâche indéfinie, toujours reformée par lui-
même dans sa cause, rouverte par lui-même dans ses
charges. Locataire pour toute la vie, il a pour toute
sa vie, le loyer pour maître.

On lui loue : oui, et on lui loue même quand il
achète. L'intérêt en effet, est partout dans les produits du marché, partout excepté dans son salaire.
Le jeu de l'intérêt est toujours contre lui, jamais pour
lui. Quand il échange sur le marché social son salaire

contre les objets d'échange, majorés par l'intérêt, il ne retrouve même plus le montant de son salaire. Partout, une partie de son salaire reste aux mains d'autrui. Nulle part, il ne reçoit la totalité de son salaire.

Or, n'est-il pas difficile de se méprendre sur les caractères de cette situation? N'est-il pas bien difficile de n'y pas trouver des ressemblances singulières avec une condition dont le nom vient à la pensée et sur les lèvres, avec l'esclavage?

Que disait-on à l'esclave? Qu'on pouvait l'empêcher de vivre; qu'on était humain et généreux en le laissant vivre; qu'il devait la vie à son maître; qu'il en recevait la vie; qu'il était libre de ne pas contracter et de quitter la vie; qu'on lui permettait de vivre sous la condition de son travail.

Quel est, au point de vue économique, le trait caractéristique de l'esclavage? C'est d'avoir un maître de son travail; c'est, les premiers besoins de la vie couverts, de laisser à un autre gratuitement, sans cause, sans compensation, une partie de son travail (1).

Quel est le résultat social de l'esclavage? D'instituer dans la population deux classes d'hommes parallèles, opposées, ennemies serait mieux dire, les uns livrés au travail, les autres vivant sans travail. Nul phénomène ne dénonce l'esclavage d'un trait plus significatif et plus éclatant.

Or, répétons-le bien, peu importe que l'atteinte à la liberté soit directe ou indirecte; que la liberté soit

_____

(1) C'est ainsi, par exemple, que le définissait Bastiat : « Dire que certains hommes doivent rendre, c'est dire que certains autres doivent recevoir des services non rémunérés, ce qui est bien l'esclavage. — (*Harmonies économiques* : Chap. VIII. (Propriété et communauté).

frappée en face, par l'asservissement de la personne, ou prise à revers par la possession exclusive et le louage inévitable et rémunéré des choses. Peu importe que cinq cents hommes donnent forcément et gratuitement chacun un dixième de son travail, ou que cinquante donnent à un autre la totalité du leur : c'est l'esclavage. Peu importe que cent soient esclaves en totalité aujourd'hui et pendant cinquante ans, ou que cinq cents soient forcés de travailler pour rien pendant dix ans : c'est l'esclavage.

Dès que deux classes d'hommes coexistent dans une société et que l'une d'elles vit dans l'opulence sans travail, puisqu'on ne vit que des produits du travail, il est clair qu'elle ne peut vivre que du travail de l'autre, de l'autre qui apparemment n'est point libre de ne pas travailler pour elle. Et, quels que soient les mécanismes sociaux, les institutions, l'opinion, les lois, les habitudes, les résultats sont plus forts que tout. Dès qu'une classe d'hommes abandonne une part de son travail à une autre, sans compensation, sans cause, sans rémunération, sans échange de travail, sans livraison respective de vie, en fait, c'est l'esclavage (1).

Ainsi, en résumé, le contrat de prêt à intérêt ne se forme pas sous le régime de la liberté. Il constitue une série d'atteintes à la liberté. On invoque à son

---

(1) Il n'y a qu'un instant ces mots venaient se placer forcément sous notre plume, à propos de l'homme de nos sociétés modernes victime de la charge du loyer et de l'intérêt sous toutes ses formes, que « l'intérêt est toujours contre lui, jamais pour lui ».

Quel souvenir ces mots éveillent! N'est-ce pas dans ces termes mêmes que Montesquieu parlait de l'esclave?

« La loi de l'esclavage, disait-il, n'a jamais pu lui être utile : elle est dans tous les cas contre lui, sans jamais être pour lui, ce qui est contraire au principe fondamental de toutes les sociétés ». (Esprit des Lois, Liv. XV. Ch. II).

aide la liberté des contrats. Il est le contraire de la liberté.

Concluons : le phénomène économique du prêt à titre onéreux n'est point de la vie,

Il ne constitue pas un échange droit et loyal. Pour mieux dire, l'une des parties livrant part de sa vie pendant que l'autre ne livre aucune part de la sienne, il n'est à aucun degré, à aucun titre un échange.

Enfin, le contrat du prêt à titre onéreux ne peut se revendiquer du régime de la liberté.

Le prêt à titre onéreux, sous tous ses noms de location, crédit, escompte, revenu, rente, intérêt, fermage, est un phénomène économique irrégulier et son contrat se range parmi les transactions illégitimes.

VIII

LA LUTTE POUR LA VIE DANS LE COMMERCE DE LA VIE.

Encore une fois la lutte pour la vie ! Nous l'avions annoncé qu'elle était partout dans le monde social ; qu'elle serait partout dans ce livre : elle tient parole. Dès notre premier pas, nous l'avons vue paraître. Elle nous suit jusqu'au dernier. Comment en serait-il autrement puisqu'elle est la vie même ? Et non-seulement elle persiste du début à la fin, mais on peut dire qu'à mesure qu'elle se déroule, elle se montre plus active, plus âpre. Commencée avec ce que nous avons appelé le premier mouvement de la vie contrainte à se puiser dans les choses, une fois

entrée dans le domaine du travail elle y a pris une
étendue et un éclat extraordinaires. La voici dans
l'échange, dans le commerce de la vie, elle n'y est
plus seulement ardente mais déchaînée.

L'échange, en effet, nous l'avons décrit. Qu'est-il?
Un débat, disons mieux : un combat. Ce combat
même nous venons de le voir passer rapidement
sous nos yeux. Tout entier? non sans doute, à quoi
bon? Mais par la vue d'une partie de l'action, on
devine la bataille. Celle-ci, dans les pages qui précèdent, nous l'avons suivie, embrassée. Et qui d'ailleurs ne la suit du regard tous les jours?

Tantôt, elle est inégale mais du moins dépourvue
de pièges et de fraudes. Elle fait des vaincus puisqu'elle reconnaît des vainqueurs, des victimes puisqu'elle compte des favorisés du sort et puisque la
vie, hélas! se puise aux dépens de la vie. Elle ne
compte pas du moins de dépouillés dans ses camps,
puisqu'elle n'y tolère ni la spoliation, ni sa honte.
Dans ce cas qui donc l'emporte? Le plus robuste, le
plus intelligent, le plus actif, qui reçoit davantage à
l'échange en présents de la vie; celui qui dans un
temps donné, après avoir le plus productivement
dépensé de sa vie, a le plus apporté et le mieux fait
valoir à l'échange les œuvres de sa vie. C'est alors à
chacun suivant ses œuvres. Quelques douleurs que
sème l'usage du droit, quelques correctifs qu'il
puisse appeler, on use du moins de son droit. On ne
met pas la main sur le droit d'autrui pour le tromper, le confisquer, l'écraser.

Tantôt, et cela nous l'avons vu encore, elle est
un combat déloyal. Soit par une série d'actes individuels, soit par de puissantes actions collectives ou
mêmes publiques, par des manœuvres habiles qui

ressemblent tour à tour à des faux ou à des violences,
on séduit, on égare, on aveugle, on force, on entrave,
on maîtrise l'échange : le commerce de la vie.

Ces manœuvres qui s'élèvent des falsifications aux
institutions financières, de la vente à faux poids à
l'établissement légal du prêt à intérêt ou du régime
des droits protecteurs, on comprend qu'il n'entre pas
dans le plan de cette étude de les aborder toutes, de
les signaler même. Par celles que nous avons prises
pour exemples, qu'on les juge ! On sait après cela si
c'est légion qu'elles s'appellent. Au fond et pour
toutes, quels que soient les procédés, la donnée est
toujours la même.

Nous avons eu déjà l'occasion de faire cette remarque qui se représente ici avec plus de portée et de
force : quand on réfléchit un moment, on reconnaît
vite, et ce n'est pas d'abord sans quelque surprise,
que les inégalités d'entre les hommes sont infiniment
moindres d'après l'ordre naturel qu'elles ne le sont
dans l'ordre social. Prend-on, par exemple, le point
de vue de la force physique ? Qu'un homme soit fort
comme deux hommes ordinaires, c'est beaucoup, comme trois exceptionnel, comme quatre presque impossible. Est-ce celui de l'intelligence, de l'habileté industrielle ? Le cerveau est l'organe directeur et maître.
Là, les différences sont plus marquées mais encore
restent-elles dans des limites compréhensibles. L'ouvrier ordinaire gagne-t-il cinq francs par jour ? Que
gagnera l'ouvrier habile ? Quinze francs, vingt francs?
Voulez-vous trente francs par jour ? Soit ! C'est du
triple à six fois plus ; voila tout. Et il en est à peu
près de même d'un bout à l'autre de l'industrie ; et à
part certaines individualités exceptionnellement puis-

santes, il en est à peu près de même d'un bout à
l'autre du domaine de l'intelligence.

Encore faut-il dire que le chiffre singulièrement
abaissé du salaire parmi les déshérités est loin de
correspondre à une infériorité proportionnelle de la
valeur intellectuelle. Tel bien mince tenancier de village, pour arriver à la propriété de trois ou quatre
morceaux de terre, aura déployé autant d'esprit, de
finesse, de persévérance que le millionnaire pour
s'élever à la fortune. Tel petit marchand de vin, de
chevaux ou d'étoffes aura, dans sa carrière inconnue,
fait preuve d'autant de diplomatie habile que trois
ambassadeurs d'empire. Telle femme du peuple, pour
faire vivre en santé et en maladie, avec treize à
quatorze cents francs par an, toute une famille, en
disputant encore chaque quinzaine le salaire de « son
homme », au cabaret, toujours ouvert contre elle par
l'Etat qui le protège parcequ' il contribue à ses élec-
tions et à ses finances, aura non sans larmes, ni
sans tremblement de cœur, mais sans faiblir, dépensé plus d'énergie, de courage, de génie, d'invention, d'éloquence vraie, simple, avisée, touchante,
qu'on n'en trouverait sur vingt champs de bataille
ou dans vingt chaires de nos églises.

Or, en regard de ces « inégalités d'ordre naturel »
plaçons-nous les inégalités d'ordre social ? En vérité,
quelle disproportion ! quelle distance !

Voici l'ouvrier qui gagne treize à quatorze cents
francs par an. Mais voici, à deux pas de lui, l'usi-
nier, le commerçant, l'industriel, le sucrier, le fila-
teur qui gagnent par an vingt mille, cinquante mille,
cent mille francs, un million et encore davantage.
C'est quinze fois, vingt fois, cent fois, huit cents fois
plus, parfois mille fois plus.

Et ce n'est pas tout encore. Ceux-ci du moins travaillent, mais que dire des familles de privilégiés qui à côté, sous les yeux de ceux qui travaillent, demeurent dix ans, cinquante ans, cent ans oisives, au milieu du luxe et des jouissances portées jusqu'à la folie, jusqu'au scandale, le tout fondé sur cinquante mille, cent mille, cinq cent mille, un million et en Angleterre, par exemple, jusqu'à trois et quatre millions de rente, sans un jour, sans une heure de travail?

Nous sommes visiblement en présence de phénomènes économiques qui ne se touchent plus par aucun côté, qui n'ont plus ni traits communs, ni mesure commune et demeurent les uns en face des autres comme des quantités absolument incommensurables.

Comment donc comprendre ces inégalités si étranges? Comment ont-elles pu naître et peuvent-elles se maintenir? Où faut-il en chercher les sauvegardes et les sources; les premières si considérables et à ce point hors de proportion avec toutes les inégalités naturelles connues, les dernières si véritablement inexplicables au premier coup d'œil, si incompréhensibles toujours dans leur éternité et leur étendue pour qui croit, pour qui sait que tout vient du travail, qu'il ne naît rien que du travail et que ce qui vient du travail s'épuise, s'use et passe vite, à l'exemple et sous le coup du flot même des heures et de la vie?

L'explication et la source, il faut les demander à la lutte pour la vie dans le commerce de la vie.

Elles sont dans cette circonstance que, par l'effet de la constitution actuelle des phénomènes de l'échange, un grand nombre d'hommes vivent en partie ou en totalité de la vie d'autres hommes et que nous

retrouvons ici le mot piquant mais toujours vrai du
Mercadet de la comédie : « les affaires, c'est l'argent
des autres ». C'est qu'ici, un grand nombre d'hommes après lui ont l'étrange droit de dire : « la vie!
c'est la vie des autres »; c'est que vivre uniquement
de sa vie, c'est se résoudre à vivre de la vie limitée
en ressources, comme limitée en durée de l'ordre naturel ; qu'on ne peut agrandir démesurément sa vie
qu'en prenant sur la vie d'autrui ; que dans notre
état social enfin, la donnée de la lutte pour la vie
dans le commerce de la vie est celle-ci : prendre sur
la vie d'autrui.

Restent les procédés. Dans la forme ils varient à
l'infini. Au fond — et la leçon ressort de tout ce qui
précède — ils se réduisent à deux, souvent mêlés,
déguisés par les exploitants, méconnus ou inconnus
des victimes, mais toujours les mêmes : Premièrement, porter la main directement sur les hommes,
les obliger ou les amener à livrer, dans l'échange,
toute l'œuvre de leur vie moyennant le contre-échange
d'une partie du produit de leur vie même qu'on leur
abandonne; Secondement, s'emparer des choses afin
d'amener indirectement les hommes à livrer, à l'é-
change, une partie de l'emploi de leur vie pour obtenir, en contre-échange, le droit d'user des choses pour
l'emploi de leur vie dans le travail.

Tel ouvrier est actif, rangé, laborieux. Il vit de son
travail. Qu'est-ce à dire ? Qu'il donne sa vie chaque
jour pour l'entretien de chaque jour de sa vie. Ira-t-il
loin ainsi? Oui, jusque vers soixante ans, à moins
d'un malaise de deux mois qui pourra l'arriérer pour
toujours. S'enrichira-t-il? Quelle ironie ! Par des prodiges de courage, de sobriété, de faveurs du ciel,
grâce à des efforts surhumains, tout ce qu'il pourra

faire sera de réaliser quelques économies qui jamais, on peut l'affirmer, n'assureront le pain de la vieillesse. Pourquoi ? parcequ'il n'a que sa vie.

A ses côtés, un petit tâcheron réussit à embaucher sous ses ordres quatre à cinq ouvriers, pour quelque minime travail de terrassement. En dehors de son propre salaire, gagne-t-il cinquante centimes seulement sur chacune de leurs journées ? Le voilà hors de peine. S'il peut continuer, s'étendre, peut-être va-t-il être un jour de ceux qui racontent à leurs auditeurs émus, que le premier billet de mille francs est plus difficile à gagner que le second million. Pourquoi ? Parceque dans le commerce de la vie, il a pu ajouter à son travail une partie du travail d'autrui, à sa vie des parcelles de la vie des autres : C'est l'histoire entière de tout un côté de la vie industrielle et commerciale.

D'autres hommes, dans leur ensemble, détiennent la totalité des choses : objets de consommation, instruments de travail. Ils les possèdent absolument, même pour n'en rien faire ; les donnent à leur gré ou les refusent, en gardent sans contrôle les approches. Dès lors, dans cette lutte de l'échange, n'étaient l'opinion et la crainte, il dépend d'eux, de leur intérêt, de leur caprice, de rejeter du côté où il faudrait mourir, d'admettre du côté où l'on pourra vivre. Et vraiment ! ne semble-t-il pas qu'on a détruit bien moins qu'on ne pense du temps passé et des régimes de bon plaisir ?

Les fourches caudines sont dressées, toutes basses. Il faut y passer, se courber pour y passer. On se courbe et on y passe, en laissant pour péage aux pieds des gardiens ce que, malgré leurs superficielles divisions, décorées du nom presque protecteur de concurrence, leurs intérêts si naturellement coalisés leur dictent, de toutes parts, de réclamer à la foule admise à vivre.

Et c'est bien vainement, nous l'avons vu, qu'on essaierait de contester la réalité et la puissance de ces indirectes mainmises sur la vie des hommes par la possession des choses, dans la lutte de l'échange. Elles éclatent partout au contraire. Et c'est ainsi que se réalise, dans la main des hommes, le second procédé de s'emparer en partie de la vie d'autrui ; d'agrandir sa vie de la vie d'autrui, de vivre sur la vie d'autrui dans l'échange de la vie.

Telle est donc dans son ensemble la lutte pour la vie au sein de l'échange, c'est-à-dire dans le commerce de la vie. Et toutefois il faut en dire un mot encore avant de finir.

Si tous ces actes n'émanaient que d'hommes isolés, plus hardis seulement ou mieux servis par les circonstances; si ces habitudes, ces audaces, ces ressources ne constituaient que des inspirations purement individuelles, n'est-il pas vraisemblable, n'est-il pas certain même que leurs effets offriraient, au sein du monde social, une mobilité extrême, appelés qu'ils seraient forcément à s'épuiser et à disparaître à peu près en même temps que leurs éphémères auteurs ? Pourquoi n'en est-il pas ainsi ? Pourquoi, au contraire, pour les plus importantes de ces causes d'inégalités profondes, ce caractère de durée, de fixité dans les mêmes mains et dans les mêmes familles, d'éternité promise et possible qui tranche d'une façon si surprenante avec la fragilité habituelle des choses humaines ?

C'est que ces grandes causes d'inégalités ont quitté le domaine de l'action individuelle pour entrer dans le domaine de l'action publique; qu'elles ont été jusqu'à revêtir la forme d'institutions publiques; qu'elles ont reçu l'attache et conquis l'appui des lois et de la puissance publique. Certes, cette circonstance est considérable.

Oh! à coup sûr, il n'y a point de « question sociale » et c'est faire montre de peu de réflexion et d'étude que de parler jamais de la « question sociale »; mais, en même temps, ne faut-il pas reconnaître aussi que l'attache de la puissance publique engage inévitablement la responsabilité publique; qu'elle fait des questions et des solutions, comme des difficultés, des erreurs, des dépouillements, des souffrances qui peuvent les suivre, des questions publiques, des difficultés et des fautes publiques. Or, que venons-nous de voir?

D'une part, que la confiscation de la liberté d'un nombre immense d'hommes, par le mode d'exercice de la possesion des choses, que le louage, le crédit, le prêt à intérêt des choses constituaient des faits illégitimes; qu'en même temps, ils pèsent d'un poids énorme dans la balance, pour aggraver et aggraver dans des proportions extrêmes les inégalités sociales; d'autre part, que la possession et le louage des choses que le prêt à intérêt sous toutes ses formes, qui permettent, par des prises à revers si terribles, ces confiscations de la liberté des hommes, ont été l'objet d'interprétations et d'appuis précis de la part de la puissance sociale, interprétations et appuis susceptibles de changer, qui devraient changer au nom de la liberté et de la justice et qui, ramenés aux conditions licites changeraient, de la base au faîte, toutes les conditions de la lutte pour la vie dans le commerce de la vie.

Que s'en suit-il ? — Il s'en suit que ce n'est point
ici aux intéressés qui abusent, mais à la société qui
se trompe et autorise qu'il faut se prendre et s'en
prendre ; que cette réforme des conditions de la lutte
pour la vie dans le commerce de la vie --- il serait
puéril d'y fermer les yeux et, après avoir vu, pusillanime de le taire — est non pas, encore une fois,
« la question sociale », mais, justement et forcément,
« une capitale question sociale ».

IX

L'ÉCONOMIE DE VIE DANS LE COMMERCE DE LA VIE.

Si le principe que d'autres sciences reconnaissent
sous les noms de principe de la moindre action ou de
conservation de l'énergie et qui s'appelle ici l'économie de la vie, est la règle souveraine des deux mouvements de la vie se puisant ou se dépensant dans
les choses, il ne l'est pas moins du grand phénomène
économique de l'échange, du commerce de la vie.
L'échange est lui-même un mouvement immense.
Tout mouvement naît d'une force qui s'use à le
maintenir. La force, ici, c'est la vie. L'échange, le
commerce de la vie appelle donc et impose la moindre
dépense de vie, la conservation de la vie, l'économie
de vie

Cette règle est-elle suivie dans nos organisations
sociales de l'échange? Sur de larges proportions, oui,
sans nu doute ; complètement, il s'en faut bien.

Elle est suivie dans une large mesure et en effet,
pour 1.9 prendre que quelques grands traits, comment

ne pas reconnaître que s'il était réduit au troc universel des produits contre les produits, avec l'infinie division actuelle du travail, l'échange comporterait une énorme dépense de temps, de déplacements, de débats, de démarches perdues, de vie enfin? Comment ne pas reconnaître qu'à lui seul, le simple usage de la monnaie assure, dans nos sociétés modernes, une incalculable économie de vie?

Le commerce, envisagé dans son mécanisme essentiel, offre certainement aux regards une organisation merveilleuse, riche de procédés habiles, de prudence, de clairvoyance, d'inventions ingénieuses qui toutes aboutissent à des économies de vie.

De haut en bas de la société, il n'est pas un de ses membres qui, dans l'échange, ne défende son temps, sa peine, ne prenne au plus court, au plus simple, au plus sûr. Comment cette conspiration unanime, dans ce même sens, d'êtres relativement intelligents, souvent purement instinctive mais constante, mais passionnée ne produirait-elle pas, elle aussi, sous l'effort cumulé de ces millions de minimes influences, un résultat total considérable, une importante économie de la vie?

Mais en même temps et de toutes parts, que d'atteintes au principe de la conservation de la vie !

Qu'est-ce que ces fraudes individuelles que nous avons déjà rencontrées, ces malfaçons, ces falsifications qui corrompent dans nos sociétés toutes les transactions commerciales? Qu'est-ce, sous l'apparence d'un gain individuel et passager, que de la perte définitive et commune? Qu'est-ce autre chose que le sacrifice partiel du seul bien que possède un peuple: ses journées de travail et que la déperdition organisée de la vie ?

Les dommages résultant des fraudes collectives ou publiques sont-ils moindres ? Non, et il semble qu'ils répugnent davantage, revêtus qu'ils apparaissent, à travers un voile d'hypocrisie et de mensonge, de l'appareil suborné de la puissance publique et de la loi. Qu'est-ce — il faut bien ici le redire — que le « système protecteur » avec son interdiction légale d'aller quérir le produit là où il coûte moins de dépense de vie et l'obligation légale de l'aller recevoir, non pas même à l'aveugle, mais en chiffrant sa perte, là où il coûte plus de dépense de vie ? Qu'est-ce, avec l'excuse, il est vrai, de la cupidité et du mépris aristocratique des souffrances et de la vie des hommes, sinon la sottise la plus formelle et la plus bouffonne dans le gaspillage de la vie ? Qu'est-ce encore, à ce point de vue, que la monnaie fiduciaire et les institutions de crédit dont nous avons entrevu plutôt que mesuré les ruines ?

Mais le gros de la déperdition n'est pas là encore. Il est et il faut le voir dans cette immobilisation de la propriété, assurée dans les mêmes mains par la gratuite pérennité des fruits. Il est et il importe de le voir, car c'est et de beaucoup la question capitale de l'époque, dans la source de cette immobilisation même, c'est-à-dire dans l'institution du louage des choses, du crédit rémunéré, de l'intérêt, du prêt enfin, du prêt à titre onéreux, sous toutes ses formes.

Eh ! bien donc, après l'avoir soumise au verdict de l'idée du juste et des principes économiques, jugeons-la sous ce point de vue, à son tour, de la conservation de la vie dans le commerce de la vie !

Quel est le grand but, on peut dire le but unique de l'échange ? Nous l'avons vu : de faire passer les choses à leur vraie place : « right ware in right place », c'est-à-dire là où elles vont d'une part satisfaire un plus grand besoin, d'autre part rencontrer un emploi plus productif du travail.

Or, supposez l'échange pleinement libre, dégagé de toute action artificielle qui en fausse le mécanisme, n'est-il pas vrai qu'à la longue, les objets de consommation arrivent, comme par une pente certaine, là où un besoin plus vif les réclame, parce que ce besoin plus vif détermine un plus grand effort; que de même, les instruments de travail se rendent aux mains du meilleur travailleur parce que plus apte à en tirer parti, il sera du même coup, en mesure de les payer plus cher? Voilà réalisés tout ensemble et le but de l'échange et le meilleur emploi de la vie, et la plus grande production de vie, et la plus grande économie de vie.

Mais, laissons-nous intervenir le prêt à titre onéreux sous toutes ses formes, le louage, le crédit, la perpétuité de l'intérêt? Pour l'économie de vie dans le commerce de la vie, comme tout change!

Le premier résultat est tout d'abord la création d'une immense classe d'oisifs. Dès qu'un revenu peut éternellement suffire, on « se retire », suivant le mot inconsciemment accusateur de la langue commerciale, ce qui veut dire que n'ayant plus besoin du travail, on se retire en effet à tout jamais du travail, et qu'on peut même maintenir à tout jamais sa descendance en dehors de la loi du travail. Cette perte du travail des oisifs est la première. A quel point déjà n'est-ce pas le contrepied de l'économie de la vie!

Ce n'est pas tout : ces oisifs vivent et demandent leur vie au travail d'autrui. Ce dernier les supporte. Ils sont la charge gratuite, lourde, écrasante du travail général obligé de marcher avec le faix, pliant

sous le faix. Ils sont le poids mort de l'échange et du
travail. Le poids mort ! Non ! Pas même ; car dans
leur vie, ils se meuvent, agissent, ordonnent. Eux
aussi, ils sont une énergie comme le travail, mais
en sens contraire. Ils détournent et dévient le travail,
l'entraînent hors de la production des objets nécessaires ou utiles pour le dériver, l'épuiser, le perdre
à l'infini dans la production et l'apport à l'échange
des inutilités luxueuses. On fait en place de pain, des
diamants, des colifichets, des dentelles ; un opéra de
cinquante millions, au lieu de défricher vingt mille
hectares de terre. Que devient au milieu de tout cela
l'économie de la vie dans l'échange ?

Ce n'est pas tout encore : cett part énorme qu'ils
prennent dans l'échange pour leur vie, elle est un
prélèvement formel sur la part des autres. C'est la
dîme. La dîme ! Non ! Bien plus que la dîme (1).
Ainsi, du fond de sa vie sans travail, cette classe
d'hommes jette l'appauvrissement là où l'on travaille.
Du sein de son abondance sans droit, elle prélève là
où l'on manque sur le fruit légitime du travail. Elle
diminue les ressources de la vie là où par l'effet des
privations et des fatigues, la vie cotoie de si près la
mort qu'un abaissement même léger parfois des ressources stérilise ou détruit la vie. Elle réduit ainsi ou
tarit l'énergie de la vie pour le travail et l'échange,
là même et dans la seule sphère sociale où l'on travaille, où la vie s'emploie en œuvres de vie, apporte
seule de véritables objets d'échange au commerce de
la vie. Quelles atteintes à l'économie de la vie !

(1) On ne peut évaluer le prélèvement annuel de l'intérêt sous toutes ses formes : — rentes, crédit, escompte, intérêt proprement dit,
fermages, loyers — *à moins de* 3 milliards ou 3 milliards et demi sur
un revenu total d'environ 18 milliards que possède la France.

Mais au moins, cette classe d'oisifs vit-elle? A-t-elle pour soi l'intensité, l'énergie, la durée, la propagation de la vie?

Non ! Là pérennité assurée des ressources a engendré l'oisiveté; l'oisiveté engendre ses affaiblissements et ses vices. Amollie par la facilité de la vie et par les jouissances, quelquefois par les excès, la classe oisive répand ses goûts dans la population et par ses goûts une partie de sa faiblesse. Faute d'être trempée jamais par les besoins et l'effort, l'intensité de la vie lui manque. A peine les familles qui la composent sont-elles à demi-avenues au savoir, à la notoriété, à l'expérience, à la politesse des mœurs ou à l'esprit de gouvernement qu'on les voit s'étioler et s'éteindre, de telle sorte qu'avec elles, le pays en est toujours à recommencer la tâche coûteuse autant que nécessaire de former des classes supérieures en état de le servir.

En proie à la passion illimitée du gain, avivée peut-être par le sentiment sourd de la fragilité des fondements de sa richesse, en même temps qu'à la crainte de perdre, de déchoir, de s'amoindrir qui en est le pendant et le corollaire, elle enseigne à la nation, dont elle se prétend la tête et qu'elle ruine, la pusillanimité par la contagion de ses vanités et de ses calculs et par la pusillanimité la dépopulation. Ainsi frappe-t-elle à la fois la vie nationale de débilité et d'anémie, de stérilité volontaire et d'impuissance. C'est de toutes parts que la perpétuité de l'intérêt, le prêt onéreux, le crédit rémunéré, le fermage, le louage, la domination des personnes par le louage des choses, au fond même mal, même phénomène illégitime sous des noms divers, atteignent et amoindrissent l'économie de vie dans l'échange de la vie.

Somme toute, nous ne le voyons pas parce qu'ainsi qu'on l'a dit cent fois, rien n'est difficile à bien voir comme ce qu'on voit tous les jours, mais si notre état social, s'élevant avec lenteur sur les pentes de la raison et du droit a laissé derrière lui les iniquités, les horreurs des sociétés antiques, il les a dépassées sans sortir encore de leur région et de leur atmosphère. De même que le servage a été un progrès sur l'esclavage sans cesser d'être un fait du même ordre, de même il faut savoir reconnaître, malgré l'habitude, la loi, l'opinion, les fausses vues de la science, que le prêt onéreux, l'intérêt, le fermage, la rente, le crédit, le louage constituent encore, pour une classe de la population, au regard et au-dessous d'une autre, une situation qui, en fait et par les résultats qui sont tout, reste un spécimen atténué si l'on veut, mais un spécimen reconnaissable de l'esclavage et du servage ; est, dans l'ordre économique, de la même famille que le servage et l'esclavage.

Or, on le sait bien, jamais société constituée sur le régime de l'esclavage n'a pu atteindre, et de bien loin, à la vitalité d'une société libre. Quelque effacées et, pour ainsi parler, quelque diluées que soient les traces de l'esclavage dans notre vie sociale, elles sont de l'esclavage, s'accusent et agissent comme de l'esclavage, notamment en atteignant pour leur part la vie dans tout l'échange, en amoindrissant pour leur part l'économie de la vie dans l'échange.

Encore un mot : ces grands phénomènes qui s'accomplissent, l'homme les a sous les yeux. Il est destiné à les pénétrer, mais il est quelquefois longtemps à les comprendre. De grands peuples peuvent, pendant des siècles, regarder comme utiles et comme justes l'esclavage, le servage, l'asservissement des hommes par l'intérêt et le louage des choses. .

Puis, un jour, une conscience plus pure ou plus ingénue, une intelligence plus simple ou plus pénétrante, une âme plus tendre et plus vivement pressée de la sainte pitié pour les peines des déshérités du monde s'ouvre et se récrie. C'est comme une lumière qui se fait sur l'une des voies humaines. On reconnaît à sa suite que le respect du droit est l'économie de vie ; que l'esclavage et les déguisements de l'esclavage sont, dans les sociétés et à leur dommage, des atteintes à la vie, des déperditions de vie.

Bien avant elle, les choses du monde social l'avaient dit. Elles n'avaient cessé de le dire. Elles continuent de le dire.

L'homme porte en lui l'intelligence des lois mathématiques. Il peut ne les pas connaître ou les méconnaître, les violer dans ses calculs.

Les astres qui ne les comprennent pas les réalisent extérieurement à eux-mêmes, pour qui veut voir, dans leur marche impassible.

* * *

X

L'EXTENSION DE LA VIE DANS LE COMMERCE DE LA VIE.

La vie générale, la vie individuelle sont incontestablement en progrès, quand on les considère dans les deux grands mouvements par lesquels la vie se puise dans les choses et se porte sur les choses pour en faire ses œuvres. Sont-elles en progrès pareillement dans cette opération immense où, ces deux premières tâches accomplies, la vie s'échange à l'infini contre la vie, dans le commerce enfin de la vie et par le commerce de la vie ? Oui ; cela ne paraît pas niable. Mais ce qui ne le paraît pas davantage, c'est que l'affirmation appelle ici de notables réserves.

Qu'on ne puisse, par exemple, comparer sans parti pris, ni pour la gravité de l'atteinte au droit, ni pour l'étendue des dommages, les fraudes actuelles du commerce et de l'industrie, les privilèges des établissements à monnaie fiduciaire aux rapines, aux confiscations journalières que nos aïeux ont vues et souffertes ; les droits·protecteurs qui subsistent parmi nous aux droits protecteurs autrement rigoureux et à la prohibition même qui les ont précédés et bien moins encore aux anciennes entraves des douanes provinciales ; les conditions actuelles de l'offre et de la demande du travail avec le régime, aboli depuis si peu d'années, des lois iniques des coalitions ; le commerce actuel des grains et des farines et du pain, avec les contraintes du moulin banal et du four banal, ou les horreurs autorisées, quoi qu'on en ait pu dire, de ce qui s'est appelé les « pactes de famine » ; le commerce international de nos jours à celui seulement du siècle qui nous précède ; les moyens d'accéder à la propriété foncière, à notre époque, avec l'organisation si dure de la propriété sous l'ancienne monarchie qui aboutissait, en somme, à maintenir les deux tiers de la terre à la noblesse et au clergé, en ne laissant qu'un tiers à la bourgeoisie et au peuple, si tant est qu'il y faille nommer le peuple ; la protection présente des transactions avec l'insécurité d'autrefois ; les gouvernements de nos jours, dans leur dépendance, avec les autocraties disparues ; le fermage même, le louage, l'intérêt, le prêt à titre onéreux, malgré l'énorme portée de leurs conséquences, avec l'esclavage formel ou ce servage dont la Révolution de 1789, il ne faut pas l'oublier, a seule, à moins de cent ans de l'heure présente, effacé les dernières traces de la terre française ; non ! personne ne sera tenté d'y contredire. De l'état nouveau à l'état ancien, l'intervalle est immense.

Cependant, il faut bien reconnaître et c'est, à coup sûr, l'impression qui reste du tableau que nous avons eu sous les yeux, que cet état nouveau demeure encore singulièrement imparfait ; que si les dommages se sont amoindris, ils sont en même temps devenus plus sensibles, à une époque plus exigeante et plus aisément révoltée, et que, sur nombre de points, peut-être les atteintes au droit ont-elles plutôt changé de forme qu'elles ne sont venues à résipiscence.

Somme toute, le progrès dans les conditions de l'échange a suivi celui de la production. Il s'y est proportionné. Il y suffit. Mais à ce qu'il semble, c'est l'emploi de la vie sur les choses, ce sont les résultats extraordinaires du travail qui ont, par dessus tout, assuré la marche en avant de notre état social. C'est cet accroissement immense de la production qui, jusqu'ici, couvre et sauve tout, permet tout, noie, efface, innocente les spoliations dans le sentiment d'un lot amélioré de bien-être, les illusions sous la réalité de la puissance industrielle, l'injustice non pas sous le pardon, mais sous l'oubli plus facile dans l'avènement relatif de l'abondance.

A l'échange lui-même, au commerce de la vie d'achever sa tâche ! Il ne suffit pas que d'autres rachètent ses erreurs et ses fautes. Il faut qu'il les réprouve et les corrige ; qu'il en débarrasse l'œuvre de la vie. C'est de lui que viennent et relèvent aujourd'hui la plupart des imperfections des sociétés européennes ; par là même, il montre et ouvre la route aux politiques comme aux philosophes, aux ardents comme aux prudents, aux esprits pratiques comme aux hommes de doctrine, aux minorités prévoyantes comme aux impatiences des multitudes. L'entretien de la vie mène sa tâche. La production par l'emploi de la vie poursuivra la sienne : « fara da se. » Pour l'avenir prochain, on peut assurer que la presque totalité des questions sociales seront des questions de répartition sociale.

Cet avenir, il est prêt : on le voit poindre. Les fraudes, les falsifications commerciales commencent à inquiéter, l'éducation du consommateur à se faire. Sous sa pression toute puissante, l'autorité publique a commencé d'agir : quand on voudra, c'est le redressement et le salut.

Le commerce individuel, autrefois tout de simplicité et de loyauté, a disparu. Rien de ce qui est mort ne saurait revivre : il a vraisemblablement disparu pour toujours. Mais voilà qu'en sa place, surgissent des organisations colossales. Or, ces organisations ont bien des traits communs avec des services publics. N'est-ce pas ainsi que ce qui était l'avenir a cent fois formé ses premiers pas, formulé ses conseils, et, comme dans le domaine même de la vie physiologique, ébauché ses créations nouvelles ?

Le privilège des établissements de prétendu crédit à circulation fiduciaire, autrefois couvert par l'opinion, on serait tenté de dire par la dévotion universelle, a été abordé par la critique. Peut-être, parmi les assaillants, compte-t-on plus d'aspirants au partage que de purs réformateurs. Mais quoi ! les désintéressés ont fourni moins de vainqueurs que de martyrs, et les organisations sociales ont toujours bien plus changé par ceux qui voulaient avoir que par ceux qui, dans l'intérêt seul du droit, ne voulaient que détruire. La question est posée. Depuis que le monde est le monde, il n'est pas de question posée qui n'ait été résolue : pas d'institution qui, touchée par le doute, n'ait dû subir sa réforme.

Pour la possession des choses, situation plus ouverte et plus favorable encore, si quelque bon droit vient frapper à la porte. Il n'y a pas encore longtemps, on croyait aux arches saintes et chacune, rappelons-nous, avait pour garde une sorte de loi du sacrilège. Pour être sûr de n'avoir jamais tort, on barrait simplement la discussion au moyen des peines correctionnelles. Aujourd'hui, en dépit des fils des « loups-cerviers » et des habiles, la discussion est libre. La loi ne s'est pas seulement adoucie, elle a quitté le poste.

D'autre part, il faut désormais tourner le dos à la majorité pour trouver une opinion qui ne rattache pas le principe de propriété au droit unique du travail, et il n'y a pas en Europe un homme de quelque valeur qui, loin de tenir pour désormais immuable le régime de la possession des choses, ne puise, au nom de la raison et de l'histoire, dans le tableau des modifications passées, la certitude de ses mutations à venir. Là encore, tout bon droit qui viendra trouvera les lices abaissées.

Enfin, dans la question du prêt à titre onéreux sous toutes ses formes : louage, fermage, intérêt, crédit, l'opinion, on peut en être sûr, ne sera pas plus surprise qu'indifférente. Sur tous les points, la lutte a déjà été engagée, parfois il est vrai d'une

23.

façon plus brillante que sérieuse. Mais elle a passionné, on s'en souvient. Or, si les souvenirs ne sont pas éteints, la passion ne demande qu'à revivre. L'attention publique est prête.

A ce premier choc, la bataille a été perdue? Oui, mais pourquoi? Parce qu'elle n'avait pas été préparée par les réformateurs avec assez d'étude et que rien ne s'improvise; parce qu'ils s'étaient portés à côté du terrain; parce qu'ils ont laissé les meilleurs troupes hors du champ clos. Que le droit se montre tout entier, que les principes de l'Economie politique paraissent et prononcent, ils sauront se faire entendre : on ne demande qu'à les entendre.

Ainsi, le régime de l'échange, du commerce de la vie est de tous le plus semé d'erreurs, d'illusions, de fraudes, de procédés illégitimes. Il est aussi celui dont le sol semble visiblement en travail du plus grand nombre de réformes, que l'on entend sourdre à différentes profondeurs, suivant qu'elles sont plus prochaines ou plus lointaines, dont les unes ne sont encore qu'au premier rayon, annonce de la bonne nouvelle, les autres déjà touchées des derniers soleils qui achèvent la maturité des moissons.

Or, ces réformes dont nous venons de donner les noms plus que les tâches, on les mesure. Toutes importent. La dernière est absolument capitale. A elle seule, elle entraîne vingt résultats de premier ordre : suppression de la division des hommes en deux classes dans une même société, avec ses hostilités terribles — union de tous dans les mêmes conditions de la vie —disparition des oisifs avec leurs pernicieuses influences — accroissement notable de la production et redressement des industries, ramenées, de la fausse route des vaines superfluités, dans la voie du nécessaire et de l'utile — restitution de l'énergie au caractère des hommes et mise en honneur véritable du travail — égalité des hommes dans la consommation des produits épargnés, substituée à la gratuite perpétuité des fruits, sans même continuité de l'épargne — impossibilité du maintien des fortunes par le jeu de l'intérêt, sans travail — accroissement de la population en même temps que de la valeur individuelle — mobilité de la possession des choses et par là, affranchissement rapide des déshérités des choses — remplacement des transactions léonines, où l'une des parties n'apporte rien à l'échange, par des transactions vraies d'échange — abaissement du prix de la vie et acquisition graduelle des instruments de travail par ceux qui travaillent, ce sont là des biens précieux, des progrès extrêmement considérables.

Une force immense va militer, de plus en plus, dans le sens du progrès : à savoir l'usage des droits politiques reconnus aux classes laborieuses. Il est aisé de prédire que grâce à cette force irrésistible, tout privilège est appelé, dans un temps donné, à disparaître ; tout droit justement réclamé par les déshérités du monde sûr, dans un temps donné, de prévaloir.

Le jour où notre temps, après ses progrès dans les deux tâches de l'entretien de la vie par les choses et de l'emploi de la vie dans le travail, aura de plus réalisé ces notables révolutions dans l'échange, à n'en pas douter, il aura accompli sa plus grande œuvre ; et il aura accompli la plus grande œuvre qu'on puisse ambitionner, à cette heure, pour l'entretien de la vie dans le commerce de la vie.

CONCLUSION.

On pourrait aisément prolonger cette Etude et peut-être ne la prolongerait-on pas sans fruit. En dehors des points qu'elle a touchés, combien n'en reste-t-il pas de litigieux ou d'obscurs où elle apporterait pareillement la lumière !

C'est ici toutefois, qu'elle doit trouver son terme et sa tâche est achevée. Il ne s'agissait pas pour elle d'aborder tous les faits d'un état social, mais de préconiser pour eux une vue nouvelle. Or, il semble bien que l'idée maîtresse qui lui a servi de guide, d'une part a fait sa preuve, attesté sa force et touché son but ; que d'autre part elle s'est manifestée dans assez d'exemples pour n'avoir plus de secrets. Toute main est désormais à même d'en porter le flambeau dans toute question d'Economie politique inexplorée ou douteuse.

Ce n'est pas, il sera permis de le dire, un tableau insignifiant que ce corps de doctrine, que l'ensemble concordant de vérités fortement accusées, de clartés vives et presque toujours imprévues qui se déroulent, au loin sous nos yeux, quand nous jetons ici un regard en arrière.

Au premier plan, était le spectacle du monde entier des choses, que les hommes ont cru autrefois créé pour eux, qu'ils habillent encore aujourd'hui à leur image.

Au-dessous et au sein du monde des choses, l'homme être chétif, incomplet, impuissant, faillible parce qu'il est incomplet, impuissant et chétif, incapable d'avoir jamais des choses une idée adéquate à la réalité, prenant ses façons de voir pour des entités, leur monde pour un vrai monde et, sur la foi de ses idées, édifiant un monde moral à côté du monde réel, imposant aux choses des vertus et des torts, des responsabilités et des devoirs qui ne sont que des conceptions de sa pensée, partant de pures aperceptions personnelles et souvent des chimères.

Paraît l'idée de la vie.

Dès longtemps atteintes, les chimères achèvent de s'évanouir. Sourdes, aveugles, indifférentes, sans souci, sans connaissance même des hommes, les choses se remontrent telles qu'elles sont, sans voile ; ne sachant pas plus l'utilité qui n'est que l'utilité humaine, que le juste et l'injuste : simples notions humaines, uniquement destinées aux relations humaines.

Vois donc, dit l'idée de le vie, à l'homme qui l'écoute : vois donc ce que tu demandes quand tu te révoltes contre l'insensibilité du monde ! Rien moins que ceci : qu'un homme qui tombe d'un toit échappe aux lois de la pesanteur parce qu'il est honnête homme ; qu'un enfant, parce qu'il est une créature innocente, n'hérite pas du tempérament compromis, dégradé, de son père ; ce qui est exactement vouloir qu'en considération de l'innocence, des phénomènes physiques et des combinaisons chimiques s'arrêtent ; que deux ou plusieurs corps simples, qui sont en présence, ne soient plus en présence.

Non ! soumises à des lois immuables, les choses ne connaissent que des mouvements sortant de toute éternité forcément les uns des autres. Comme leurs lois, elles sont parce qu'elles sont.

Par l'étude de son propre organisme, république d'un nombre infini d'êtres dont le « consensus » constitue un être, l'homme a la connaissance non plus

conjecturale mais scientifique du monde. Il ne bâtit
plus le monde à son image. Il l'étudie, le décrit, le
pénètre et se pénètre, avec la certitude des procédés
des sciences expérimentales, comme on décrit un
cristal sur un fragment de cristal, une montagne de
granit sur un éclat détaché de la roche.

Le monde a recouvré son unité. L'homme se retrouve en possession de la sienne. En lui — il le
voit désormais — pas un phénomène qui n'ait pour
origine, pour théâtre et pour fin une parcelle de
matière, un phénomène ou une série de phénomènes
de la matière. Impossible pour lui, de toute impossibilité, et il le voit, de communiquer jamais d'une
seconde ou d'un signe avec ses semblables, sans le
recours à une parcelle de matière et à des phénomènes
de matière. Le monde moral reste où il est et pour
ce qu'il est, c'est-à-dire tout simplement pour l'ensemble des idées qu'il se fait des choses.

Plus rien alors de la vaine division des besoins « matériels » et des besoins « immatériels ». Plus rien de
la prétendue classe des produits immatériels, illusion
qui avait fait merveille un jour dans le monde économiste! Plus rien de cette imagination des uni-
versaux économiques, qui formaient des faits de cet
ordre une sorte de nouvelle mythologie païenne,
aussi peu sérieuse, aussi décevante que la première!

Plus rien de cette autre argutie des « produits
choses » et des « produits services », puisque tout
service est une part de vie humaine s'incarnant dans
la matière, tout produit chose une parcelle de matière
où s'est incarnée une part de vie humaine et que la
vie compte seule !

Plus rien enfin de cette logomachie scolastique de
la « valeur en usage » et de la « valeur en échange »,

qui a fait couler tant de flots d'encre inutile ! La valeur redevient ce qu'elle est : une simple opération
de la pensée, une évaluation par la pensée et consommation, travail, produits, échange, choses et lois, tout
s'unifie. L'Économie politique est une à son tour.

Qu'est-ce que le travail? On débat, on discute sur
ce qui est ou n'est pas travail. On place sous le nom
de travail ce qui n'est pas du travail, et l'on revendique pour ce prétendu travail d'injustes rémunérations de travail. L'idée de la vie intervient la main sur
son procédé d'expérience, sur sa mesure visible et
tangible : Le travail, dit-elle, est la dépense de la vie.
La vie y passe et s'y consume. Vous prétendez qu'il
y a eu travail ? Où est le résidu de substance vitale ?
Qu'il y a eu combustion ? Où sont les cendres ?

Qu'est-ce que le «capital»? Comme on débat, comme
on discute encore !

Est « capital » dites-vous, tout ce qui produit un
revenu. Mais quoi ! Le loyer, l'intérêt, une fois admis
est-ce que tout n'est pas susceptible de produire un revenu? Et que dire si le revenu touché est illégitime ?

Est « capital, » dites-vous encore, tout ce qui sert
à l'œuvre de la production, tout ce qui employé par
l'homme dans son travail, l'aide à donner naissance
par un nouveau travail à un nouveau produit du
travail ?

Mais quoi ! Vous comprenez dans ces adjuvants du
travail, à côté des instruments de travail, les provisions dont le travailleur devra vivre pendant l'exécution de son travail, les denrées, les vêtements, les
maisons qui l'alimenteront, le couvriront, l'abriteront ;
tout ce qui entretiendra les forces et la vie. Mais, ne
le voyez-vous donc pas ? Cela, c'est tout au monde.

Et alors, faut-il dire, en présence de cette double

défaillance : définir, c'est forcément délimiter et distinguer. Qu'est-ce qu'une définition où tout rentre pour se confondre ?

Or, rappelez l'idée de la vie : Rien, dit-elle, ne paraît à l'échange social qui ne soit produit du travail, et, pour l'Economie politique, il n'est rien dans l'échange qui ne soit, qui ne doive être du travail, de la vie.

Mais si tout est produit du travail et de la vie, dans la mécanique sociale, identique à la mécanique universelle, la vie ressemble à tout ce qui gravite, c'est-à-dire attire et tombe, toujours sous une même loi, celle de la moindre action, de l'économie de la vie. Elle a deux mouvements, l'un d'intussusception, l'autre de projection sur les choses. Elle se recompose et se dépense. Qu'est-ce-à-dire ? Que l'ensemble des choses sociales, que tous les produits du travail se divisent en deux grandes classes suivant qu'ils relèvent du premier ou du second mouvement de la vie, pour former d'une part les produits objets de consommation, entretenant et reconstituant la vie ; d'autre part, les produits instruments de travail, servant à la dépense de la vie quand elle se projette sur les choses pour s'y incarner et en faire de nouveaux produits du travail. Eh ! bien, voilà dans les instruments du travail, ce qui seul est du « capital, » ce qui seul a droit au nom de « capital. »

En place d'une classification débattue, sans fixité, sans consistance parce qu'elle est débattue et qui a, par dessus tout, le tort de n'en être pas une, n'est-ce pas là une classification nette, precise, frappante, théoriquement aussi scientifique que possible puisqu'elle est empruntée aux lois biologiques elles-mêmes et repose sur ces lois, en fait aussi incontestable que possible puisque s'appliquant à des faits impossibles à confondre, elle donne, pour les distinguer, un procédé aussi rigoureux qu'un dynamomètre ou une analyse chimique?

« Consommation improductive » « consommation reproductive », dit l'Economie politique.

« Improductive » ! Mais non ! dit l'idée de la vie. C'est une hérésie et une confusion que d'appeler consommation in, roductive celle précisément qui dans l'être animé, produit la vie, comme si le premier but de la vie n'était pas de vivre.

« Consommation reproductive » ! « Mais non ! C'est là une atteinte à la langue, à la réalité des faits, à la raison, à la science. Quoi ! l'usure d'un marteau, d'une pioche, d'un laminoir, une « consommation » ! Quoi ! l'usure d'un marteau, d'une pioche, d'un laminoir, une consommation « reproductive » ! Reproductive, en quoi ? Comment ? Le marteau, le laminoir, la pioche, n'ont-ils pas bien disparu et disparu sans retour ? Un nouveau produit du travail a pris naissance ? Oui, mais sous l'effort et pour prix d'un nouveau travail, d'une nouvelle dépense de vie.

Les capitaux fixes ou circulants, dit l'Economie politique, peuvent être productifs ou improductifs, agissants ou dormants, suivant les périodes où ils sont ou ne sont pas mis en œuvre.

Erreur énorme, crie l'idée de la vie, grosse de dangers, d'iniquités fatales ! Quels qu'ils soient, les capitaux sont des choses et les choses sont par essence et toujours inertes. Qui donc agit ou se repose, produit ou cesse de produire ? L'homme et l'homme seul, le travail et le travail seul, la vie, la seule vie humaine se réservant ou se dépensant dans son œuvre.

Quelle réplique ! Quelles conséquences ! Quelles clartés jetées dans cent problèmes ! Quel redressement de cent opinions courantes incarnées dans des faits de chaque jour et qui partant projettent partout autour d'eux, dans l'état social, le dommage et l'injustice !

A qui le prix des choses ? Au capital et au travail, dit l'Economie politique.

Erreur énorme encore, dit hautement l'idée de la vie!

Qu'est-ce que le capital ? Une chose inerte qui se détruit dans la production. Soit ! Que le coût du capital passe dans les frais de production ! Qu'on le couvre par les frais de production ! C'est justice. Ajoutons : voilà toute la justice.

Mais à qui le prix de l'œuvre nouvelle obtenue en se servant du capital ? A qui a fait l'œuvre. Et qui a fait l'œuvre ? Le travail, soit cérébral soit musculaire, soit corporel soit de pensée, mais uniquement le travail, la vie uniquement la vie.

Le capital élève-t-il la voix, réclame-t-il ? Qu'un mot, un seul, toujours le même l'arrête ! Qui a donné sa vie ? Qui a subi la déperdition de substance vitale ? Qui a laissé au creuset du travail les cendres de la vie ?

Propriété ! oui ! dit l'idée de la vie avec toute l'Economie politique, c'est le droit du travail sur l'œuvre du travail. Rien de plus digne de respect, de plus impérieusement prescrit, au nom même, au nom surtout du travail.

Propriété de la terre ! Ah ! Il est vrai, dit l'Economie politique, la terre, en tant qu'emplacement, n'est pas l'œuvre du travail, mais il convient pourtant, parceque cela est utile et qu'il le faut, d'en laisser l'absolue propriété au propriétaire.

Non, non! dit l'idée de la vie, il n'est pas vrai que cela soit utile et il n'est pas vrai qu'il le faille. Fût-il vrai qu'on le trouve utile et qu'il le faille, ce qu'il faudrait plus encore ce serait de préserver le droit. L'emplacement n'est pas l'œuvre de travail : donc il ne peut plus être question ici du droit d'absolue propriété que constitue l'œuvre du travail.

Et, sous le couvert de cette réserve, quel est au moins le lien de droit de l'homme à la terre? Le travail encore une fois, le travail toujours et rien que le travail.

Qui a apporté sa vie à la terre, a par le travail incarné sa vie dans la terre? A celui-là, le lien avec la terre !

Mais sous l'action du temps, l'œuvre du travail sur la terre s'efface ; mais l'ancienne vie incarnée s'épuise, s'évapore ; mais le travail a cessé? Attendu la cessation, la disparition du travail, à une autre vie de travail de reconstituer avec la terre le lien du travail !

Et c'est ainsi que l'idée de la vie, loin d'atteindre le droit de propriété, l'assoit sur le roc en le fondant sur le travail, sa source, et l'élève jusqu'à l'absolu en le ramenant à son essence.

Et l'échange ! oh! l'échange, dit le monde économiste, l'échange est en soi presque toute l'Economie politique. Et qu'est-ce que l'échange? Le troc, sous le régime de la liberté, de deux objets valables, de deux produits, de deux services.

Oui! cela est vrai, cela est irréprochable. dit l'idée de la vie : seulement, Economie politique! souviens-toi qu'au regard de la loi écrite elle-même, il ne

suffit pas que des objets échangés soient crus valables ; il faut qu'ils soient effectivement valables ; que
ce qui est uniquement valable, ce sont les produits :
ce qui veut dire les produits du travail, et les services : ce qui veut dire encore les services du travail,
partant les prestations de travail ! Souviens-toi que
produits et services sont une seule et même chose :
à savoir la vie toujours, la vie humaine s'incarnant
par le travail dans des phénomènes matériels, et
prends garde enfin, car à tout moment on manque à
l'exiger par malheur, prends garde que non seulement
l'échange est faussé quand, en regard d'un produit de
travail ou d'un service-prestation de travail, il n'y
a pas à l'autre plateau de la balance, à l'autre branche de la transaction, un autre produit de travail ou
un autre service-prestation de travail, mais que
dans ce cas, on n'a devant soi qu'un contrat sans
droit, sans cause, et que s'agissant ici d'échange, il
faut dire qu'il n'y a point échange !

Mais, malgré l'importance manifeste de ces diverses
vues pour l'Economie politique et pour la véritable
intelligence de nombre de faits de la vie sociale,
c'est sur des points bien autrement considérables que
l'idée de la vie marque son pouvoir. Il semble impossible de n'être pas frappé de la condamnation formelle qu'elle prononce et de haute lutte, nous l'a-
vons vu, contre la monnaie fiduciaire, contre le billet
des banques, particulièrement contre la plus étendue, la plus grave de toutes les fausses institutions
de notre état social actuel, c'est-à-dire le prêt à titre
onéreux, sous tous ses formes de crédit, escompte,
intérêt, loyer, fermage.

Nous avons recueilli ce désaveu. Nous en avons
entendu les motifs. Inutile d'y revenir. Inutile de

chercher ici pour eux une formule plus brève. L'impression a été vive à coup sûr. A coup sûr aussi, le souvenir demeure.

Cette thèse est-elle donc nouvelle ? Oh ! non, à vrai dire, elle est vieille comme le monde. Mais comment ne pas reconnaître le support considérable, la force absolument nouvelle que lui apporte l'idée de la vie, et cela par ses arguments si simples, par le seul recours aux principes les plus résolument et les plus universellement admis au sein du monde économiste, à savoir : les produits du travail sont les objets de l'échange ; les produits et les services s'échangent contre les produits et les services ; et l'on ne peut échanger que des produits et des services contre des produits et des services ?

Et alors, les produits et les services étant du travail, c'est-à-dire une dépense de vie, comment, par contre, ne pas voir cette conséquence sortir invincible de pareilles prémisses : Ce qui n'est pas du travail, ce qui n'est pas une dépense de la vie dans le travail, n'est pas et ne peut pas être légitime objet d'échange ?

N'est point un échange ce qui ne comporte pas un apport de travail et de vie en contre-échange.

Nulle part, le prêt à titre onéreux, quelle que soit sa forme, ne comporte l'apport voulu de prestation de travail, d'apport de vie. Le prêt à intérêt, sous toutes ses formes, nous est donc apparu et nous apparaît comme illégitime.

Et comment, en dernière analyse, ne pas voir qu'eu égard à l'état de l'opinion et des lois, de la science et des institutions, des habitudes existantes et des difficultés du temps, on se trouve ici, non sans une émotion vive, en présence et au seuil de ce qu'on peut appeler sans crainte une véritable révolution

économique et sociale, disons mieux la plus importante des révolutions économiques et sociales que l'on
conçoive à notre époque?

Peut-être, au point de vue spéculatif, est-ce par un
autre côté encore que l'idée de la vie saisit par-dessus tout la pensée.

Que l'on suppose un homme qui, songeur au fond
de son cabinet de travail, voie un jour se dévoiler à
ses yeux l'un des grands secrets du monde à savoir :
l'unité de la matière. Quelle clarté nouvelle, presque
grandiose jetée sur tout cet univers ! Quelle satisfaction pour l'intelligence ! En même temps, quel pouvoir !

Toutes ces combinaisons, pourrait-il dire, qui multiples et changeantes, se déroulent devant moi, je les
pénètre. Substance universelle, quels que soient tes
jeux, tes mystères, tes déguisements qui n'ont plus
rien de caché pour moi, je t'aperçois derrière eux.
Oh! je le sais bien, tu n'en as pas fini avec ton
œuvre. Tu trouveras, tu réaliseras encore d'autres
et bien d'autres formes que celles que j'ai pu connaître. Qu'importe! Je sais aussi d'avance que tu
seras en elles, que c'est à toi et à toi seule qu'on les
ramènera toujours, parce qu'elles seront toujours toi.

Eh ! bien, ainsi fait, dans son domaine, l'idée de
la vie.

Au sein de tous les phénomènes économiques,
multiples et changeants, prenant à leur tour sous nos
yeux mille formes, partout comme elle l'avait promis, elle met à nu l'élément unique et constant de
l'échange. N'est-ce pas là un jour nouveau et non
sans prix jeté sur le monde social? N'est-ce pas une
satisfaction pour la pensée que de le pénétrer ainsi
dans sa profondeur? A la fois, fil conducteur, pierre

de touche, flambeau de vive clarté, n'est-il pas vrai qu'elle arme d'un réel pouvoir celui qui la possède et l'emploie?

Oui, peut-il dire à son tour: Vie humaine, substance unique des choses sociales, je t'ai pénétrée. Quels que soient les déguisements, les mystères; que les formes s'appellent travail ou valeur, capital ou échange, besoins ou efforts, propriété ou salaires, produits ou services et bien d'autres, par delà, je t'aperçois. Ton monde, lui aussi, je le sais bien, n'a pas fini son œuvre. Lui aussi, il apportera au jour cent formes de transactions que je n'ai pu connaître et que je ne connaîtrai peut-être jamais. Qu'importe! par avance, j'ai leur secret. N'est-tu pas avec elles? Je sais qu'elles ne peuvent être que mirage et mensonge, que vanité et injustice. Reposent-t-elles sur la vérité et le droit? Je sais que c'est à toi, à toi seule qu'elles se ramènent, qu'elles sont toi, toujours toi.

A un autre point de vue, l'idée de la vie jette encore sur le monde social une autre lumière et lui prête une physionomie qui n'a pas pour la pensée un intérêt moins vif.

Comme tous les êtres répandus sur le globe, l'homme emploie sa vie pour l'entretien de sa vie. De plus que tous les autres, il échange avec ses semblables les œuvres de son travail. L'échange est, au point de vue de l'Economie politique, la caractéristique de l'espèce humaine.

N'est-ce pas, en vérité, une chose curieuse et étrange que ce commerce incessant de la vie humaine, d'homme à homme et de peuple à peuple, qui ne connaît ni distances ni latitudes, ni langues, ni frontières, ni amitiés, ni haines ; qui sous des enveloppes matérielles n'ayant d'autre rôle que celui de véhicules inconscients et sans valeur, transporte, d'un point du monde à l'autre, pour des trocs d'une diversité infinie, le travail de l'Européen, les heures et les jours du Chinois ou du Coréen, du Japonais et de l'Hindou, la peine de l'Africain, les fatigues du colon de l'Australie, trafiquant ensemble sans se voir, se parler, se connaître et se donnant ainsi l'un à l'autre, quoi? leur vie toujours, des parts de leur vie, rien que des parts de leur vie?

N'est-ce pas enfin une image attachante, un spectacle inattendu et singulièrement dramatique que ces pauvres êtres humains, qui viennent au monde nus et dénués, n'apportant que leur vie, qui tout illusionnés qu'ils puissent être plus tard par les mirages de leur état social, tout environnés qu'ils se croient de mille sortes de clinquant qui les énorgueillissent et les enivrent, en réalité, dans tout le cours de leur éphémère durée, ne possèdent jamais et ne peuvent posséder que leur vie; qui, sous mille apparences, ne font d'un bout à l'autre du temps et du monde, sous la réserve odieuse des vols de la vie, que s'aider mutuellement de leur mince lot d'intelligence et de force, qu'user les uns pour les autres cette substance vitale qui est eux-mêmes, et que se passer de main en main, sans le voir, sans le savoir, dans un échange qu'on qualifierait de fantastique s'il n'était tout simple, tout réel et de tous les jours, les ouvrages de leur vie : LEUR VIE ?

FIN.

LA VIE

ÉTUDE D'ÉCONOMIE POLITIQUE

TABLE DES MATIÈRES

DEUXIÈME PARTIE

Le premier mouvement de la vie.
La vie puisée dans les choses.

TROISIÈME PARTIE

Le second mouvement de la vie.
La vie projetée sur les choses.

QUATRIÈME PARTIE

Le commerce de la vie.
Transactions licites.

CINQUIÈME PARTIE

Le commerce de la vie.
Transactions illégitimes.

Paris. — Impr. A. Reiff, 3, rue du Four.

Librairie Guillaumin et Cie rue Richelieu, 14.

Paris. — Imp. A. Reiff, 3, rue du Four.